「大分岐」を超えて

アジアからみた19世紀論再考

秋田 茂 [編著]

ミネルヴァ書房

緒　　言

　1920年頃までをカバーする「長い19世紀」のアジアは，グローバルヒスト
リィの研究対象としてなかなか興味深い地域である。科学技術・鉱工業生産
力・軍事力における西欧の優位にもかかわらず，そして一人あたり国内総生産
(GDP) の推計にみられるような明瞭な格差にもかかわらず，アジア——正確
にいえばインドから極東までのアジア——にはある種のまとまりが認められる。
このアジアは一つの交易圏として機能していて，相対的に自立した存在であっ
たといってよく，しかも一人あたり GDP よりは拡がりのある概念である経済
発展という尺度でみれば，必ずしも悪くないパフォーマンスを示していたから
である。換言すれば，1970年代からの経済成長（「東アジアの奇跡」）につながる
変化の芽が少なからぬ国や地域でみられたのが，19世紀のアジアであった。

　本書は，このような観点からインド，インドネシア，タイ，インドシナ，中
国，日本，極東ロシアにおける農業開発，近代工業の胎動，そして域内交易の
諸相を探り，それをグローバルな市場へと結びつけた内外の商人層の営為と関
連づけ，そこに戦後経済成長の歴史的起源をみようとする試みである。

　19世紀アジアにとってグローバル化は，「西洋の衝撃」(Western Impact) と
いうかたちをとった。この文脈を前提とすると，その負の側面に注目する研究
が多くなるのは当然かもしれない。インパクトは植民地化されたところでは政
治的・制度的な抑圧として現れたからである（インドの「本国費」home charges
はその典型である）。純粋に経済的な尺度をとってみても，競争力上の劣位は否
めなかった。この時代，アジア内における交易成長のエンジンは英領インドと
日本であったが，19世紀末の両国にとっても，英国から輸入された綿糸は国内
産業にとって大きな圧力として働いた。いわゆる自由貿易帝国主義の下，両国
とも高い輸入関税を課すことが条約によって認められていなかったからである。

　ここからナショナリズム史観へはほんの一歩である。しかし，そこで働いて
いたのは比較優位の原理だということ，そして比較優位にもとづく議論は西洋
中心史観につながると考えないことが重要である。英国が押しつけた自由貿易

i

帝国主義とは，レセ・フェールが交易と産業の運命を左右するものだったからであり，アジアの側に比較優位をもつ分野がありさえすれば，それを伸ばすことも不可能ではなく，首尾よく成長すれば輸出産業となることもありえないことではなかったからである。そのような成功をおさめたのは間違いなく——欧米の企業とは正反対に——労働集約的な性質をもった分野であった。場合によっては，欧米製の綿糸，綿布輸入の増大がそのような成功の鍵となった事例すらある。伝統的な手紡糸や手織綿布に代わって機械製の糸や綿布を原料に織物に仕立てたり，捺染・縫製をして消費財市場へ売出したりすることができた場合である。もちろん，そのような事例がそう沢山あるわけではない。しかし，様々な商品，米からコーヒーといった農産物やその加工品，あるいは雑貨に分類されるような細々した製品がしばしばアジア域内市場で比較優位をもつ分野となったのである。

　このような輸出市場は，しばしばニッチ的な存在であった。その場合，それを国外の市場へと結びつけた商業仲介人の役割は大きい。日本の雑貨がアジアの市場を席巻したのも，インドシナ北部の山地から輸出向の商品が集荷されたのも，いずれも商人，それもアジア交易圏を仕切ってきたインド商人、中国商人、さらには現地商人の存在なしには考えられない。

　もっとも，このようにいったからといってアジアの自発的対応を何か一つのパターンに要約できるわけではない。それぞれの国や地域にはそれぞれに固有の事情があったからである。植民地となったのかならなかったのか，政府・政庁が何をしたのか（強制栽培や官営工場建設はその一例にすぎない），鉄道・道路建設や移民政策の影響，税制・金融政策の効果から，社会制度，カースト，親族集団等々の違いがもつ影響まで，考慮に入れなければならない要因は多い。

　本書の各章で，これらすべてのことが論じられているわけではもちろんない。しかし，このような注釈を頭に入れて以下の諸論文を読むとき，読者はいくつもの興味深い事実，論点，視点を発見するであろう。

斎 藤　　修

目　次

緒　言 ……………………………………………………………… 斎藤　修 … i

第Ⅰ部　19世紀を再考する

第1章　アジアからみる19世紀像再考 ……………………… 秋田　茂 … 3

 1 本書の課題　3

 2 19世紀の近代グローバル化と「大分岐」　4

 3 アジアにおける生産・流通・市場の二重構造化と工業化　7

 4 小農生産と商人資本が結合した農業開発の展開　10

 5 20世紀後半への展望　12

第2章　インドと19世紀の世界経済

     ……………………… アディティア・ムカジー（秋田茂訳）… 17

 1 グローバル・サウスからの19世紀史再考　17

 2 「修正主義」解釈の批判　21

 3 インドの脱工業化　23

 4 多角的貿易決済とインド　25

 5 脱植民地化の意義　27

第3章　19世紀のアメリカ帝国 ………… A. G. ホプキンズ（安井倫子訳）… 33

 1 アメリカ「帝国」に関する新たな見解　33

 2 プロト・グローバル化と帝国　34

 3 近代グローバル化——1850年から1950年　40

 4 グローバル化と帝国主義　47

第II部　アジアにおける工業化の端緒

第4章　19世紀末インド綿紡績業の発展と「アジア間競争」

………………………………………………………秋田　茂…55

1　「植民地工業化」論再考　55

2　19世紀末の英領インド「工業化」の概観　57

3　インド機械紡績業の勃興と東アジア市場　58

4　日本郵船ボンベイ航路とインド棉花——補完・協力　63

5　海運同盟との競争と妥協　69

6　「アジア間競争」の展開——ボンベイと大阪の対中綿糸輸出　73

7　協調と競争のダイナミズム　75

第5章　近代中国における機械工業の発展 ………………久保　亨…81
——1860-90年代の上海造船業を中心に——

1　中国近代工業の研究史　81

2　19世紀香港及び上海の外資系造船業の発展　83

3　1860〜90年代上海のボイド造船とファーナム造船　91

4　グローバル経済史への含意　102

第6章　アジア石炭貿易における日本とインド …………杉山伸也…109

1　グローバルヒストリーのなかの石炭　109

2　東南アジア・南アジアの石炭貿易——関係史的考察　110

3　日本の石炭産業——比較史的考察　114

4　インドの石炭産業——比較史的考察　120

5　日本とインドの比較関係史　127

第III部　アジアにおける農業開発

第7章　19世紀アジアの農業開発の評価をめぐって……水島　司…137

目　次

1	アジアの小農開発とグローバル・エコノミーの展開	137
2	19世紀南インドの人口・土地・農業開発	140
3	開発の進展と制度的・経済的・社会的要因	148
4	開発の進展と村落の社会変化	150
5	小農開発のプロセス	153
6	マレーシアとビルマの NC	161
7	アジアの開発・小農・エージェント	165

第8章　インドネシア・北スラウェシにおけるコーヒー栽培
——19世紀半ばにおける「自主栽培」の発展と貨幣経済の深化——
………………………………………………… 太田　淳…179

1	北スラウェシのコーヒー栽培と東南アジア経済史の課題	179
2	ミナハサの環境と歴史	182
3	先行研究と本章の視点	186
4	強制栽培制度とその問題点	190
5	コーヒーの自主栽培	195
6	コーヒー栽培のもたらしたインパクト	204
7	ミナハサ社会の変容	213

第9章　タイ米経済の発展と土地法…………………………… 宮田敏之…219
——1901年土地法制定とその影響——

1	問題の所在	
	——タイ米経済・土地法・ラーマ5世の外交戦略・担保登録	219
2	タイ米経済の発展	220
3	タイにおける土地の占有と所有——制度の変遷	228
4	1901年土地法の制定と地券発行の影響	233
5	グローバルな政治経済の変容とタイの土地法・地券	241

第10章　世紀転換期のインドシナ北部山地経済と内陸開港地
——「華人の世紀」との連続性に注目して——
………………………………………………… 岡田雅志…247

v

1 インドシナ北部山地と広域経済　247

2 世紀転換期前後の地域間貿易構造　250

3 商人ネットワークの拡張と変容　252

4 地域社会の対応と経済動態——ダー河流域を事例に　259

5 退行か定常化か　267

第11章　ロシア極東の経済発展と農業移民 ……………… 左近幸村…273
——人口移動から見たロシア帝国と東アジア——

1 ロシア極東へ向かう人々　273

2 19世紀のロシア極東統治の概要　274

3 1895年の調査に見る沿海州とアムール州の比較　282

4 日露戦争後の方針転換　285

5 日露戦争後のロシア極東の農村　288

6 ロシア帝国にとってのロシア極東の意義と東アジア　291

あとがき　297

索　引　301

第 I 部

19世紀を再考する

第1章

アジアからみる19世紀像再考

秋 田　茂

1　本書の課題

　本書は,「19世紀的世界」における近代アジア世界の経済発展を, グローバルヒストリーの観点から再考することを目的とする。従来, 19世紀のアジアは, 欧米を中心とする世界経済（近代世界システム）に従属的に包摂されたとされてきた。本書では, 南アジアや東南アジアでの現地の小農・商業資本を主体とした農業開発の展開, 19世紀後半の南アジアや東アジアにおける近代的工業化の始動に着目し, この2つの「開発」と「工業化」を通じた近代アジア経済の発展の諸要因を, アジアの相対的自立性の観点から再考し, 20世紀後半の「東アジアの経済的再興」（東アジアの奇跡）の歴史的起源を明らかにする。

　私たちは, 前著『アジアからみたグローバルヒストリー』において,「長期の18世紀」のアジアと, 20世紀後半の「東アジアの経済的再興」を対象とする2つの研究課題を設定し, それぞれの時期におけるアジア諸地域の経済発展のダイナミズムを解明した。

　その結果, (a)19世紀初頭までのアジア世界（南アジアと東アジア）では, 南欧や東欧と同様な市場経済の発展を促す「スミス的成長」が見られ, 生活水準も, 北西ヨーロッパには劣るが, 東南欧と同等かそれを上回る経済発展が見られたこと, (b)その市場経済の発展を背景に, アジア現地商人が担い手となったアジア地域間貿易が形成され, 世界商品としてのアジア物産（インド綿布・中国茶・陶磁器・絹織物など）がヨーロッパに輸出され, アジア独自の商品連鎖（commodity chains）が形成されたこと, 他方で20世紀のアジアでは, (c)ヘゲモニー国家イギリスがもたらした「国際公共財」（自由貿易体制, 国際金本位制, 海底電信網など）を, 植民地であった英領インドも含めて, アジア諸国・諸地域

3

第Ⅰ部　19世紀を再考する

の現地人エリート層が積極的に活用して，自国の経済発展を促したことを明らかにした（Mizushima, Souza and Flynn 2015；秋田編 2013）。

　しかし，ヨーロッパが優位に立ったとされる「19世紀的世界」の根本的な見直し，近世から現代に至る時間軸の中で，継続的に見られた「アジアの相対的自立性」が，なぜ可能になり，その自立性が現代のアジア世界にいかなる影響を及ぼしているのか，歴史的観点から考察する課題を残すことになった。本書では，19世紀全体を眺めながらも，主たる検討の時期を19世紀後半から20世紀初頭のほぼ半世紀に設定し，グローバルヒストリーにおけるアジア世界の独自性を考察する。

2　19世紀の近代グローバル化と「大分岐」

　グローバル経済史研究の領域では，2000年に K. ポメランツの *The Great Divergence : China, Europe, and the Making of the Modern World Economy*（Princeton University Press）が出版されて以来，「大分岐」論争が続いている（Pomeranz 2000；ポメランツ 2015）。

　「大分岐」論の論点は，大きく分けて2つある。その1つは，18世紀中葉の1750年頃に至るまで，世界の4つの主要地域（イングランドとオランダを中心とする北西ヨーロッパ，長江下流域の中国，日本の畿内・関東，ベンガルを中心とした北インド）では，同時並行的に「スミス的成長」（商業的農業とプロト工業をベースとした市場経済）が見られ，経済発展の度合いにもほとんど差がなかった，とする主張である。世界史像の転換という観点から見ると，この近世から近代への移行期である18世紀中葉まで，近世（early-modern）の経済発展をめぐり非ヨーロッパ諸地域を含めて同時並行的な経済発展が見られ，決して，北西ヨーロッパ（西欧）だけが突出した発展を成し遂げたわけではないという論点が論争的で，多くの反論や補完・追加の議論を誘発している（Rosenthal and Bin Wong 2011；Vries 2015；斎藤 2008）。

　他方，もう1つの論点で本書と直接関わるのが，18世紀後半から18〜19世紀転換期にかけて，北西ヨーロッパ（近代西欧）のみが，石炭と新大陸の資源を活用して生態学的危機を打破して，持続的な経済成長（＝産業革命）が可能になり，ヨーロッパと他の諸地域との間で決定的な経済的格差（＝大分岐）が生

4

第 1 章　アジアからみる19世紀像再考

まれたとする主張である。この「大分岐」論は，従来の西洋経済史研究では，エネルギー革命論を含めた産業革命（起源）論と重なり，馴染みのある話題である（Allen 2011；アレン 2012）。

　従来19世紀は，経済力だけでなく，外交・軍事力（地政学的側面），文化・イデオロギー面で圧倒的に欧米（ヨーロッパ諸国）が優越的地位を実現した，「ヨーロッパの世紀」として描かれてきた。たとえば，E. J. ホブズボームは，「長期の19世紀」（the Long Nineteenth Century）の観点から，三部作を刊行している（ホブズボーム 1968, 1981-82, 1993, 98）。I. ウォーラーステインも，ヨーロッパ自由主義の勝利の過程として「長期の19世紀」を描いている（ウォーラーステイン 2013）。本書第 2 章でインドのムカジー氏が批判しているように，著名なマルクス主義歴史家であったホブズボームでさえ，19世紀を「ヨーロッパの世紀」と解釈している点は，西洋中心史観の象徴であろう。

　21世紀に入っての代表的な19世紀論としては，J. オスターハンメルの大著 *Die Verwandlung der Welt*（Osterhammel 2009）がある。その英語版 *The Transformation of the World : A Global History of the Nineteenth Century*（Princeton University Press 2014）も2014年には出版され，英米の学界で話題作となった。彼の著書は，先行して2004年に出版されていた C. ベイリーの19世紀論 *The Birth of the Modern World 1780-1914*（Bayly 2004）と問題意識が重なり，近代世界のヨーロッパ起源とその世界諸地域，とりわけアジア（近代日本）への波及・影響（現地文化との接合・融合を通じた文化変容，近代化）を詳細に論じている。この二書の出版により，19世紀世界論・世界史像が，グローバルヒストリー研究において改めて注目されている。本書はこれらの英独の学界でグローバルヒストリー研究の観点から出された19世紀史論を踏まえた上で，アジア世界に着目して19世紀の位置づけを再考する。

　「大分岐」論の影響は19世紀世界経済の再解釈にも及び，2014年には，『リオリエント』の著者 A. G. フランクの遺作 *ReOrienting the 19th Century-Global Economy in the Continuing Asian Age*（Paradigm Publishers 2014）が出版された。このフランクの著書は議論としては未完であるが，19世紀後半の1870年代まで，世界経済における東アジアの優越的地位が続いた点を強調し，彼の前著 *ReOrient* の論点を引き延ばして19世紀の再解釈を目指していた。

　ところで，18世紀末からの「大分岐」は，19世紀のグローバル化とも密接な

5

関係を持ちながら進展した。19世紀のグローバル化とは，モノ（輸出入），ヒト（移民・国際労働力移動），カネ（資本輸出）の移動と迅速な情報伝達（海底電信網）を通じて，国境（境界線）を超えて緊密な経済関係が形成された事態を意味する。その19世紀のグローバル化は，A. G. ホプキンズが編集した論集によれば，イギリス帝国を中心とする欧米列強の植民地帝国を中心に展開した「近代グローバル化」(modern globalization) の段階と把握することができる (Hopkins 2002 ; Cain and Hopkins 2016 : 705-731)。本書第3章でホプキンズは，19世紀のグローバル化を，前半の「プロト・グローバル化」と後半の「近代グローバル化」に二分し，19世紀におけるアメリカ合衆国の帝国的膨張（アメリカ帝国の展開）の再解釈を通じて，アメリカ特殊論を相対化しながら19世紀解釈の再考を試みている。

　近代グローバル化の特徴は，自由貿易原理の地球的規模での拡張を通じて，自由貿易体制が定着した点と，とりわけ未曾有の規模で帝国・国民国家の境界を超えてヒトが動いた「移民の時代」であった点にある (Lucassen and Lucassen 2014)。従来の19世紀論では，このイギリスを中心とした自由貿易原理は，非ヨーロッパ世界に対しては「砲艦外交」を通じて西欧列強諸国により「開港」を強要された点が強調されてきた（「押しつけられた自由貿易」・自由貿易帝国主義論）(Gallagher and Robinson 1953)。この「ウェスタン・インパクト」論に対して本書では，アジア側の主体的対応に着目する。経済面でのグローバル化の推進力は，確かに世界経済（近代世界システム）の「中核」を占めたイギリス本国や他の西洋諸国にあったが，世界経済に従属的に編入・包摂されたとされてきたアジアの「周辺」「半周辺」地域は，独自のアジア地域間貿易を形成し，世界経済（近代世界システム）において「相対的自立性」を確保するに至った。杉原薫が提唱する，「アジア間貿易」の形成と展開である（杉原 1996）。従来，帝国・植民地体制，帝国主義的世界体制で形成されてきた世界経済において，非ヨーロッパ地域で独自の地域間貿易が形成されたのはアジアだけであり，近現代の世界史上でも極めてユニークである。本書では，こうした地域間貿易システムが形成される中で，関係する諸地域ではいかなる経済的変容が起こったのかを，工業（製造業）と農業開発の両面から考察する。

　他方，杉原薫は，19世紀におけるアジアのネットワークを扱った別の論集で，「長期の19世紀」を貫く貿易史の特徴を，19世紀前半の貿易統計の徹底した見

直しと，新たなモデル化（6つのハブの存在）を通じて検証した。底流としての
アジア現地商人層を主要な担い手とする地域間貿易の継続的拡大と，19世紀前
半における「ウェスタン・インパクト」の限定性を示唆する杉原の研究により，
19世紀前半のアジア間貿易の実態が統計的に解明された点は非常に重要である
が，それによって「長期の19世紀を貫く貿易史の特徴」が説得的に提示された
とは思えない（杉原 2009）。

　本書でも，当初は19世紀前半のアジア経済の一端を，各種データの収集を通
じて実証的に解明しようと試みた。しかし，対象諸地域のデータ（統計や史資
料）不足により，19世紀前半をカバーすることはやむを得ず断念し，1850～60
年代以降から，19～20世紀転換期を通じ，部分的に第一次世界大戦の直前（い
わゆる「長期の19世紀」の終わりの時期）までの分析に力点を置いた。

3　アジアにおける生産・流通・市場の二重構造化と工業化

　本書の第一の検討課題は，生産・流通と消費市場の「二重構造化」と，欧米
資本や製品との「共存」，あるいは「競存」である。綿製品でみれば，高番
手・高品質・高価格のイギリス製品に対して，日本・英領インド・中国では，
それより安価で低品質であるが巨大な需要が見込めるアジア市場向け綿製品の
生産を展開・拡大し，激しい「アジア間競争」(intra-Asian competition) が展開
された。他の消費財においても，高級品と普及品との生産・市場の分化は存在
し，そこで発展した二重構造が，第二次大戦後のアジア経済発展の基盤となっ
たと考えられるが，本書ではこのような構造の生成と展開の過程を，19～20世
紀転換期を事例に考察した。

（1）　植民地工業化論をめぐる論争

　近年のグローバルヒストリー研究における工業化論として，2009年にヨー
ロッパの学界で相次いで出された2冊の著書，Robert C. Allen, *The British
Industrial Revolution in Global Perspective* (Cambridge University Press)；Jan
Luiten van Zanden, *The Long Road to the Industrial Revolution : The
European Economy in a Global Perspective, 1000-1800* (Brill) があるが，両
書において19世紀アジアはほとんど言及されていない。

第Ⅰ部　19世紀を再考する

　だが，19世紀後半のアジア世界に着目すると，明治期日本と洋務運動期の中国における，輸入代替型工業化の始まりと，同時期の英領インドにおける繊維産業を中心とした工業化の「萌芽」が注目に値する。本書の第Ⅱ部では，英領インドを事例とした植民地工業化（colonial industrialization）論（第4章・秋田論文）と，洋務運動期中国の機械工業の発展（第5章・久保論文）に着目した。

　19世紀英領インドの経済状況については，19世紀末の同時代から，インドの貧窮化，植民地支配下での従属的発展を批判・告発するナショナリスト（民族主義者）の議論が有名である。その代表的論客が，ダーダバイ・ナオロジの「富の流出」論である（Naoroji 1901, 1917）。しかし，当時から，植民地支配下での経済発展・成長を主張する学説もあり，両者の見解が対立してきた。1960年代の，Morris-Chandra-Matsui 論争を経て，1983年に刊行された *Cambridge Economic History of India, c. 1757-c. 1970*, vol. 2（Kumar 1983）で，デリー大学（Delhi School of Economics）の経済史家ダルマ・クマールらが同様な経済成長論を唱えたことで，その主張は「修正主義」として欧米の学界で一定の支持を得た。

　20世紀末にティルタンカ・ロイ（London School of Economics）が同様な主張を提起したことから（Roy 2013　Third Edition），本書への寄稿者でもあるネルー大学（Jawaharlal Nehru University）のアディティア・ムカジーとの間で激しい論争が続いている。ムカジーによれば，世界経済への編入を通じた急速なインドの経済成長を主張するロイだけでなく，最も著名なマルクス主義経済史家ホブズボームも，19世紀をヨーロッパ中心史観に基づいて，「ほとんど切れ目のない物質的・知的・道徳的な進歩」の時期と解釈している。これは世界経済の「中核」であった西欧からの見方であり，全く事実に反しており，従属的な「周辺」として世界経済に編入されたインド・中国・エジプトのような諸地域とヨーロッパとの間で，「大分岐」（the great divergence）が生じ，その後その格差が急激に拡大して，非ヨーロッパ諸地域が従属的経済として構造化されたのが19世紀であった。アンガス・マディソンの過去一千年紀の GDP 研究は，この点を明確に提示している。

　確かに19世紀を通じて，インドの国際貿易の量は50倍以上に膨張したが，植民地下での世界市場への編入がもたらしたインパクトは何なのか，誰が何のために貿易を統制し，その貿易の類型・相手国・決済で何が起こったのか，イン

8

ドが獲得した膨大な貿易黒字は何のために使われたのか（＝本国送金・本国費
Home Charges の支払い），こうした諸問題を「グローバル・サウス」（the Global
South）の立場から精査する必要がある，とムカジーは主張する。この英領イ
ンドにおける工業化・経済発展と脱工業化をめぐるロイ＝ムカジー論争の論点
は多岐にわたり決着はついていない（Roy 2010；Mukherjee 2007, 2011：本書第
Ⅰ部の第2章も参照）。特に，19世紀後半に急速に進展したイギリス資本による
鉄道建設が現地社会経済に及ぼした影響については，正負両面から議論がある。

（2）「比較優位」と共存・共栄

　だが，ロイの「植民地工業化」論に対するムカジーの痛烈な批判にもかかわ
らず，限定的ではあったが，19世紀後半，特に1860年代初頭の「棉花ブーム」
を契機として，パールシー商人を中心とした西部インドのインド海外貿易商の
イニシアティヴにより，機械製紡績業がボンベイ（現ムンバイ）を中心に勃興
し，インド綿業が再興したのも事実である。その主要因は，中国市場向けの機
械製綿糸の輸出拡大であり，インド現地商人層の活躍である。この問題は，本
章第4章で論じているが，1861～65年のアメリカ南北戦争が契機となったイン
ド「棉花ブーム」という19世紀の「近代グローバル化」を進めた国際環境と，
アジア綿製品市場，特に綿糸市場における「比較優位」を考慮に入れる必要が
ある。

　また同時に改めて，アジアの工業化を誰が担ったのかという，工業化の推進
者・担い手の問題を考える必要がある。ガーシェンクロン・モデルや末廣昭の
アジア経済研究に代表されるように，通常，後発の資本主義国は，国家主導の
下で，先進工業国の技術や資本を導入する「キャッチアップ型工業化」を追求
した（末廣 2000）。明治期の日本も，殖産興業政策に代表されるように，その
例外ではありえず，本書で言及する日本郵船も，海運補助金を受けた一種の国
策会社として急速に国際航路網を開設していった。しかし，英領インドや中国
の場合に見られたように，19世紀後半における部分的工業化の担い手は，イン
ド現地人のタタ商会や，中国に進出したスコットランド系やアメリカの民間の
貿易商人であった。本書第5章で取り上げる造船・海運業の場合は，中国内陸
部を含めたアジア地域間貿易（アジア間貿易）と直結するため，特にそれが顕
著であった。

第 I 部　19世紀を再考する

　一国史的な枠組みで論じられた従来の研究では，アジアの経済ナショナリズムと欧米列強の帝国秩序は二項対立的に捉えられてきた。本書では，イギリス帝国が提供した国際公共財としての自由貿易体制と国際海運業，帝国主義列強による海運独占とそれへの挑戦の問題，アジア現地社会のエリート層は，いかに巧みに国際公共財を自己の経済的利益のために活用したのかに着目して，アジアの経済ナショナリズムと開発，工業化との関連性を考察する。アジア現地で勃興した経済ナショナリズムと19世紀のヘゲモニー国家イギリスが提供した「国際公共財」との関連性である。国家の工業化・近代化へのイニシアティヴが欠如する中で，帝国秩序の下でいかにして工業化は可能になったのか。開発主義的性格を有した明治日本との比較の視点も含めて考察する。

　また，本書第 6 章では，比較関係史の試みとして，アジアの石炭輸出市場をめぐる日本とインドの競争——「アジア間競争」——を取り上げる。19世紀末〜20世紀初頭の世紀転換期において，工業化（産業化）の進展に伴い，日印両国の石炭産業の類似性は高まった。日印両国の国内需要の増加による海外への輸出炭の減少が，両国炭が競合した輸出市場であったシンガポール市場での需給構造にも影響を及ぼしたのである。

4　小農生産と商人資本が結合した農業開発の展開

　本書の第二の検討課題は，19世紀後半における欧米資本による茶・砂糖などプランテーション型の第一次産品生産とは異なるタイプの農業開発の進展である。英領インドでは，人口増大と小農生産の拡大により「土地の希少化」が生じ，19世紀後半には価格上昇と商人層による金融によって土地市場が成立した。他方，東南アジアでも，メコン，チャオプラヤ，イラワディなどのデルタ地帯での水田開発（コメ）で，小農的発展が見られた。また，マレー半島における天然ゴム開発も，欧米のプランテーション的開発から小農による生産拡大が見られた。これらの農業開発は，域内外からの中国系・インド系移民の流入（ヒトの移動）と連関しながら進んだのであり，本書では，移民・農業開発・流通・金融の相互連関性を解明する。

　従来の研究では，19世紀後半から20世紀初頭の時期の東南アジアの植民地経済は，第一次産品の生産と輸出を基軸とし，「島嶼部のプランテーション農業

と鉱業を主軸とし，大陸部大河川下流域の輸出用米作農業を副軸として構成されていた」（加納 2001：10）とされてきた。だが，当時の人口構成をみると，かなり異なる社会像が浮かび上がる。例えば，後の時代の蘭領東インドの1930年代のセンサスによれば，植民地経済の基軸的地位にあった部門の就業者数は，全就業人口の10％程度に過ぎず，大多数は，米を中心とする食糧作物の小生産者としての農民であった（加納 2001：299-300）。本書第Ⅱ部では，この農民層（小農）と市場経済の関係性を問う。

　本書第7章の水島論文は，南インドの新田開発とマレー半島での小農による農業開発を実証的に明らかにし，それを資金面（金融）で支えた商人・金融エージェントとしてのチェティヤールの活動に着目している。第8章の太田論文は，蘭領東インド外島部のスラウェシ島北部で，ヨーロッパで著名なブランド「マナド・コーヒー」の産地であるマナド郡に着目し，ローカルな地方経済と世界経済の結合，その担い手となった小農の役割，コーヒー栽培に見られた農民の主体的な生産への関与である「自主栽培」の意義を探究する。

　他方，第9章の宮田論文と第10章の岡田論文は，大陸部東南アジアの農業開発を扱う。宮田論文は，グローバル化の進展に伴うチャオプラヤー・デルタ開発とコメ生産の拡大の制度的条件整備の1つとして，シャム土地法制定が論じられる。独立国家として主権を保持したシャム宮廷（政府）が，主体的な判断と戦略で自作農育成の土地・農業政策を追求した巧みな自立性が明らかにされる。岡田論文では，仏印インドシナの中でも比較的小農の比重が高く，河川交通を通じて外部の地域経済，とりわけ香港を中心とする中国・華南経済圏に緊密な経済関係を維持していたベトナム東北部山岳地域を取り上げる。仏領インドシナ内部でも周辺的地位にあったこの山岳地域の農民も，市場経済の動向，とりわけ特産品（シナモン）の市場価格には敏感に反応し，華商・華人の流通網を利用して，アジア（中国）市場向けの第一次産品輸出に努めた。価格への反応，積極的な利潤追求（ポリティカル・エコノミー）では，彼らもアジア側の主体性を発揮したのである。

　ところで19世紀の東南アジアは，中国系の移民である華僑・華商が，前述の欧米列強主導の植民地経済体制の確立の過程で，それと連携して現地経済，とりわけ流通過程で優位を築いた「華人の世紀」（The Chinese Century）とされる（Reid 1997）。華僑やインド人商人（印僑）の通商ネットワークは，欧米列強の

第Ⅰ部　19世紀を再考する

植民地帝国，イギリス帝国が提供した国際公共財である自由貿易体制と共存して発展した。こうした19世紀アジアにおける「帝国と通商ネットワーク」論については，海域アジア史研究も含めていくつかの研究成果が提示されているが（籠谷・脇村 2009），それらはいずれも流通主体の研究である。本書第Ⅲ部のように，南アジアや東南アジア，後述するロシア極東部における「農業開発」と小農に着目して，経済発展過程を歴史的に論じる研究は，内外の学界において皆無であり，グローバルヒストリー研究に新たな研究領域を創出することができる。

　ところで19世紀は，以上の東南アジア諸地域や第11章の左近論文が示すように，世界的規模でヒト（労働力）が移動した人類史上最大の「移民の世紀」であった（Lucassen and Lucassen 2014；杉原 1999）。水島論文で触れられる南インド・タミル人の東南アジア（海峡植民地やビルマ）への移民は有名であるが，左近論文が扱うロシア極東部を含む東北アジアでの移民（労働力移動）も，中国（清朝）内部の移動も含めると非常に大規模であった。ロシア極東部の二州，沿海州とアムール州での入植・農業開発が，東南アジア諸地域と同様な小農創設目的であったとは必ずしも言えないが，シベリアでの農業開発が，中国東北地域（満洲）や朝鮮半島から帝国（ロシア帝国・大清帝国）の境界・国境を超えて流入する農業労働者によって支えられていた点は注目に値する。加納は，東南アジアのジャワ島では，20世紀に入り「土地なし層」で賃金を対価に雇用される農業労働者の比重が農村人口の5割に達した事実を明らかにしているが（加納 2001：307-310），農業開発と農業労働者・小農との関係性を改めて考察する上で，ロシア極東部の事例は，帝国の境界を超えた移民・労働力移動と19世紀グローバル化との関連を改めて認識させてくれる。

5　20世紀後半への展望

　第2章以下の各章では，アジア諸地域（南アジア，東南アジア島嶼部，大陸部，東アジア，ロシア極東）における工業化の端緒と農業開発の進展に着目し，政治経済的変容から見た19世紀のダイナミズムを明らかにする。特に，19世紀後半における経済的グローバル化の進展，相互依存関係の形成において，アジア現地社会の担い手（Asian agency）が果たした主導的役割，アジア側からのイニ

シアティヴがいかなるものであったのか考察する。

　当該期のアジアでは，植民地支配・帝国主義への抵抗だけでなく，19世紀後半になると，帝国秩序（「強制された自由貿易」・自由貿易帝国主義）を積極的に利用し活用した経済開発・利潤追求も可能であった。植民地支配への「協力」（collaboration），「協力者階層」（collaborators）としての植民地現地社会の新旧エリート層が果たした役割の再考も必要になるであろう。特に，19世紀末の英領インドでは，アジア地域間貿易網の形成と同時並行で，T. ロイが主張するアジア市場向けの「植民地工業化」（colonial industrialization）（Roy 2013）が展開していたのである。

　この潮流・傾向は，20世紀前半の両大戦間期に加速された。20世紀後半の東アジアの経済的再興との関連では，日本が主導的役割を果たした。だがアジアは，ヨーロッパ勢力に一方的に従属し，世界経済に従属的に組み込まれたわけではなかった。現地の商人層を筆頭にして，さまざまな社会層が自律的・自覚的にヨーロッパ勢力に対応し，その「相対的自立性」を通じて，世界経済（世界システム）の構造と連鎖の形成に主体的に関わったのである。現地社会の伝統的エリート層や，欧米流の近代教育や訓練を通じて実力をつけた新エリート層など，現地社会からの積極的レスポンス，イニシアティヴがあって初めて，欧米勢力による帝国支配も機能したし，世界経済自体の構造化（グローバル化）も可能になった（Robinson 1972）。脱植民地化後の開発主義の遂行を通じた工業化政策，多彩な国際経済援助計画の積極的活用，冷戦構造を逆手にとった主体的行動と地域主義の模索など，いずれにも強固な意志とヴィジョン（将来構想力）が必要であった。

　1970年代末からの「東アジアの経済的再興」「東アジアの奇跡」とともに，世界システムの重心は，大西洋経済圏からアメリカ合衆国の太平洋岸やインドを含めたアジア太平洋経済圏に大きくシフトした。2008年のリーマン・ショックと不況からの回復は，その趨勢をさらに加速化している。私たちは，こうした大変動を十分に認識した上で，新たな世界史像を構築していく人類史的な課題に直面しているのである。

第Ⅰ部　19世紀を再考する

参考文献

秋田茂編（2013）『アジアからみたグローバルヒストリー——「長期の18世紀」から「東アジアの経済的再興」へ』ミネルヴァ書房。

アレン，ロバート. C.（2012）（グローバル経済史研究会訳）『なぜ豊かな国と貧しい国が生まれたのか』NTT出版。

アレン，R. C.（2017）（眞嶋史叙・中野忠・安元稔・湯沢威訳）『世界史のなかの産業革命——資源・人的資本・グローバル経済』名古屋大学出版会。

ウォーラーステイン，I.（2013）（川北稔訳）『近代世界システムⅣ 中道自由主義の勝利 1789-1914』名古屋大学出版会。

籠谷直人・脇村孝平編（2009）『帝国とアジア・ネットワーク——長期の19世紀』世界思想社。

加納啓良（2001）「総説」『岩波講座　東南アジア史6　植民地経済の繁栄と凋落』岩波書店，第6巻。

加納啓良（2001）「農村社会の再編」『岩波講座　東南アジア史6　植民地経済の繁栄と凋落』岩波書店，第6巻，第11章。

斎藤修（2008）『比較経済発展論——歴史的アプローチ』岩波書店。

末廣昭（2000）『キャッチアップ型工業化論——アジア経済の軌跡と展望』名古屋大学出版会。

杉原薫（1996）『アジア間貿易の形成と構造』ミネルヴァ書房。

杉原薫（1999）「近代世界システムと人間の移動」『岩波講座　世界歴史19・移動と移民——地域を結ぶダイナミズム』岩波書店。

杉原薫（2009）「19世紀前半のアジア交易圏——統計的考察」籠谷直人・脇村孝平編『帝国とアジア・ネットワーク——長期の19世紀』世界思想社，第9章。

ホブズボーム，E. J.（1968）（安川悦子・水田洋訳）『市民革命と産業革命——二重革命の時代』岩波書店。

ホブズボーム，E. J.（1981-82）（柳父圀近・長野聰・荒関めぐみ訳）『資本の時代 1848-1875』みすず書房。

ホブズボーム，E. J.（1993, 1998）（野口建彦・野口照子訳）『帝国の時代 1875-1914』みすず書房。

ポメランツ，K.（2015）（川北稔監訳）『大分岐——中国，ヨーロッパ，そして近代世界経済の形成』名古屋大学出版会。

Allen, Robert C. (2009), *The British Industrial Revolution in Global Perspective*, Cambridge: Cambridge University Press.

Allen, Robert C. (2011), *Global Economic History: A Very Short Introduction*, Oxford: Oxford University Press.

Bayly, C. A. (2004), *The Birth of the Modern World 1780-1914*, London: Blackwell.

第 1 章　アジアからみる19世紀像再考

Cain, P. J. and Hopkins, A. G. (2016), *British Imperialism 1688-2015*, Third Edition, London: Routledge.

Frank, A. G. (2014), *ReOrienting the 19th Century-Global Economy in the Continuing Asian Age*, Boulder: Paradigm Publishers.

Gallagher, J. and Robinson, R. (1953), "The Imperialism of Free Trade", *Economic History Review*, 2nd series, vol. 6.

Hopkins, A. G. ed. (2002), *Globalization in World History*, New York: W.W. Norton & Company.

Kumar, Dharma ed. (1983), *The Cambridge Economic History of India, volume 2 : c. 1757-c. 1970*, Cambridge: Cambridge University Press.

Lucassen, Jan and Lucassen, Leo eds. (2014), *Globalising Migration History : The Eurasian Experience 16th-21st centuries*, Leiden: Brill.

Mukherjee, Aditya (2007), "Return of the Colonial in Indian Economic History : The Last Phase of Colonialism in India", Presidential Address, Modern India, *Proceedings of the Indian History Congress*, New Delhi.

Mukherjee, Aditya (2011), "Colonial 'Industrialization' : The Indian Experience in the Twentieth Century", *International Journal of South Asian Studies*, vol. 4, New Delhi: Manohar.

Naoroji, Dadabhai (1901), *Poverty and Un-British Rule in India*, London: Swan Sonnenschein.

Naoroji, Dadabhai (1917), *Speeches and Writings of Dadabhai Naoroji*, Madras: G.A. Natesan.

Osterhammel, Jürgen (2009), *Die Verwandlung der Welt : Eine Geschichte des 19. Jahrhunderts*, München: C. H. Beck.

Osterhammel, Jürgen (2014), *The Transformation of the World : A Global History of the Nineteenth Century*, Princeton: Princeton University Press.

Pomeranz, Kenneth (2000), *The Great Divergence : China, Europe, and the Making of the Modern World Economy*, Princeton: Princeton University Press.

Tsukasa Mizushima, George B. Souza and Dennis O. Flynn eds. (2015), *Place, Space and Time : Asian Hinterlands and Political Economic Development in the Long Eighteenth Century*, Leiden: Brill.

Reid, Anthony (1997), "A New Phase of Commercial Expansion in Southeast Asia, 1760-1840", in Anthony Reid ed., *The Last Strand of Asian Autonomies : Responses to Modernity in the Diverse States of Southeast Asia and Korea, 1750-1900*, London: Macmillan Press, pp. 57-81.

Robinson, Ronald (1972), "Non-European Foundation of European Imperialism :

15

第Ⅰ部　19世紀を再考する

Sketch for a Theory of Collaboration", in Roger Owen and Bob Sutcliffe eds., *Studies in the Theory of Imperialism,* London : Longman.

Rosenthal, Jean-Laurent and Bin Wong, R. (2011), *Before and Beyond Divergence : The Politics of Economic Change in China and Europe,* Cambridge-Massachusetts : Harvard University Press.

Roy, Tirthankar (2010), "Colonialism and Industrialization in India 1870-1940", *International Journal of South Asian Studies,* vol. 3, New Delhi : Manohar.

Roy, Tirthankar (2011), *The Economic History of India 1857-1947,* Third Edition, New Delhi : Oxford University Press.

van Zanden, Jan Luiten (2009), *The Long Road to the Industrial Revolution : The European Economy in a Global Perspective, 1000-1800,* Leiden : Brill.

Vries, Peer (2015), *State, Economy and the Great Divergence : Great Britain and China, 1680s-1850s,* London : Bloomsbury.

第 2 章
インドと19世紀の世界経済

アディティア・ムカジー（秋田茂訳）

1　グローバル・サウスからの19世紀史再考

「西洋」と「他の世界」の間での「大分岐」(The Great Divergence) が非常に高度なレヴェルで起きた時代であるがゆえに，グローバルヒストリーの研究史において，19世紀は決定的に重要である。

数千年紀の長期にわたる人類文明の歴史的発展において，（しばしば，西洋文明〔Hobsbaum 1995〕あるいは北の世界 the North と称される）ヨーロッパと後のアメリカの優越は，比較的短期で非常に最近の現象である。しかし，ヨーロッパの知的・思想的ヘゲモニー，あるいはヨーロッパ中心的な世界観が，第一次世界大戦で「長い19世紀」が終焉を迎え，ヨーロッパの政治経済的支配が衰退した後も，長く存続した。これは，多くの近代社会諸科学がヨーロッパ優位の時代に出現し，その誕生期に，ヨーロッパ中心的な発想が深く刻印されたためである。従って，古代から現代に至る人類社会は，ヨーロッパ中心─西洋流に把握・理解され，解釈されてきた。ヨーロッパ中心の世界観がヨーロッパの経済的優位よりもはるかに長く続いたように，とりわけ20世紀後半に東側・南側の世界が経済的に出現し，その知的・イデオロギー的自信を取り戻すまでには，時間がかかった (Mukherjee 2013)。近代西洋文明の勃興をめぐる研究では，「西洋」と「他の世界」（いわゆる南側の世界）との「大分岐」の発生を説明する際に，ヨーロッパの植民地拡張が果たした役割は重視されなかった。それは，このヨーロッパ中心の世界観が引き続き支配的であったためであり，代りにヨーロッパの台頭は，ヨーロッパ固有の独自性の観点から説明されてきた。

しかし，近年，この見解は根本から問い直されてきた。死後に出版された著書で A. G. フランクは，次のように論じている。ヨーロッパ発展の諸要因の説

第Ⅰ部　19世紀を再考する

明を，グローバルな政治経済に触れずにヨーロッパ内部の要因だけに求める行
為は，「腕時計を失くした際に，ヨーロッパ＝アメリカの街路灯に照らされた
薄暗く狭い場所のみを探すのと全く同じである」（Frank 2014；Pomeranz 2000）。
同様に，ヨーロッパが世界の他の諸地域を上回る内在的な利点あるいは能力を
有していたというヨーロッパ中心的な見解は，痛烈に批判され，A. K. バグチ
や他の研究者たちは，西洋の資本主義的近代化が，他の世界からの植民地的な
余剰搾取により支えられてきた，と主張してきた（Bagchi 2006；Mukherjee
2010）。

　19世紀は決定的に重要な世紀であり，「グローバル・サウス」の観点から再
検討する必要がある。T. ロイのような植民地史家だけでなく，E. ホブズボー
ムのような洗練されたマルクス主義経済史家でさえも，ヨーロッパ中心主義的
な19世紀解釈を提示してきた。大分岐を，西洋が他の諸地域を搾取した結果と
して考える非ヨーロッパ中心主義の学者の間でも，大分岐の時期や，アジア諸
地域でのその影響については，議論の余地があるが，急激な分岐を考える上で
19世紀が決定的な世紀である点では，意見が一致している。

　最初に，ロイらの著作のような，明らかに植民地主義的で親帝国主義的な叙
述を取り上げる前に，逆説的ながら忠実な反帝国主義者であったホブズボーム
の著作に見られた，ヨーロッパ中心主義的な偏向を概観してみよう。高名な著
作『極端な時代——短い20世紀　1914-1991年』において，ホブズボームは，
「長い19世紀」（Long Nineteenth Century）を，「ほとんど切れ目のない，物質的，
知的，道徳的な進歩の時期，つまり，文明化された生活水準の改善の時代」と
見なしている（Hobsbaum 1995）。同じように，彼は，「短い20世紀」を，「1914
年から第二次世界大戦直後までの破滅の時代に続き，25～30年間の高度経済成
長，ある種の黄金時代が，1970年代に終焉した。最後の四半世紀は，新たな脱
コスモポリタン的な，不安定と危機の時代であって，世界の大半にとって破局
であった」と描いている。

　インドあるいは中国と，他の第三世界の諸地域から見ると，（本章では，19世
紀の特徴に限定して議論するが）世界像は大きく異なる。中印両国は，マクロ・
レヴェルで一般化をする場合，無視できない多くの人口を抱える大国である。
18世紀初めの両国は，世界全体の GDP の約47％を占めた二大経済国であり，
（日本を除く）アジアは，西欧全体の2.5倍以上の GDP を生み出した。インド

18

だけでも，イギリスの GDP の 8 倍以上に達し，世界で最大の織物輸出国で
あった。

　「長い19世紀」は，インド，中国やアジア・アフリカ・ラテンアメリカ諸国
にとって，「ほとんど切れ目のない，物質的，知的，道徳的な進歩の時期，つ
まり，文明化された生活水準の改善の時代」であるどころか，破局
(catastrophe) の時代であった。インドと中国は，経済的，政治的，社会的に，
植民地主義に屈服させられた。18世紀初めにインドと中国は，世界の GDP に
おいて西欧の 2 倍以上のシェアを占めていたが，1913年までにその比重は西欧
の半分以下に減少し，両国が政治的に自立した（1947年のインド，1949年の中国）
時点では西欧の 3 分の 1 以下であった（表 2 - 1 を参照：Maddison 2007）。エジ
プトは，19世紀初めの数十年間に，ムハンマド・アリの下で近代化の努力を行
い，大きな成果を収めた。それは半世紀後の日本の近代化政策を想起させるが，
そのエジプトの努力も，1840年代からの植民地主義により帳消しにされた
(Lutsky 1969)。実際19世紀は，従属的な地位で世界資本主義に包摂されたため，
インド・中国・エジプト等の植民地とヨーロッパとの間で大分岐が起きた世紀
であった。その大分岐は急激に拡大し，ヨーロッパが急速に成長する一方で，
インド・中国・エジプト社会は弱体化し，ヨーロッパに屈服して，従属的な経
済地域として構造化された。1820〜1913年の間に，イギリス・西欧・アメリカ
合衆国と，中国・インド・（日本を除く）アジア諸国の地位が明確に分岐した表
2 - 1 を見よ。西洋の勃興は，明らかに他の諸地域の衰退に基づいていた。

　表 2 - 1 を詳しく見てみると，アジア内部での内的差別化を見出せる。世界
経済におけるアジアの優越，特に中国の優位は19世紀まで続いた。これは A.
G. フランクが強調する点である（Frank 2014：3-8）。1820年の時点で，（日本を
除く）アジアは，33％弱の西欧と比べると，（1700年の57.7％よりは僅かに減少し
ていたが）依然として世界のGDPの56.4％を生み出していた。中国の世界GDP
のシェアは，1700年の22.3％から，1820年に32.9％に実質上増加した。しかし，
フランクが，アジアと西欧の分岐が「1870年あるいは1880年頃になってようや
く始まった」と主張するのは誇張のように思われる。表 2 - 1 は，アジアの世
界 GDP の寄与率が，1820〜70年の間に56.4％から36.1％に大幅に低下し，さ
らに1913年には22.3％，1950年の15.4％まで低下し続けたことをはっきりと示
している。中国の寄与率も1870年より以前に，急激に低下した。その比率は，

第Ⅰ部　19世紀を再考する

表2-1　世界 GDP のシェアの変遷（％）

年	1500	1700	1820	1870	1913	1950	1973	2001
イ　ギ　リ　ス	1.1	2.9	5.2	9.0	8.2	6.5	4.2	3.2
西　　　　欧*	17.8	21.9	23.0	33.0	33.0	26.2	25.6	20.3
アメリカ合衆国	0.3	0.1	1.8	8.8	18.9	27.3	22.1	21.4
中　　　　国	24.9	22.3	32.9	17.1	8.8	4.5	4.6	12.3
イ　ン　ド	24.4	24.4	16.0	12.1	7.5	4.2	3.1	5.4
アジア(日本を除く)	61.9	57.7	56.4	36.1	22.3	15.4	16.4	30.9

出典：Angus Maddison, *The World Economy: vol. I A Millennial Perspective, vol. II Historical Statistics*, OECD, 2006, Indian Edition, New Delhi, 2007, table 8b, p. 641.

注：* ここでの「西欧」には，オーストリア，ベルギー，デンマーク，フィンランド，フランス，ドイツ，イタリア，オランダ，ノルウェイ，スウェーデン，スイス，ポルトガル，スペインと 1 ％以下の他の小国を含む。

1820〜70年の間に，32.9％から17.1％に低落した。

　さらに重要なことに，フランクは，アジアについて一般化を行う一方で，インド経済で起こった出来事を無視している。18世紀初めに，インドが世界GDP への最大の貢献国であった時点で，アジア内でのインドのシェアは最大であり，中国よりも大きい。インドの経験を排除しては，いかなるアジアの一般化も説得力に欠ける。インド経済は，中国よりも約 1 世紀早く18世紀半ば頃から，植民地化の破滅的影響を蒙り始めた。それ故に，世界 GDP への中国の貢献率が1820〜70年に低下し始めたのに対して，インドの貢献率は，（当時の中国より高い）1700年の24.4％から，1820年には中国の半分以下の僅か16％にまで，18世紀を通じて低下し続けたのである（表2-1を参照）。

　植民地権力の獲得と分岐開始の時期が重なること，つまり他者の犠牲の上で成長した事実が非常に重要である。植民地化された地域が経済的に収縮する一方で，植民地獲得国は，急速に資本主義的な変容を遂げた。マルクス主義史家の中でも，S. ベッカーの『綿の帝国』は，植民地主義が世界中で生み出したこの逆比例関係を鮮やかに描いている。フランクと違いベッカーは，18世紀末の数十年間に「大分岐」が始まった点に同意している（Beckert 2014：xiv）。

　ホブズボーム自身が，他の多くの著作で帝国主義的な植民地の搾取を批判する議論を展開している点には留意しておきたい（Hobsbaum 1968）。しかし，彼のヨーロッパ中心主義的な偏向は，19世紀を偉大な進歩の時期として賛美する，西洋の経験に基づいた時代区分に反映されている。同じ西洋中心主義の偏向が，

第 2 章 インドと19世紀の世界経済

1970年代以降の20世紀末を「破局」と叙述する際にも見られる。その時期は，まさに，インドと中国が世界経済で躍進を始めた時代であった。実際，世界経済に占める（日本を除いた）アジアのシェアは，1973年の16.4％から2001年の30.9％に急増し，西欧とアメリカ合衆国のほぼ２倍で，世界経済にとって最大の貢献地域となった。今や世間で「アジアの世紀」と呼ばれる事態の出現を，ヨーロッパ中心主義者だけが，大半の世界にとって「破局」と位置づけているのである。

2 「修正主義」解釈の批判

　一般に反植民地主義的であるが，植民地権力の出現と西洋資本主義の台頭との決定的つながりを認めないヨーロッパ中心主義の学者とは全く別の類型として，植民地主義，新植民地主義を擁護する学者が存在している。この類型に属する学者たちは，植民地に対する植民地主義の負の影響を全面的に否定し，全く逆の議論を展開している。彼らは植民地主義を，植民地における発展と成長の先触れと見なしている。その代表例が T. ロイである。現代の「修正主義」歴史学の名義で，ロイは，イギリス支配の恩恵と，インドで成長が欠如していた諸原因について，同時代のイギリス人高級官僚や総督の見解をそっくりそのまま繰り返した。彼は，１世紀以上にわたりインド内外で展開されてきた，（植民地化された世界の明白な衰退と示す）史料や，多くの反植民地的言説を全く無視している。筆者は，すでに別稿において，ロイの議論の他の側面を批判してきたが（Mukherjee 2010；2007-08），本節において，彼がインドの植民地支配者たちと共有する世界観のうち，決定的ないくつかを要約してみたい（Roy 2000）。

　ロイ自身が，「『ケンブリッジ・インド経済史』第２巻の更新された短縮版に過ぎない」と呼ぶ，命題のいくつかは以下の通りである。①「植民地インドは明確に経済成長を経験した。（中略）19世紀に，それは急速に成長する世界経済にインドが統合されることで推進された。（中略）経済成長を促した重要な要因は，強力な国家と近代的な運輸通信手段であった」，「植民地支配を通じて，産業とサーヴィスの実質所得は急速に増大した」。②「利潤獲得のためでなく課税あるいは債務により，農民に商品化が押しつけられたという見解は大いに議論の余地がある」。③よく知られた農民の「負債」は，「農民の貧困でなく繁

21

栄の兆候」であった。④「インドからの富の流出は，厳格に定義されていない
し，正確に測られていない」。いずれにしても，「植民地からの経済的利益は想
定されるほど大きくはないし，工業化の起源にとっても決定的でない」。⑤
「脱工業化」論は不十分であり，「商品化」という「別の学説」に置き換える必
要がある。⑥「イギリス支配の最も重要な遺産は，それが生み出した近代的イ
ンフラと公共財であった。（中略）それらは，イギリスとの緊密な政治的繋が
りが無ければ得られなかった量と質を有する資産である」。つまり，イギリス
支配は，インドが近代に移行する上で必要であった。⑦慈恵ではない，植民地
国家の近代性は，「国家が，奢侈でなく，防衛・福祉・インフラ・諸制度のよ
うな国家本来の責務のために多額の支出を行った事実から理解できる」。⑧
「成長率の低さは，ローカルな特質や特性が果たした役割に着目し説明される
べきである」。停滞の原因として植民地主義に着目する代わりに，以下のよう
な「インド内部の状況」を考察すべきである。(a)「イギリス支配の功績であ
る」投資に反した「水不足」，(b)「恒常的で常に深刻な資本不足」，(c)人口増加
率の加速，(d)市場の不完全性を導く，カーストのような社会諸制度，(e)インド
人の「金銀への渇望」と「灌漑設備や道路建設より豪華な結婚式や宝石類に余
剰所得を浪費する」性向，(f)「高い気候変動のリスクに晒される農業」，(g)
「銀行や保険業のような諸制度の未発達」など（Roy 2000：vi, 14-18, 91, 130,
217, 240-243, 257, 273, 310-311）。

　19世紀のインドやアジアの他の植民地において，国際貿易額が急激に拡大し
たのは確実である。ある推計によれば，インドの対外貿易額は，1835年の1億
5000万ルピーから，1924年の75億8000万ルピーまで50倍以上増大した。別の推
計では，外国貿易額は1835〜57年の間に1400万ポンドから5600万ポンドに4倍
に拡大し，さらに，4億1000万ルピーから44億4000万ルピーに10倍以上増大し
た（Varshney 1965：444-447；Dutt 1906）。

　しかし，植民地状況下で世界市場に包摂されることで，植民地経済全体にい
かなる影響を及ぼしたのかが，重大な問題である。問うべき課題は，増大した
貿易額だけでなく，誰が何のために貿易をコントロールしたのか，貿易のパ
ターンや取引先，貿易収支に何が起きたのかである。本章では，表面的には，
貿易額・貿易収支・外国投資・運輸通信などの急激な拡大が見られたが，経済
全体は，縮小はしなかったものの停滞し，植民地様式に構造化された諸問題を

論じる。A. G. フランクの有名なフレーズを借用すると，インド経済は「低開発の発展」（development of underdevelopment）を経験したのである。

3　インドの脱工業化

　インド経済が世界市場に編入されるにつれて，19世紀におけるインドの国際貿易額が急増する一方で，その貿易パターンは180度転換した。それは世界経済への統合が植民地状況で生じたことを示唆している。インドが，製造品の輸出国から工業製品の輸入国・第一次産品の輸出国へと，古典的な植民地状態に転換したのが19世紀であった。インド製品は，イギリスや他の世界市場から強制的に締め出され，古典的なリカード流の国際市場における比較優位論によって，国内市場での保護を否定され，皮肉にも「自由貿易」政策が1920年代までインドに押し付けられた。その結果，18世紀末まで世界最大の原棉生産国，最大の綿製品生産・輸出国であり，1800年に世界の製造品産出高で19.7％を占めていたインドは，急速にその地位を失い，そのシェアは，1860年に8.6％，1913年に1.4％にまで低下した（Habib 2006：92）。他方，イギリスの対印綿製品輸出は，25年たたぬうちに100倍以上に激増し，1815年の80万ヤードから1839年には1億ヤードに増大した。インドの綿布輸入量は，1872年にはさらに10倍増で10億ヤードを超え，1887年にはさらに倍増して20億ヤードに達した。同年までにイギリスは，インド国内市場の66％を占有した（Habib 1995：319,329）。イギリスの工業化にとり決定的に重要であった世界市場と国内市場からのインド綿製品の駆逐は，インドの脱工業化を招き，綿工業で生計を立てていた数百万の人々に計り知れない貧窮をもたらした。

　インドは19世紀に脱工業化でなく産業の成長を経験したという M. D. モリスの主張は，ほぼ半世紀前の1960年代に，B. チャンドラ，T. レイチョドリと松井透により徹底的に論破された[3]。しかし，同様な主張が，例えば，80年代初頭の『ケンブリッジ・インド経済史』第2巻のように時折現れ，現在は，同じ議論の諷刺版がロイの『インド経済史』に見られる（Kumar 1983）。付随的に，A. G. フランクも，「日本・インド・中国の主要経済国で工業化が始まった」時期として1870年代と1880年代を措定する時，完全に的外れである（Frank 2014：8）。日本の発展は，中国やインドの（半）植民地化された経済と

第Ⅰ部　19世紀を再考する

は決して比較できない。事実日本は対照的であり，植民地化されなかった経験が独自の成長径路に刻印されていた。19世紀後半のインドで，植民地国家の激しい妨害に抗して近代綿工業を開始したささやかな試みは，決して伝統的織物業の大規模な破壊を埋め合わすことはなかった[4]。インドの繊維産業は，完全に変化した国際環境の中で，第一次世界大戦以来発展し，その発展は，別の著作で論じたように，植民地主義の結果としてではなく，植民地主義にもかかわらず，植民地主義に対抗して発展したのである（Mukherjee 2002 : ch. 1）。

　実際，19世紀にインドの人口と1人当たり所得はほとんど増加しておらず[5]，（19世紀の第4四半期に幾分かの綿糸輸出が行われていたが）インドの綿布輸出は消滅し，イギリス綿布の輸入が激増したという，争いがたい経済的事実を前にすれば，19世紀の脱工業化論争の多くは意味がなくなるであろう。そうした状況下での綿布輸入は，停滞する国内市場に激しく浸透し，インド産業が初期に保持していた輸出市場を脱工業化によりほとんど消滅させたのである。

　また，急激な脱都市化が，脱工業化の結果として引き起こされた。織物生産の主要な中心地であったムルシダバードのような繁栄していた都市群は，昔の人口以下まで縮小した。1872年の同市の人口は，1813年当時の6分の1以下であった（Habib 2013 : 84）。数百万人の織布工，紡績工や他の都市職人層は，停滞した農業に依存せざるを得なくなった。各地で飢饉が年中行事になり，インドの農民はますます多額の負債を抱えた。ロイのように，飢えに苦しみ借金を抱えた小農を，繁栄する資本主義的借地農と比較して，負債が「貧困でなく繁栄の兆候である」と主張することほど，ばかげた冗談はあり得ない。ロイが，パンジャブ州を統治したインド高級文官（ICS）で，後に総督参事会財政委員になり Punjab Peasantry in Prosperity and Debt と題する本を著わした，M.ダーリングの考えを受け継いでいるのは明らかである。

　インドの農民は，地税として多額の貢納を植民地国家に強要されるが故に，負債を抱えた。地税は現金で払わねばならなかった。現金を得るために農民は，生産物を譲渡，すなわち市場で売却せざるを得なかった。それが「強制された商品化」（forced commercialization）と呼ばれた行為である。ロイはそれを，強制された商品化ではなく，農民が利潤を求めて市場に参入したと見なしている。それにより彼は，その農民たちが，資本主義的な合理性を持ち借地農を目指しつつある富農ではなく，植民地的論理で「小規模生産」に追い込まれた貧農で

あった点を理解していない（Mukherjee 1979：207-232）。

　世界市場へのインド経済の編入で，植民地時代を一貫した重要な特徴は，イ
ンドが常に貿易収支の黒字，つまり輸出収益を確保していた点であった（逆に，
独立後のインドはほとんど恒常的に貿易赤字であった）。これは，植民地支配の恩恵
の象徴と見なされてきた。だが，この輸出黒字は，貢納として吸い上げられ，
現実にはインド経済にとり流出あるいは純損失を意味したため，経済に何ら貢
献しなかった。その富の流出は，英領インドの GDP の5〜10％に及ぶと推計
された（Patnaik and Moosvi 2000：386-390；Habib 1995：304-306；Habib 1975）。
実際，インドの農業は，地税や他の諸税を通じて，（国内流出と呼ばれた）貢納
として支払われる国内での余剰を創出し，同時に，輸出収益を獲得して，（対
外流出である）イギリスへの送金のために必要な外貨を生み出すという，二重
の任務を果たしていた（Mukherjee 2010；Sen 1982, 1992）。

4　多角的貿易決済とインド

　ここで，杉原薫（杉原 1996）やA. G. フランクのような学者によって提起さ
れた，19世紀におけるアジア間貿易の成長についてコメントしておきたい。例
えばフランクのように，アジア間貿易を，西洋に対する「抵抗」，アジアにお
ける「経済成長と産業復興」の指標と見る場合もある（Frank 2014：6）。その
解釈は，ある時代のある環境の下では妥当かもしれない。実際にフランクは，
1870年代までの中国と東アジア・東南アジア諸国に言及している。一般化する
前に考慮すべき重要な点は，このアジア間貿易がいかなる文脈で起こり，いか
なる影響を与えたかである。すべての場合でアジア間貿易が，経済成長あるい
は繁栄の指標であったわけではない。

　その恰好の事例が，19世紀前半の印中貿易の成長である。前述のように，イ
ギリスに対するインドの「貢納」支払いは，インドの輸出品で資金調達せねば
ならなかった。イギリスがインドで政治的権力を獲得した18世紀中葉から，そ
れはインド国内で徴収された諸税で購入したインド綿布の輸出で賄われた。し
かし，18世紀末までにイギリスの工業化が始まると，イギリスは，世界の織物
市場でのインド産品の優位を自国品に置き換える必要があった。インドの織物
輸出を強制的に止める必要があったが，富の移送のためには，インドからの商

25

第Ⅰ部　19世紀を再考する

品輸出が必要であった。綿布の代替物として，巨額の中国向けアヘン輸出が登場した。1816〜30年の間に，インドからのアヘン輸出は6倍以上に急増した。1855年にそれは623万ポンドに達し，以前は銀塊で決済していた中国産の茶と絹の輸入額850万ポンドの大半がアヘン輸出で相殺された。それは巧妙にもイギリスの利害に適合し，中国が抵抗した時，砲艦外交と1840〜50年代のアヘン戦争が示すように，中国は「開港」と「文明化」を強要され，麻薬取引を保証する最初で最大の国家となった（Habib 1995：323-326）。インドからの貢納あるいは強要された資本移転は，中国を介したアジアの三角貿易により拡張された。これは巨額のアジア間貿易の一例であり，いずれの当事国にとっても破壊的で，経済発展を生むことはなかった。この点は，印中二国間だけを見ずに，イギリスや世界諸地域を含む多角的でグローバルな意義を考えれば明らかである。フランク自身も，貿易はグローバルで多角的な文脈で考察すべきであると，この点を繰り返している。

　19世紀のインド貿易の急激な増大により，インドからイギリスへ，またイギリスを経由して世界各地への巨額な資金移転が可能になった。19世紀前半は，中国との三角貿易を通じて資金移転が行われたが，19世紀後半になると，インドが大陸ヨーロッパ諸国，日本，アメリカ合衆国や白人定住植民地（ドミニオン）に，食糧・原料や他の第一次産品を輸出して貿易黒字を稼ぐ多角的貿易決済を通じて資金移転が行われた。イギリスは，綿製品や他の工業製品を輸出することで，対インド貿易黒字を獲得した。イギリスは，インドからの「貢納」の権利を使い，インドの世界諸地域との貿易黒字を転用して，自国の国際収支の均衡を維持した。ヨーロッパやアメリカ合衆国の新興工業国向けの輸出が減り始め，また，合衆国やドミニオン諸国を含めて世界中で巨額の海外投資を行うにつれて，イギリスの国際収支は赤字圧力に曝された。世紀転換期に，インドからの貢納だけで，イギリス国際収支赤字額の4割以上が埋め合わされたと見積もられている（Hobsbaum 1968：149；Saul 1960）。

　この時期におけるインドからの貢納の規模は巨額であった。1871〜1916年にインドからの送金額は，4％複利を適用したとして，少なく見積もっても32億ポンドに達すると推計されてきた（Bagchi 2006：表17.1，17.2，241-242　ビルマを含む数値）。この数字を，1913年のイギリスの（利子・配当金の再投資を含む）海外投資総額約40億ポンドと比べると，イギリスの海外への資金移転でインドが

26

圧倒的な役割を演じてきたことが明らかになる。インドは,「1870〜1913年に世界の経済的中枢」になったのである（Hobsbaum 1968：152）。イギリス本国経済と躍動するアメリカ資本主義の出現に大きく寄与した, ドミニオンや合衆国へのイギリス資本の大量投資は, 逆説的に, インドのような植民地の厳しい搾取を通じて資金調達が行われたのである。

19世紀のインドは, 市場と資本だけでなく労働力の供給でも, イギリスの要求を満たし続けた。1834年の奴隷制廃止によりイギリス帝国は, カリブ海・モーリシャス・フィジー・南アフリカ・マラヤ・スリランカ・ビルマなどでのプランテーション経営や運輸インフラ建設のために必要な労働力の深刻な不足に直面した。農村の貧民や, インド産業の壊滅で急増した数百万の貧民が, 事実上奴隷と同じ条件で「契約移民」労働者として, 世界各地に連れていかれた(6)（Ghosh 2008）。ある推計によれば, 1831〜1920年にインドから200万人以上の契約移民労働者が移送され（Northrup 1995；Wolf 1982）, 別の推計は, さらに多くの数のインド人移民を挙げている。いずれにしても1930年代末までに, モーリシャスの65%, 英領ガイアナの42%, トリニダードの34%, フィジーの43%の人口がインド人で構成されていた（Gangulee 1947：238；Mishra 2006）。

5 脱植民地化の意義

最後に, T. ロイのような人々がイギリス支配の偉大な貢献と位置づける, 19世紀における運輸・通信網の量的拡張は, この移転メカニズムを機能させ, インド内陸部をイギリス製品の巨大な輸入国, 第一次産品の輸出国に転換するために必要であった。鉄道は, マルクスが初期の著作で予測していたような, 資本主義の「鏡像」をインドで生み出すことはなかった。鉄道投資の複合的な効用はすべてイギリスにもたらされ, 鉄道の経済への波及効果はイギリス本国の利益に奉仕し, インドには何の恩恵もなかった。

換言すれば, 鉄道網, 外国貿易, 電信, 農村の変容, 植民地官僚制の発展は, 前資本主義的で, 時に萌芽的な資本主義社会〔訳注：インド〕を, 初めから失敗した植民地構造に転換する決定的な手段として機能した。植民地的な構造化を促し, 近代的資本主義の発展を覆す一連の手段を, 植民地主義の恩恵の「残余」あるいは「一部」とみなすことはできない。だが, 残念なことであるが,

27

第Ⅰ部　19世紀を再考する

そうした誤った考え方は，忠実な自由主義的民族主義者や一部のマルクス主義者の思想に浸透している。（植民地維持手段を創り出した）同じ資源を，植民地時代と独立後の植民地構造解体期の数世紀間にわたり，別の〔訳注：建設的な〕目的に使えない機会費用の大きさは信じ難いものがある。

　筆者は別の著書において，19世紀と全く対照的に20世紀には，インドの世界経済への参入のパターンは，1947年までは部分的に，しかし独立以降は全く質的に異なり，インドの経済発展に有益な方向に変換し始めた点を論じている。この20世紀〔訳注：前半〕の植民地期における変化は，植民地主義の結果ではなく，植民地主義にもかかわらず，植民地主義に反対し，政治経済闘争を通じて植民地主義から離脱することでもたらされたのである（Mukherjee 2002）。

　　＊　本章の元になる草稿を，日本（2015年10月の南アジア学会：大東文化大学）とインド（2016年1月の第8回印日対話フォーラム：ネルー大学）で議論する機会を与えていただいた秋田茂氏と水島司氏に謝意を表したい。いずれの討議も本章を練り上げる上で大いに役立った。

注
(1) Mukherjee（2010）の標題は，近年のナイアル・ファーガソン（Niall Ferguson）による気後れしない帝国主義擁護論 *Empire: How Britain Made the Modern World*, London: Penguin (2003), に触発された。また同論文は，ヨーロッパの台頭を非ヨーロッパ中心的に説明するために企画された，ハーバード大学のベッカー（Sven Beckert）によるグローバルヒストリー関連の出版計画 *The Global Origins of the Old World* の一部として書かれた。
(2) 以上の数字は，途方もない「民族主義的」想像力の産物ではなく，アンガス・マディソンによる2000年間の世界経済史を追求した労作である OECD の出版物に依拠している。
(3) *Journal of Economic History* 誌のモリス（M. D. Morris）の1963年論文，*Indian Economic and Social History Review*（IESHR）誌のビパン・チャンドラ（Bipan Chandra），タパン・レイチョドリ（Tapan Raychaudhuri），松井透による反論，およびモリスの再反論の全ては，IESHR (1969), *Indian Economy in the Nineteenth Century: A Symposium*, Delhi: IESHR として編集・刊行された。
(4) 秋田茂は，政府の支援を受けた日本海運や産業と，そうした支援を欠いたインド企業を比較対照することで，前者の存続と後者の撤退を説明できることを論証している。

第 2 章　インドと19世紀の世界経済

(5) 水島司の長年にわたる優れた研究により，今日のタミルナド州の一部地域での人口増が示されているが，その議論をインド全体に一般化することはできない。19世紀に人口増が無かった議論については，Habib（2006：103；2013：101-105）を参照。

(6) インド東部におけるイギリス支配下でのアヘン栽培と，その地域からの契約移民労働者の移民の過程を見事に描き出した三部作の第１巻の小説。

参考文献

Akita, Shigeru (2017), "'Intra-Asian competition' and collaboration against the West : N. Y. K. Bombay Line, Tata & Sons and Indian cotton at the end of the Nineteenth Century", in Seshan, Radhika (ed.), *Peoples, Places and Cultures in Asian and World History, c. 1300-1850*, Pune : Savitribai Phule Pune University.

Bagchi, Amiya Kumar (2006), *Perilous Passage : Mankinfd and the Global Ascendancy of Capital*, New Delhi : Oxford University Press.

Beckert, Sven (2014), *Empire of Cotton : A New History of Global Capitalism*, London : Allen Lane.

Dutt, R. C. (1906), *Economic History of India*, vol. I and II, London : Kegan Paul.

Frank, Andre Gunder (2014), *Reorienting the 19th Century : Global Economy in the Continuing Asian Age* (Edited by Robert A. Denemark), London : Paradigm Publishers.

Gangulee, N. (1947), *Indians in the Empire Overseas : A Survey*, London.

Ghosh, Amitav (2008), *Sea of Poppies*, Harmondsworth : Penguin.

Habib, Irfan (1995), "Colonisation of the Indian Economy 1757-1900", in *Essays in Indian History : Towards a Marxist Perception*, New Delhi : Tulika.

Habib, Irfan (2006), *Indian Economy, 1858-1914 (vol. 28 of A People's History of India)*, New Delhi : Tulika.

Habib, Irfan (2013), *Indian Economy under Early British Rule, 1757-1857 (vol. 25 of A People's History of India)*, New Delhi : Tulika.

Habib, Sayera (1975), "Colonial Exploitation and Capital Formation in England in the Early Stages of Industrial Revolution", *Proceedings of the Indian History Congress*, Aligarth.

Hobsbaum, Eric J. (1968), *Industry and Empire*, Harmondsworth : Penguin.

Hobsbaum, Eric J. (1995), *The Age of Extremes : The Short Twentieth Century 1914-1991*, London : Abacus.

Kumar, Dharma (1983), *Cambridge Economic History of India, vol. II*, Cambridge : Cambridge University Press.

29

Lutsky, V. (1969), *Modern History of the Arab Countries*, Moscow.

Maddison, Angus (2007), *The World Economy : vol. I A Millennial Perspective, vol. II Historical Statistics*, Paris : OECD, 2006, New Delhi : Indian edition, 2007.

Mishra, Amit Kumar (2006), "Survivors of Servitude : Indian Labour Diaspora in Mauritius, 1834-1940s", Ph. D. Dissertation, Center for Historical Studies, JNU, New Delhi.

Mukherjee, Aditya (1979), "Agrarian Condition in Assam 1880-1890 : A Case Study of Five Districts of the Brahmaputra Valley", *The Indian Economic and Social History Review*, vol. XVI, 2 April-June 1979.

Mukherjee, Aditya (2002), *Imperialism, Nationalism and the Making of the Indian Capitalist Class 1927-1947*, New Delhi : Sage.

Mukherjee, Aditya (2007), "Return of the Colonial in Indian Economic History : The Last Phase of Colonialism in India", Presidential Address, Modern India, *Proceedings of the Indian History Congress*, New Delhi (reprinted in *Social Scientist*, Vol. 36, Nos. 3 and 4-5, April and May-June 2008 and in *Social Science Probings*, June 2008).

Mukherjee, Aditya (2010), "Empire : How Colonial India Made Modern India", *Economic and Political Weekly*, vol. XLV, No. 50, 11 December 2010.

Mukherjee, Aditya (2013), "Challenges to the Social Sciences in the 21st Century", *Economic and Political Weekly*, vol. XLVIII, No. 37, 14 September 2013.

Northrup, D. (1995), *Indentured Labour in the Age of Imperialism, 1834-1922*, London : Cambridge University Press.

Patnaik, Utsa and Moosvi, Shireen (2000), "New Estimates of Eighteenth-Century British Trade and Their Relation to Transfers from Tropical Colonies", "The Indian Economic Experience, 1600-1900 : A Quantitative Study", in *The Making of History : Essays Presented to Irfan Habib*, New Delhi : Tulika.

Pomeranz, Kenneth (2000), *The Great Divergence : China, Europe and the Making of the Modern World Economy*, Princeton : Princeton University Press.

Roy, Tirthankar (2000), *The Economic History of India : 1857-1947*, New Delhi : Oxford University Press, Third edition (2011).

Saul, S. B. (1960), *Studies in British Overseas Trade 1870-1914*, Liverpool : Liverpool University Press.

Sen, Sunanda (1982, 1992), "Trade as Handmaiden of Colonialism : India between the Late Nineteenth Century and the First World War", *Studies in History*, 4-1, January-June 1982 and *Colonies and the Empire : India 1890-1914*, Calcutta.

杉原薫（1996）『アジア間貿易の形成と構造』ミネルヴァ書房。

第 2 章　インドと19世紀の世界経済

Varshney, R. L. (1965), "Foreign Trade", in V. B. Singh (ed.), *Economic History of India, 1857-1956,* Bombay : Allied Publishers.

Wolf, Eric (1982), *Europe and the People Without History,* Berkeley : University of California Press.

第 3 章

19世紀のアメリカ帝国

A. G. ホプキンズ（安井倫子訳）

1 アメリカ「帝国」に関する新たな見解

19世紀のアメリカ帝国という概念は，近年看過されがちであり，歴史叙述の中に取り入れられなくなっている。アメリカ帝国という考えからまず思い浮かぶのは大陸内の拡大と海外遠征である。大陸内拡大は，まぎれもなく，この時期のアメリカ合衆国の歴史における主要なテーマであった。拡大は，（帝国の定義にもよるが）帝国主義的意図に基づくものであったとも考えられるが，大陸内拡大の結果，アメリカは公式帝国ではなく，その後の変遷を経て連邦国家となり，この国家はほとんどの市民に平等な権利を保証するものとなった。もちろん，先住民とアフリカ系アメリカ人に対する明白な不平等は存在した。しかしこの不平等が，帝国としての定義に十分な条件であるとは言えないし，このような不平等は独立した統一国家でも見られるものである。同様に，合衆国の海外への野望について，1898年とその後の海外拡張を予定したものだったと考えたくもなる。その最も良い証左がマシュー・ペリー（Matthew Perry）総督による1853年の東京湾への侵入であったし，また，キューバの獲得についてはアメリカが長年固執してきたものだった。しかしながら，ペリーが先駆けたことは，合衆国の太平洋への大規模な拡大にはつながらなかったし，キューバ併合の試みも19世紀末まで失敗し断念されていた。

確かに，これらの事例は1783年以降の合衆国の拡大の歴史の中で重要な位置を保持するに値する。しかしながら，これらをグローバルという最も重要な歴史的背景に置いて考察する必要があるにもかかわらず，今日，その必要性はほとんど認識されていない。そこで，本章は，当時のグローバルな背景が1756年から1898年のアメリカ合衆国の発展に重要な影響を与えた要素であったことに

第Ⅰ部　19世紀を再考する

ついて検証することを目的とする。この時期は二期に分割することができる
だろう。1つは18世紀からおよそ1850年代に至るプロト・グローバル化と言え
る時期であり，もう1つは19世紀中葉から1950年頃までの近代グローバル化の
時期である。1950年頃には脱植民地化によって西洋の主要な帝国は終焉し，第
三の時期，ポスト・コロニアルの時代のグローバル化を迎えることになる。

　この時期区分は一般的な区分と交錯している。西洋史研究者にとっては1789
年，または1815年を指標とすることが一般的である。また，一部の新しい研究
者集団は，1914年までを1つの区切りとしている。アメリカ史研究者は一般的
に，1776年の革命，または1783年の独立を区切りとし，新国家の歴史を扱う研
究者に第一次世界大戦までを委ねることになる。本章が採用した年代配列は，
この時期についての最近の見解に対して2つの重要な観点を示唆するものであ
る。第一に合衆国の発展は西ヨーロッパの発展と関連していることを示し，第
二に帝国の発展過程について，また帝国の概念そのものについての一般的な思
い込みの修正に資するであろう。

2　プロト・グローバル化と帝国

　「プロト・グローバル化」という語は，本章では，主に17世紀と18世紀の軍
事財政国家に言及するために使う。軍事財政国家とは，上流地主階級に支配
されており，彼らは基本的には農業に依存しながら，手工業や食料生産部門の
市場の萌芽も見られる経済から富と地位を得ていた。「火薬革命」によって引
き起こされた軍事的衝動もあいまって，国家の必要な財源を確保し管理するた
めの領土拡大と中央集権化が推し進められた。科学技術の進歩が世界的な海洋
探検願望をもたらしたが，同時にこれらの野望は海外権益の拡張も孕んでいた。
七年戦争（1736-63）の後，西ヨーロッパの大国は重い負債を抱えることになっ
た。すでに1748年に，モンテスキューは，軍備拡張競争が結果として起こるで
あろうと予想していた。「新しい不安がヨーロッパ各地に拡散し，君主たちに
感染し，膨大な軍隊を保持しなければならないと迫られている。不安は増幅し
必ず感染するものである。というのは，ある君主が彼の軍隊を強化すれば，当
然ほかの君主も同様のことを行うものだからである。その結果，得るものは何
もないばかりか，社会は荒廃する」（Cohler 1989：224-225）。1780年代には，財

34

政危機がフランス，オランダ，スペインの社会を疲弊させ，財源獲得術に長け
ていたにもかかわらずイギリスにも警戒心を抱かせることになった。財政危機
は税制をめぐる一連の論争にとどまらず，18世紀に立ち現れた新しい国家体制
の存亡にも関わる脅威となったのである。

（1）　18世紀の財政危機

　財政危機は18世紀末におけるヨーロッパ帝国諸国の運命と緊密に繋がってい
た。コストの高い軍拡競争と公共財への関連支出の拡大に起因する財源獲得の
必要性が新規の増税の方策を模索させた。ヨーロッパ諸国の政府は，帝国領土
が歳入を見込める重要な貢献者だと考えた。イギリスではこの危機が1760年代
と1770年代に政党を分裂させた。ウィリアム・ピット（大ピット：William Pitt）
に率いられた進歩的ホイッグ党は，貿易を拡大し植民地人をなだめることに
よって負債の問題を解決しようとした。ビュート伯爵，ジョージ・グランヴィ
ル（George Grenville），ノース伯爵（Lord North）といったトーリー党の多数派
は植民地から税収を引き出して負債の軽減を図ろうとした。エドモンド・バー
ク（Edmund Burk）が「新植民地システム」と呼んだ収奪的帝国を支持する
人々が多勢となり，歳入を獲得するために，手始めにインドに対するイギリス
支配を拡大するという方法がとられた。この計画は困難に遭遇し，1770年代に
は北米植民地（mainland colonies）に関心が移った。

　以上のように，本国と植民地での増税は不満を誘発し，それは次第に政府の
責任追及と改革という政治的要求に転回した。アダム・スミスの観察では，ア
メリカでは2つの矛盾する過程が進行していたとある。重商主義はこの世紀を
通じて，誕生間もない植民地が大きく豊かに育つのを助けた。しかしながら，
植民地事業の成功は植民地からの収入の可能性を高めただけではなく，他方で，
入植者の期待を膨らませそれを実現する方法を彼らに提供した。本国政府はス
コットランドやアイルランドなどの連合王国内部の諸州では，このような不満
をコントロールすることは可能であったが，大西洋の向こう側の遠隔植民地に
関しては苦闘した。1774年，バークは以下のように述べている。「弱体化する
政府は，どんな方策をもってしても，遠距離であることの弊害を取り除くこと
はできない」（Burke, Speech in Parliament, 27 February 1775）。彼はさらにモンテ
スキューの格言を強調するかの如く付け加える。「体が大きくなると，力（権

第Ⅰ部　19世紀を再考する

力）は隅々まで行き渡らなくなるものだ」（Burke 1775）。1776年に起こったの
は期待外れによる革命だった。それは予想外の増税要求と内陸入植地の拡大に
対する迷惑な制限・干渉の両方に対する抗議であった。トクヴィルの言葉を借
りれば，「革命がおこるのは必ずしも事態が悪化している時ばかりであるとは
限らない」（Davies 1971, 1997：96）のである。反対に，「不満というものは，
改善の可能性が人々の頭をよぎった時に，かえって耐え難く思えるようになる
ものである」（Davies 1971, 1997：96）。偶然かどうか，アメリカ植民地はパク
ス・ブリタニカ（Pax Britannica）の下で繁栄したのだが，革命の原因は「ブリ
タニカによる課税」（Tax Britannica）だった。

　18世紀末の一連の大革命は西洋史の転換点だと見なされているが，この転換
はゆっくりと進んだ。1815年のナポレオンの敗北の後に起こったことは，「自
由主義の幕開け」という単純な物語ではなかった。むしろ反対に，勝利した諸
国は戦争前の秩序を回復するための多大な努力を必要とした。19世紀の前半は，
保守派と改革派の激しい長期の闘争の時期と特徴づけられる。西洋諸国の中で
最も発達した国であるイギリスでさえ，政治改革は遅々として進まず，形ばか
りであり，近代工業化という形の経済改革も考えられていたよりかなり遅かっ
た。その他大陸の，農業経済が支配的であった国家の多くでは，王党派と共和
派の，時には軍事的衝突が繰り返され長く続いた。王政が復古した国は1848年
の革命を制したが，それは，当然のことながら，改革的勢力の成功ではなく敗
北として記される。その後の数年間は，ヨーロッパの王権支配の秩序確立を目
指す反革命の拡大期と特徴づけられる。改革へと向かうのは19世紀がもっと進
んでからである。

（2）　合衆国と実質的独立への苦闘

　ヨーロッパにおけるこのような事情と合衆国のたどった軌跡との関連性につ
いてはあまり理解されていない。1783年以降の歴史において，帝国史家は合衆
国の研究を見放し，それは一部のアメリカ専門家の研究分野になっている。彼
らの基本的関心事は国家史を語ることであり，その語りは大部分が大陸という
設定の中で自由と民主主義の創造をめぐるものである。どの解説でも，アメリ
カ帝国は終わってしまっていた。それでも，公式的な脱植民地化（政治的独立）
が必ずしも帝国の影響の終焉を意味するものではない。

第 33 章　19世紀のアメリカ帝国

　帝国史家は，中でも脱植民地史の研究者は，異なる視角からこのお馴染みの場面を観察し，形式的独立と実質的独立を区別することから始めるのである。彼らの観点から見れば，新しい統治者の優先課題は自由や民主主義ではなく開発と成長であったことがわかる。この時期の合衆国史の特徴は，まだ認識されるに至ってはいないが，開発や成長に取り組んだ最初の主要な元植民地であったということである。しかも，1861年に始まる南北戦争まで，合衆国が真の独立を獲得していなかったということを事実が示唆している。この間，イギリス帝国は，新しい共和国の経済，政治，文化などの形成に多大な影響を及ぼし続けたのである。

　この時期に関する通説的研究は国家建設に焦点を当て，上記の広い視野を失っている。帝国史の観点に立てば，合衆国は新しい姿を現す。それはイギリスのグローバルな非公式の影響下にありながら，真の独立を達成する戦略を練り，これについて議論を戦わせたという最初の重要なモデルとしての姿である。新しい国家はどうあるべきかをめぐっての北部と南部の論争の応酬は，1815年以降のヨーロッパにおける革新的勢力と保守的勢力の競争を反映していた。北部の関心事は発展という考え方を奨励するもので，それは保護関税に始まり文化的独立も含んだ。しかしながら，南部の関心事を反映した政治的多数派はイギリスとの従属的自由貿易関係とイギリスへの文化的帰属感覚にしがみついていた。

　これらの問題が当時の人々にとっては中心的関心事であったことを鑑みると，今日の歴史家がそれらを無視するとは意外なことである。合衆国の政治家と経済学者は，保護主義対自由貿易主義といった，今日ではおなじみの基本的対立軸をめぐる論争の枠組みを当時に組み立てた。ハミルトン主義者とジェファソン主義者は，実質的独立を獲得するための互いに異なる戦略を考えていた。ヘンリー・クレイ（1777-1852）は保護主義的「アメリカン・システム」を主張した。これに対し，ジェファソン主義者は農本主義的な自由貿易の共和国を宣伝した。1820年のクレイの主張によれば，イギリスの目的は，「合衆国をイギリスの独立植民地——政治的には自由であるが経済的には奴隷」（Brauer 1988：24）として維持することであった。12年後にも彼は，合衆国が，彼の言う「イギリスの植民地システム」から独立するべきなのだという信念を持っていた（Clay 1832）。当時随一の経済学者であったヘンリー・ケアリー（1793-1879）に

37

第Ⅰ部　19世紀を再考する

よれば，南部が主張した自由貿易とは，もしそれが実行されたら，「イギリスの経済的支配のもと南部諸州の再植民地化をもたらす」（Carey 1865：24, 27）というものだった。ケアリーは，独立への道は，合衆国への輸入品に関税を課すことによって合衆国の産業を保護することにあると考えていた。1865年になってもケアリーの考えは変わらなかった。合衆国はまだ「隷属的地位の植民地保有を必要とするイギリス植民地システム」（Carey 1865：49）に従属しているというのである。

　従属が続いていたことを示す事例は容易に見つけ出せる。最近の歴史学では，18世紀には活発だった大西洋貿易が，独立後消滅ないしは大幅に縮小したと考えられている。しかしながら，イギリスとその元植民地との交易は1783年以後も存続しただけではなく，両国の関係を改善したジェイ条約（1794年5月）以降，むしろ拡大したのである。しかも，両国間の貿易は工業製品と原材料——主に棉花，タバコ，後に小麦——の交換という，植民地貿易の特徴を示すものだった。棉花（と奴隷制）は，1820年代から急速に拡大し，イギリスが自由貿易を採用した1846年にはさらに発展した。イギリスの門戸開放によって，中西部農民にも好機が訪れた。19世紀の中頃までには，合衆国はまさに，次の世紀の従属国のモデルとなるような植民地的輸出経済を発展させていたのである。ロンドンのシティからの金融は，貿易のみならず，新国家建設にも不可欠であった。1803年，ベアリング商会はルイジアナ買収に多大な財政的援助を行い，1812年戦争後の和平交渉を取り仕切り，さらには，1846年のメキシコ戦争の財源を担った。新しい国家に生存能力を与えたのはイギリスの投資だった。合衆国は帝国海軍の盾に守られて発展が可能になったのであり，この生後間もない国家は，防衛費を節約しながら，その資源を最大限に有効活用できたと言える。

　経済的従属は政策決定にも影響を与えた。南部に蓄積された巨大な富は，この時期の議会を牛耳った。ジェファソンの，真面目な農民に満ちた共和政体という理想は，南部がイギリスに助けられて家父長的王権国家を建設するかもしれないという予想に取って代わられてしまった。南部にとっての棉花は，ずっと後の例ではあるが，ビアフラにとっての石油と同じであった。国際的統合が意味することは，イギリス市場の動向が合衆国の政治的命運をも左右するということだった。1819年，1837年，1857年の「経済パニック」と呼ばれた時期は，まず海外貿易の危機によって引き起こされ，政治的命運の流れを変える結末と

38

第 3 章　19世紀のアメリカ帝国

なった。経済と政治の関連性は1820年代には顕現してくる。1819年のパニックはアンドリュー・ジャクソンにとっては好機となった。彼はポピュリスト的なナショナリスト運動を率い、これによって1829年の大統領選挙に担ぎ出された。ジャクソンは、国家の債務の多くは外国債であり、そのほとんどがイギリス債なので、我が国は「実体的独立に値していない」（Lane 2007：67-78 引用部は70）と主張した。驚くべきことにジャクソンは、1年間だけだが、負債の解消に成功はした。ただし、1835年後にはかえって負債は増加し、外国投資家は素早く以前の重要な役回りを回復することになった。

　新共和国では、白人の入植地であるその他のイギリス植民地と同様に、本国に対抗する国民的文化を発展させることは難しかった。しかし、それは実質的な独立に不可欠の要素である。エマソン（Ralph Waldo Emerson 1803-82）は文学における知的独立という構想を持っていたが挫折した（Tennenhouse 2007）[4]。1837年、彼は「従属の日々、異国の学習という長い徒弟期間は終わりを告げる」（Emerson 1837）と、確信をもって宣言していたが、10年後、「アメリカ人というのは、新しい、多少好ましい条件のもとで、イギリス人的特質を持続しているに過ぎない」（Emerson 1909, 1980：332）、と観察している。また、ノア・ウェブスターは著名な辞書を刊行はしたが、その出版の年である1828年までに、独立アメリカ版英語をつくろうという若々しい野望とは決別していた。さらに、ロングフェローは、あまりにも古典に拘泥していたがゆえに、ホイットマンによってヨーロッパ形式の物真似に過ぎないとけなされているのである（Trachtenberg 2004：Ch. 1；Ferguson 1978：187-215）[5]。フェニモア・クーパーを「英国かぶれ」（Anglomaniac）と呼ぶ批評家さえ存在した（Wendell 1901：187）。トクヴィルが観察したような文化的アイデンティティーの芽生えといった感覚がアメリカ連合（the Union）全体への忠誠心の中に溶け合うのは、まだ時期を待たねばならない（Kramer 2011）。トクヴィル自身も、合衆国市民を「アングロ・アメリカン」、または「アメリカのイギリス民族」（the English race in America）と習慣的に呼んでおり、これらの言葉は両方とも、国民意識がまだ半分しか形成されていないことを示すものである。

　植民地であった過去の姿との以上のような連続性は、人口の大半がイギリス民族だったという条件の下では驚くに値しないだろう。しかも、連邦政府という構造が、中央政府への結束に反対の作用を及ぼした。合衆国憲法は、国民国

39

第 I 部　19世紀を再考する

家政府の基本法としてではなく，共和国の多様な構成要素に安定と平和を保つ
ための手段として作成されたのである。1840年，南部の著名な政治家であった
ジョン・C・カルフーンは，「私は合衆国について語るときに，『国家
(Nation)』という語は決して使わない」と述べ，さらに1849年には，「『連合
(Union)』，または『同盟 (Confederacy)』を使うことにする。我々は国家では
ない。平等な主権国家 (states) の連合ないしは同盟である (Huntington 2004：
114に引用)」と宣言した。しかも，自分自身をアングロ・サクソン民族だと考
えるのは，「古き祖国」との絆を強めこそすれ，弱めるものではなかった。伝
統的教会権力の衰えは地域主義を強め，4年に一度大統領を選ぶという制度は，
市民が彼を国家の永久の元首と認識する妨げであった。1861年には，地域への
帰属意識が，連合 (Union) への忠誠心を上回るほど強くなっていた。南北戦
争 (Civil War) は，南部プランテーションの上流階級と北部の小農，一部の商
人エリートらの連合との競争であり，それは同時代のヨーロッパにおける保守
派と改革派の闘争に匹敵するものである。また，南北戦争は，この後多く現れ
る，独立を果たしながらも分散的権力に抗する国民的統合の意識形成に失敗し，
故に崩壊したその他の新興諸国の前例となるものだったと言える。

3　近代グローバル化──1850年から1950年

　本章において「近代グローバル化」と呼ぶ第二段階は，工業化の拡散と国民
国家の誕生という2つの良く知られた歴史過程の産物である。軍事財政国家は
互いに戦い続けた。そのいくつかは第一次世界大戦まで続いたが，経済，政治，
さらに国家そのものを作り変える目的を持つ勢力に屈することになった。国民
国家は新しい社会集団を結び付けるのに必要な財源を確保する必要に迫られた。
戦争国家はかれらの政策方針に福祉を加え，議会政治が王権による財政や政治
の支配に取って代わった。

（1）　近代的な産業を有する国民国家の創設
　その後，金融財政とサーヴィス部門に特化した工業国イギリスがたどった道
とヨーロッパ大陸のイタリアやスペインのような農業国が選択した道というよ
うに，不均等な発展過程が続いた。政治的発展も同様に不均等だった。イギ

リスでは国民意識を十分成熟させ，ゆっくりではあるが着実に政治改革の方向に進んでいたが，他の新興国家の多くでは，中央ではなく地方権力への忠誠が支配的であり，従来の政治的支配階層は，ますますその地位が危うくなってはいたがいまだ有力だった。近代グローバル化は，その名前が示すように，技術的進歩による生産と流通，そして威圧のコスト削減による世界の経済統合の拡大に随伴して進行したと言える。イギリスは世界貿易を拡大し，国際的な分業（専門化）を促し，立憲的政府が好ましい形であると宣伝し，人々の意識を高めることなどによってグローバル化を主導した。イギリス帝国は多国間貿易を運営する中心装置となり，金融の流れを管理し，公海の秩序を取り仕切った。自由貿易がイギリス帝国の影響力を高め，それは公式帝国を超えて拡大した。世紀が進むにつれ，すでに合衆国に浸透していたその影響力は，オスマン帝国，ラテンアメリカ，そして東アジアにまで広がった。

　軍事財政国家を自由主義憲法と近代経済をもつ国家に転換する道のりは不安定であり，ヨーロッパ諸国は19世紀末に数回の深刻な危機に陥った。工業化途上の国家は初めて大規模な階級間の闘争に悩まされ，農業国は輸入農産物との新しい競争にさらされた。社会の激変による緊張は長い不況によってより悪化し，19世紀末の25年間には人々の期待はしぼみ，失業者が街にあふれる事態となっていた。これらの重圧は誕生間もない国民国家の団結に対する試練であった。市民秩序を維持し，社会的結束を回復する仕事を託された政治家たちは，弾圧，福祉改革から帝国主義に至るまでのさまざまの実験的解決策を試みた。ヨーロッパにおける不均等な発展が劇的な帝国的冒険を促すことになり，世紀末における世界の大部分の占領と併合という結果になった。公式であれ非公式であれ，帝国主義はいわゆる「強制的グローバル化」と呼ばれるものの主要な動因だった。

　以上のような帝国の発展という世界史的背景は，1865年以降のアメリカ史を理解する上で不可欠の要素である。それは単なる「予備知識」にとどまらず，独立共和国の立ち上がりについての全く異なるストーリーを描き出すことになるのである。南北戦争の終了と共にアメリカは連邦（the federal union）の崩壊から立ち直り，国家建設に邁進した。同時期，本国における国家建設は他の国でも取り組まれていた。ドイツとイタリアは統一されつつあり，オーストリア，フランス，日本は再編されつつあった。さらに，イギリスは選挙権を拡張しな

第Ⅰ部　19世紀を再考する

がら，帝国連邦を創設することが有効であるのか慮っていた。一方1870年代の
アメリカでは，急速な都市化と工業化が進行し，突然の景気減退とデフレの悪
化を招き，そのことが労使紛争や都市における前例のない失業問題を発生させ，
暴力的な無政府主義に出現のチャンスを与えるものになった。同時に外国市場
の喪失と農産物価格下落から発生した農村の疲弊感は，大規模なポピュリスト
運動に油を注ぎ，共和党による政治権力の支配を脅かした。このような状況は
政治家にとっては試練だった。再び内戦が起こるのではないかという新たな恐
怖心は，イギリスが1880年代と1890年代の選挙に対し何らかの影響を与えたと
いう陰謀説を掻き立てた。1891年には，有名な共和党員であるウィリアム・
マッキンリーが，民主党はイギリスと共謀し合衆国に自由貿易を押し付けてい
ると主張し，以下のように論じていた。「両者は，同じ反愛国的目標のために
闘い，我々の産業を敵に回す十字軍に加担し，彼らは呉越同舟で勝利を祝う。
彼らはアメリカの労働者，アメリカの賃金に対し共同の戦争を仕掛けており，
それは我が国の産業の生命を断とうとする企み，アメリカ連邦（the American
Commonwealth）への打撃となる」（*The Times*, 14 February 1891）。

（2）「新」帝国主義の不均等な発展

　ポピュリストのうねりによって，1896年には，銀貨への逆戻りとその結果と
しての通貨切り下げへの憶測が広まった。土地所有者や債権者は恐怖心にから
れ，大企業も初めて大規模に政治に干渉することになり，知識階級に属するも
のは革命を回避する道を模索した。保守派にとっては好機だった。1896年，
ウィリアム・マッキンリー大統領の選出で，金本位制と保護関税の存続が確実
になり，共和党は大統領選挙を勝利したものの，民主党が上院で多数派を獲得
し，さらに1898年の中間選挙では下院でも目覚ましい躍進を果たした。その年
の3月と4月，スペインへの宣戦布告直前には民主党に自由の太鼓を打ち鳴ら
す順番が回って来た。彼らは，共和党は自由を促進するより金儲けの方に興味
があると攻撃した。1895年にはキューバの愛国者が，スペインの支配に抗して
武器を取り立ち上がっていたので，民主党は自由の旗を振り共和党を非難する
機会をつかんだのだった。マッキンリーは，勝算が確実でない冒険的戦争に乗
り出すことには躊躇したが，共和党の指導部はマッキンリーに話すより行動せ
よと迫った。有力上院議員であり，帝国を支持していたヘンリー・カボット・

ロッジは，大統領が宣戦布告をしないなら，民主党が次の選挙で「圧倒的な自由銀の勝利」を勝ち取るだろうと述べた（Offner 1992：153）。陸軍長官であり優秀な退役軍人だったラッセル・A・アルジャーもまた，マッキンリーが外交交渉に固執していることを非難し，「彼は人々が望んでいるのに，その前に立ちはだかり，自分自身と共和党を破滅させる危険を冒そうとしている」と述べた（Alger 1901）。エリフ・ルートは，まもなくアルジャーに代わって陸軍長官となる人物だったが，大統領を説得し，不可避となった戦争で国を導くこと，さもないと党は壊滅し，「銀本位民主主義」が採用されるだろうと迫った（Offner 1992：153）。クヌート・ネルソンは共和党上院議員であり南北戦争の退役軍人であったが，もっとあからさまに以下のように述べている。

　民衆の戦争は自由銀問題の悪夢（ママ）から国を解放するために，この上なく有効な方法である。ブライアン主義，ポピュリズム，自由銀などが成功すれば，スペインとの短い，鮮烈な戦争以上の，計り知れない損害をこの国に与えることになるだろう（Offner 1992：153）。

　1898年，合衆国はヨーロッパ列強への仲間入りを果たした。新しい帝国主義として知られる領土争奪戦の時代であった。スペインとの短い戦争の後，合衆国は海外植民地を獲得したのである。最も重要な地域はフィリピン，プエルトリコ，ハワイであり，キューバは保護領となった。この時以来，アメリカ帝国主義という名分についての果てしない議論が続いている。それは逸脱であると主張する研究者がいる。すなわち，国内で自由や民主主義を築く事業という誰にでも知られた歴史的語りから離れ，回り道に迷い込んだというものである。他方，世紀末の資本主義の危機に直面した市場開拓だったのだとも論じられている。これらのどの議論も事実にそぐわない。しかも，1898年の戦争は，過去1世紀の間，侵略的大陸内拡大を行ってきた国家にとっての逸脱であったとはほとんど考えられないだろう。同様に，たとえアメリカの実業家が新しい市場を渇望していたとしても，彼らがカリブ海や太平洋の貧しい不安定な島々に投資しようとはほとんど考えなかっただろう。

　よって，その答えは別のところにある。スペインとの戦争とハワイ併合の主たる動機は，猛威をふるうポピュリズムと金本位制への深刻な脅威に直面し，

第Ⅰ部　19世紀を再考する

共和党政権下で国民的結束を固めることの必要性だった。著名な革新主義の歴史家であるチャールズ・ビアードがこの点について明確に述べている。彼は、マルクス主義的帝国主義解釈のみならず、アメリカ実業界の利益代表が戦争と領土併合の影の推進者だったという主張をも否定する。反対に、帝国主義は、「厳しい経済経験を積んだ人間」ではなく、「名言を操る」外交政策エリートによって「練り上げられた」ものである、と彼は論じているのである（Beard 1939：16）。帝国主義運動をリードした４人の主要な人物、セオドア・ローズベルト、ヘンリー・カボット・ロッジ、アルバート・ビヴァレッジ、そしてアルフレッド・マハンらはすべて共和党員であり、ほとんどが上流階級出身でニューイングランド生まれのエリートに属していた。彼らは紳士であったがジェントルマン資本家（gentlemanly capitalist）ではなかった。彼らの目的は資本主義を逃れるのでもなく、ましてやそれを壊すものでもなかった。帝国主義者たちは、彼らが製造業や金融で築いた富を守るという責任と特権が、自分たちにあるのだということを十分に理解する現実主義者だった。したがって彼らは、金ぴか時代の行き過ぎとおぞましい社会主義は追放し、改革的資本主義の到来を強く望んでいた。

　議会が戦争を支持したのは２つの政治的理由——共和党政権の安定と国益の擁護——からだったことを示す証拠がある（Offner 1992）[7]。共和党はキューバ問題をクリーブランド大統領非難のために使い、一方民主党は同じ問題を、マッキンリー大統領を突く尖った棒として使った（Offner 1992：231-233）。大統領がセンセーショナルな記事を追う新聞に煽られて戦争に走らされたという古臭い説は、もはや正当性がない（Gould 1982）[8]。もっと若かったセオドア・ローズベルトとは異なり、マッキンリーは好戦的衝動を持ち合わせていなかった。彼は、南北戦争というおぞましい戦争に従軍し、二度と同じ目には遭いたくなかった（Kapur 2011：26）。彼が、実業家で、同じオハイオ出身の、しかも陰の実力者と称されたマーク・ハンナに操られていたという見方も排除してよいだろう（Hamilton 2006：46-47, 50-58, 94-95, 226-227）[9]。マッキンリーは自分の考えをよく把握しており、迷ってはいなかった。彼は外交問題よりも国内問題を優先し、この点では専門家であった。1896年の大統領選挙勝利の後に彼が目標としたのは、共和党支配を確固たるものにすること、さらにそのことを、できうる限り、国家利益と同意語にすることだった。彼は、この戦略において

外交政策は重要な役割を持つことは承知してはいたが，同時に，併合は，注意深い扱いを要する，争いのタネになる問題であることにも気づいていた。彼はキューバ問題について，仲裁による平和的解決を求めており，自身の党の領土拡張主義者を含め，さまざまな対立する利害関係からの圧力にもかかわらず，この方法に固執した。

　帝国的冒険は当面の目的を達成したのだが，合衆国は植民地という重荷を背負うことになり，それは，結局は欲しくない植民地だったのである。植民地は国家の結束という目的のための特売品とも考えられよう。ポピュリスト党の大統領候補ブライアンは1900年に敗北し，景気は回復した。銀本位通貨制の導入は断念された。共和党は以後の長期政権をものにした。国民的統一が回復し，南北は和解し，階級間の争いも鎮められた。1901年，ウッドロー・ウィルソンはトレントンの戦いの125周年を記念する式典で演説し，国家の統一が近年に成し遂げられたと強調している。「スペインとの戦争ほど完全に我々の姿を変えた戦争はない。1898年以降の数年間ほど，急速な変化を遂げた期間は以前にはなかった。我々は新しい革命の目撃者である。我々は，この数年間，アメリカの変革が完遂されるのを見てきた。125年前にイギリスの支配の縄を振りほどいた小さな州の集団が，今や強大な国家に成長した。あの小さな連合が巨大化しエネルギーを整えた。連合は今や1つの国家に変貌したのだ」(*Atlantic Monthly 90* 1902：721-734)。

　国旗と国歌が，南北戦争後いくつかの競争相手を抑えて1つに決められてはいたが，やっと国民的なシンボルになった (Zelinski 2011：172-173, 202)。1890年代には，北部軍人会，アメリカ革命の息子，アメリカ革命の娘，国旗の日の会などに率いられて，退役軍人会やその他の愛国的団体が国旗と国歌を学校，公的行事，個人の家などに広めた (Guenther 1990：Ch. 5；Leepson 2005)。アンクル・サムは1812年米英戦争中に発案され，他のさまざまな競争相手の中から立ち上がり，1876年の独立宣言100周年の年には，彼の見慣れた身の傾きとリンカーン似の容姿は，だれもが認める国家のシンボルの地位を確立していた。彼は，はっきりと「白人」であり，おのずと「男性」であった (Ketchum 1990：20-26)。「連合 (Union)」という語は，緩やかな地域的な妥協と同意語だったが，1861年にはそれは失敗を喫しており，好まれなくなり，遂に1880年代には新しい労働者の団体を表す矮小化された機能にまで格下げされた。1890

第I部　19世紀を再考する

年代には「アメリカ」という語が存在感を増し，その後この国の永久の概念となった（Kersh 2001：Ch. 6）。1892年，「忠誠の誓い」が「コロンブスの日」400周年を祝うために創作された。コロンブスのアメリカ大陸への上陸についてはだれもが知っているが，今日では異論があるものである。また，感謝祭も，もともとは北米人（Yankee）の習慣だったが，今や国民的祭典になる道を歩み始めた。

　1898年にスペインに勝利したことは軍事的独立の達成を意味した。この時までに合衆国は他の面でも独立を果たしていた。1900年までには完成品の最終輸入国であることをやめ，工業製品の輸出によってイギリス市場に浸透しており（Lipsey 2000：703），イギリスの論客をして「侵略」と評させるほどになっていた（Novack and Simon 1966：121-147）。1914年までには合衆国は世界最大の工業製品とサーヴィス生産国に成長し，遂に，南北戦争以来のこの国の貿易の特徴だった植民地という遺伝的体質を断ち切り，自由になったのである。GDPはイギリスの2倍以上に，ドイツの2倍近くになった（Broadberry and O'Rourke 2010：33, 39）。金融市場はロンドンのシティと肩を並べるほどに成長した。金本位制が保持され，為替管理に反対し，米英の財政金融関係から生じた流動性問題にも対処することが可能となった。

　新しい傾向は文化の表現形式にも見られた。先駆者はウォールト・ホイットマンである。彼の詩集『草の葉』は1865年に初版が出版され，スコット，テニソン，シェイクスピアらのホイットマンが「封建的」文学と呼ぶものを否定し，主題においても，スタイルにおいてもアメリカの自立した声を表現していた。エミリー・ディキンソンもホイットマンの率直さや外向的スタイルとは対照的な内省的表現ではあったが，この時代の特徴を表す言葉で作品を書いている（Dickinson 1924, 1993）。彼女の詩はホイットマンと同様に明確にアメリカ的だった。また彼女の韻律や押韻の手法は，批判者を当惑させるほど革新的だった。マーク・トゥエインも全く独特の，それでも全面的にアメリカ的な見解を表明している。『トム・ソーヤーの冒険』（1876）や『ハックルベリー・フィンの冒険』（1884）については，ホイットマンが「この地に生まれ，しかも普遍的，そして親近感がある」と評したものだった。これらの著作は自分のことしか書かない東海岸のエリートが住む世界とは全く異なる世界を描いたものだった。1904年には著名なイギリスのジャーナリストであるウィリアム・ステッド

46

は，「アメリカの作家が聞いてきたヨーロッパからの古臭い，非難に近い批評は消えてしまった」と考察している (Stead 1901 : 277)。

　実質的な独立の達成によって合衆国は国際的役割を果たす準備を整え，実際その能力と自信を持ち，そのことを自ら表明することになった。1908年，ハーバード大学の歴史家，アルバート・クーリッジは，この新しく連合した国家は４つの指導的「世界大国」の１つになったと評した。「世界大国」とは，クーリッジによれば，ほんの20年前から使われるようになったというものだった (Coolidge 1908, 1923 : Ch. 1)。セオドア・ローズベルトは，1910年には，「我々，偉大なる文明化した国民」と言い及んだ。聴衆が，合衆国が政治的，経済的に最も高い段階に到達し，他の先進国への仲間入りを果たしたという主張を喜んで受け入れるだろうと，彼は承知していたからであった (Roosevelt 1910)。この段階には，「文明」国が不均等に背負わなければならない帝国の責務という重荷を担う義務が含まれていた。ローズベルトは，その年のヨーロッパ旅行中，この高い地位が付与する「名誉ある特権」について，その役割に付随する義務について，また，その世界的で永久的な責務について確信をもって語っている。合衆国はまさに成年の域に達したのだった (Roosevelt, Ibid.)。

4　グローバル化と帝国主義

　本章の議論は，グローバル化は明確に２段階に分割が可能であり，それは帝国が主たる動因であるという命題に基づいている。18世紀末，軍事財政国家がかつてないほどグローバル化を推進した。しかしそれは，成功そのものがプロト・グローバル化の構造の中に解決しえない問題を生成するという弁証法的な，矛盾する過程をたどった。中心からの距離が遠くなるほど，当時の技術発展の制約によって帝国の支配は弱いものになる。軍事拡大のコストがしばしば利益を上回り，財政危機をもたらす。帝国による課税圧力への抵抗は脱植民地世界という別の未来選択を奨励した。19世紀中葉から，この別の選択肢は都市化，工業化，さらには新しい国民国家の建設を通じて現実のものとなり始めた。しかしながら，そのプロセスは緊張をはらみ，しかも，先が見えないものだった。社会の激変は新しい社会階級を生み出し，経済の変動は富める者と不満分子を作り出した。新しい政府は，これまで神聖な王権に支配されてきた世界に，自

第Ⅰ部　19世紀を再考する

分たちの正当性を確立しようと奮闘した。これらのジレンマを解決する手段の
１つとして出現したのが新しい帝国主義である。20世紀に続いた植民地秩序は
第二次世界大戦が終わるまで存続したが，大戦の終了時にはグローバル化が次
の段階に進んでおり，帝国が不必要，かつ機能不全となっていたのである。そ
の後，脱植民地化が続いたが，その結果については未だ結論を述べるには至っ
ていない。しかし，インドや中国のような，元植民地，または半植民地であっ
た国がグローバル・パワーに仲間入りを果たしているという事実からその結果
は見えて来よう。

　以上の議論は合衆国に適用することができる。もちろん，合衆国が特殊性を
持つことは明白だが，同時に，本章が明らかにしてきた一連の動向に一致して
いることもしかりである。18世紀末の軍事財政国家の危機がアメリカ革命（及
び，広い意味ではスペイン植民地の革命）の原因であった。重商主義的帝国は，弱
体化はしていたが，即座に崩壊したのではない。その後の公式的独立の時代に
は，革新派と保守派の間で国家の形やだれが国家を支配するのかをめぐっての
闘争が見られた。それはヨーロッパで勃発していた紛争に匹敵した。しかも，
合衆国は，ラテンアメリカにおけるスペインの元植民地と同様に外国の影響を
一掃することはできず，独立間もない時期においては，非公式の新しい植民地
としての役割を演じた。19世紀の後半になると合衆国は他のヨーロッパ諸国へ
仲間入りした。それは産業国民国家を建設し，農業に基本を置く政治，経済か
らの歴史的移行が惹起する厳しいストレスを解消することによってであった。
他のヨーロッパ諸国と同じように，合衆国も帝国主義に出口を求めた。1898年
に合衆国が創った島嶼帝国は，その構造，イデオロギー，経済関係など，どこ
から見ても典型的な帝国であって例外ではなかった。アメリカ帝国の歴史は20
世紀前半に及んだ。帝国は第二次世界大戦後に解体されたが，他のヨーロッパ
帝国も同時期に終わることになった。このパターンは，一連の偶然だったと説
明されるものではない。グローバル化が段階的に進むにつれて引き起こされた
ことによる共通の影響によると理解されるべきである。

（ケンブリッジ大学，ペンブローク・カレッジにて　2017年５月14日）

　＊　本章は2016年11月に大阪大学で行った講演の原稿である。筆者の講演を実現し有
　　意義なものとするために尽力いただいた大学と秋田茂教授に深く感謝するものであ

第 3 章　19世紀のアメリカ帝国

る。講演原稿について若干の必要な修正を加えたが，注は原則的に史料の引用のみ
に限定した。

注

(1)　なお，より詳細な考察は A. G. Hopkins, *American Empire : A Global History,*
Princeton : Princeton University Press 2018 で述べられている。

(2)　以下も参照。Hopkins (2002).

(3)　ブロワー（Brauer 1988）の斬新な論文は時代の先を見通したものだが，いまだ
満足な研究がなされていない。

(4)　テネンハウス（Tennenhouse 2007）は，豊富な知見と新史料を示すことによっ
て議論を展開して見せている。

(5)　ホイットマンは，ロングフェローの，純粋なアメリカ文学を作り出したいという，
エマソンに先駆けた野望を見逃していた。

(6)　アルジャーは軍備が不十分であることの責任は取りながらも，*The Spanish –
American War*（New York, 1901）では，巧みに自己弁護を行っている。

(7)　オフナー（Offner 1992）は政治関心に焦点を当てた。経済界からの影響の内容
や程度に関しては，長い間，歴史家の俎上に載らなかった。LaFeber（1963）が経
済界の利害関係について調査しているが，この出版が約50年前だったことを鑑みれ
ば，確かに今も貴重な資料ではあるが，視点を変えた更新が待たれる。なお，デ
ヴィッド・M・プレッチャーが1998年に *Diplomacy of Trade and Investment,* Ch.
1 で1898年スペイン戦争開戦の決断についてバランスの取れた叙述を行っている。

(8)　報道，出版に関しては以下を参照。Campbell（2001）；R. F. Hamilton（2006：
Chs. 5-6）. J. M. Hamilton, et al.（2006：78-93）は，新聞の過剰報道と反スペイン
的態度が開戦の決定に別の根拠を与えたことを示している。

(9)　以下も同様のストーリーで語られる。Horner（2010）.

(10)　合衆国海軍は1889年に国歌の公式使用を承認した。

(11)　以下も参照。Bender（2007：2）.

(12)　彼女のすべての作品が出版されたのは1995年になってからであり，原作に忠実な
句読法とつづりが復刻され表れたのは1998年だった。

参考文献

Alger, Alexander (1901), *The Spanish-American War,* New York : Harper & Bros.

Atlantic Monthly, 90 (1902), 'The Ideals of America'.

Beard, Charles (1939), *Giddy Minds and Foreign Quarrels,* Macmillan.

Bender, Thomas (2007), "What is Americanism", *Reviews in American History,* 35.

Brauer, Kinley (1988), "The United States and British Imperial Expansion, 1815-60",

49

第 I 部　19世紀を再考する

Diplomatic History, 12.

Broadberry, Stephen and O'Rourke, Kevin, eds. (2010), *The Cambridge Economic History of Europe II,* Cambridge : Cambridge University Press.

Campbell, W. Joseph (2001), *Yellow Journalism : Puncturing the Myths, Defining the Legacies,* Westport : Praeger Pub.

Carey, Henry C. (1865), *The Way to Outdo England Without Fighting Her,* Philadelphia : H. C. Baird.

Clay, Henry (1832), *In Defence of the American System : Against the British Colonial System,* Washington : University of California Libraries.

Cohler, Anne M. et al. eds. (1989), *Montesquieu : The Spirit of the Laws,* Cambridge : Cambridge University Press.

Coolidge, Albert C. (1908, 1923), *The United States as a World Power,* New York : The Macmillan Company.

Davies, James C. ed. (1971, 1997), *When Men Revolt and Why,* New Brunswick, N. J. : Routledge.

Dickinson, Emily, *Collected Poems* (New York, 1924 ; 1993).

Emerson, Ralph Waldo (1837), "The American Scholar", (Cambridge, Mass.,), at http://www.emersoncentral.com/amscholar.htm

Emerson, Ralph Waldo (1909, 1980), *Essays and English Traits,* Danbury, Ct. : P. F. Collier & Son.

Ferguson, Robert A. (1978), "Longfellow's Political Fears : Civic Authority and the Role of the Artist in 'Hiawatha' : and 'Miles Standish'", in *American Literature.*

Gould, Lewis L. (1982), *The Spanish-American War and President McKinley,* Lawrence, University Press of Kansas.

Guenther, Scott M. (1990), *The American Flag, 1777-1924 : Cultural Shifts from Creation to Codification,* London : Fairleigh Dickinson University Press.

Hamilton, John Maxwell, et al. (2006), "An Enabling Environment. A Reconsideration of the Press and the Spanish-American War", in *Journalism Studies,* 7.

Hamilton, Richard F. (2006), *President McKinley and the Coming of War, 1898,* New Brunswick : Routledge.

Hamilton, Richard F. (2006), *President McKinley : War and Empire,* Vol. I, New Brunswick : Routledge.

Hopkins, A. G. (2018), *American Empire : A Global History,* Princeton University Press.

Hopkins, A. G. ed. (2002), *Globalization in World History,* London and New York : W W Norton & Co Inc.

第 33 章　19世紀のアメリカ帝国

Horner, William T. (2010), *Ohio's Kingmaker : Mark Hanna, Man, and Myth*, Athens, Ohio : Ohio University Press.

Huntington, Samuel P. (2004), *Who Are We ? : The Challenges to America's National Identity*, New York : Simon & Schuster.

Kapur, Nick (2011), "William McKinley's Values and the Origins of the Spanish-American War : A Reinterpretation", *Presidential Studies Quarterly*, 41.

Kersh, Rogan (2001), *Dreams of a More Perfect Union*, Ithaca, NY : Cornell University Press.

Ketchum, Alton (1990), "The Search for Uncle Sam", *History Today*, 40.

Kramer, Lloyd S. (2011), *Nationalism : Political Cultures in Europe and America, 1775-1865*, New York : Twayne Publishers Inc.

LaFeber, Walter (1963, 1998), *The New Empire : An Interpretation of American Expansion, 1860-1898*, Ithaca NY : Cornell University Press.

Lane, Carl (2007), "The Elimination of the National Debt in 1835 and the Meaning of Jacksonian Democracy", in *Essays in Economic & Business History*, 25.

Leepson, Marc (2005), *Flag : An American Biography*, New York : St. Martin's Griffin.

Lipsey, Robert E. (2000), "U. S. Foreign Trade and the Balance of Payments 1800-1913", in Stanley, Engerman and Gallman, Robert eds., *Cambridge Economic History of the United States*, vol II, New York : Cambridge University Press.

Novack, David E. and Simon, Matthew (1966), "Commercial Responses to the American Import Invasion, 1871-1914 : An Essay in Attitudinal History", *Explorations in Entrepreneurial History*, 3, Cambridge, Mass : Harvard University Research Center in Entrepreneurial History.

Offner, John (1992), *An Unwanted War : The Diplomacy of the United States and Spain*, Chapel Hill : University of North Carolina Press.

Pletcher, David M. (1998), *The Diplomacy of Trade and Investment : American Economic Expansion in the Hemisphere, 1865-1900*, Columbia, MO : University of Missouri.

Roosevelt, Theodore (1910), "Biological Analogies in History", in idem, *African and European Addresses*, New York : Biblio Life.

Stead, William T. (1901), *The Americanization of the World*, London : Markley.

Tennenhouse, Leonard (2007), *The Importance of Feeling English : American Literature and the British Diaspora, 1750-1850*, Princeton : Princeton University Press.

51

第Ⅰ部　19世紀を再考する

Trachtenberg, Alan (2004), *Shades of Hiawatha : Staging Indians, Making Americans, 1880-1930*, New York : Hill and Wang.

Wendell, Barrett (1901), *A Literary History of America*, New York : C. Scribner's Sons.

Zelinski, Wilbur (2011), *Nation Into State : The Shifting Symbolic Foundations of American Nationalism*, Chapel Hill : University of North Carolina Press.

第Ⅱ部

アジアにおける工業化の端緒

第 4 章
19世紀末インド綿紡績業の発展と「アジア間競争」

秋 田　　茂

1　「植民地工業化」論再考

　本章では，19〜20世紀転換期のボンベイと大阪における綿紡績業を柱とする工業化の世界史的意義に改めて注目したい。特に，ボンベイ周辺でのインド機械紡績業の発展は，公式帝国（植民地）における工業化の事例として特筆に値する。近年，英領インドや，戦間期の日本帝国の朝鮮・満洲における植民地工業化の展開を再評価する「植民地工業化」(colonial industrialization) 論が提起され，植民地主義の負の側面，経済的搾取を強調してきた従属論者や，帝国主義・植民地主義を批判・断罪する正統派ナショナリストの歴史家との間で，その評価をめぐって激しい論争が展開されている。

　この論争は，ロンドン大学 LSE 教授の T. ロイ（Tirthankar Roy）が，19世紀後半（インド大反乱以降）からの世界経済への編入による着実なインドの経済成長を主張したことに対して（Roy 2000, 2011），インド歴史学会会長を務めたネルー大学（JNU）教授の A. ムカジー（Aditya Mukherjee）が強烈な批判・反論を行ったことで本格化した（Mukherjee 2007）[1]。

　ムカジーによれば，ロイだけでなく著名なマルクス主義経済史家 E. ホブズボーム（Eric Hobsbaum）も，19世紀をヨーロッパ中心史観に基づいて，「ほとんど切れ目のない物質的・知的・道徳的な進歩」の時期と解釈している。これは全く事実に反しており，従属的な地位で世界資本主義に編入されたインド・中国・エジプトのような諸地域とヨーロッパとの間で，「大分岐」(great divergence) が生じ，その後その格差が急激に拡大して，非ヨーロッパ諸地域が従属的経済として構造化されたのが19世紀であった。19世紀を通じて，インドの国際貿易量は50倍以上に膨張したが，植民地下での世界市場への編入がも

第Ⅱ部　アジアにおける工業化の端緒

たらしたインパクトは何なのか，誰が何のために貿易を統制し，その貿易の類型・相手国・決済で何が起こったのか，インドが獲得した膨大な貿易黒字は何のために使われたのか（＝本国送金・本国費 Home Charges の支払い），こうした諸問題を「南の世界」（the Global South）の立場から精査する必要があるという。具体的に，インドの現地産業，現地資本，伝統的な大商人層や金融業者，さらに新たな経営代理商会（agency house）に対して「脱工業化」（deindustrialization）が及ぼしたインパクトを考察してみると，その影響は破滅的であったとされる（Bagchi 1972）。ムカジーは，改めて19世紀のイギリス植民地支配（the Raj）の下での脱工業化・脱都市化によるインド経済の停滞性を強調する。

　ロイの「植民地工業化」論に対するこうした痛烈な批判にもかかわらず，限定的であったが，19世紀後半，特に1860年代初頭の「棉花ブーム」を契機として，パールシー商人を中心としたインド海外貿易商のイニシアティヴにより機械製綿紡績業がボンベイ（現ムンバイ）を中心に勃興し，インド綿業が産業として再興したのも事実である。経営史（business history）の領域では，個別の現地企業・企業家の事例研究がある（Tripathi 2004；Tripathi and Jumani 2007；Ray 1992；Rungta 1970；三上 1993）。そのインド綿業再興の要因の１つが，中国市場向けの機械製綿糸の輸出拡大であり，それを担ったインド現地商人層の活躍である。本章では，19世紀後半に東アジア（中国・日本）向け輸出産業として勃興した，インド綿紡績業に着目し，日本（大阪）を交えた綿糸輸出の「アジア間競争」（intra-Asian competition）の展開とその世界史的意義を再考する。

　第二に，植民地支配・帝国主義への抵抗だけでなく，19世紀後半になると，帝国秩序（「強制された自由貿易」・自由貿易帝国主義）を積極的に利用し活用した経済開発・利潤追求も可能であった。植民地支配への「協力」（collaboration），「協力者階層」（collaborators）としての植民地現地社会の新旧エリート層が果たした役割の再考も必要になるであろう。本章では，日本との協力を模索し，日本郵船と共にボンベイ航路を開設したタタ商会と，汽船会社としては短命に終わったタタ汽船の活動に着目し，アジア現地商人の主体性とその限界を明らかにしたい。

2 19世紀末の英領インド「工業化」の概観

　最初に，19世紀後半における「工業化」の進展を示す１つの指標として，インド現地で設立された株式会社（joint stock companies）の発展を数値的に概観する。

　1880年代初頭に存在した株式会社の払込み資本額を見てみると，図４-１から明らかなように，綿製品やジュート製品を中心とする繊維産業への資本額が多く，特に綿紡績業への投資が突出しており，それに次いで多かったのが，金融・保険業と，茶栽培・加工業であった。

　この傾向は，その後の1890年代でも続いたが，20世紀初頭に，インド政庁通商情報局（Commercial Intelligence Department）が集計した25,000件余に及ぶデータを収録した「株式会社リスト」によると，以下のような特徴を指摘することができる。

① 　企業の立地場所では，ベンガルとボンベイが突出して多く，漸増傾向にある。
② 　業種では内外での service sectors としての販売業（trading）が伸長し，繊維業で払込み資本額が増大する傾向が見られた。

　もちろん，このインド政庁が編集したリストには，金融部門を中心にイギリス系資本も含まれており，現地側インド資本の比重を正確に捉えることは困難であり，あくまで，株式会社の設立を通じた経済活動（茶農園・プランテーション開発を含めた農業開発や，綿紡績，ジュート加工業など消費財産業）の展開・拡大の一端を示すに過ぎない。

　以下では，このマクロデータの払込資本金額で最多を占めた，図４-４・Ⅲの紡績・圧搾工場部門に着目し，その発展過程と，それを可能にした内外の諸要因の連関性を明らかにしていきたい。

第Ⅱ部　アジアにおける工業化の端緒

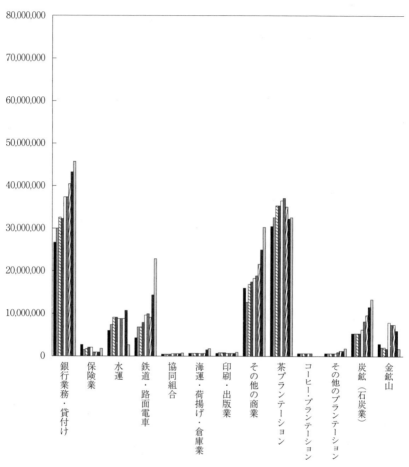

図4-1　19世紀末の株式会社

出典：Radhe Shyam Rungta, *The Rise of Business Corporations in India 1851-1900* (Cambridge Capital of Each Class of Company in Existence at the end of Each Year since 1881-82.

3　インド機械紡績業の勃興と東アジア市場

（1）インド紡績業の「復活」——中国向け輸出産業

　英領インドでは，植民地支配下でありながら，近代的な機械化された綿紡績業がインドの現地人資本の手で発展し，同時に，在来産業としての伝統的な綿

第 4 章　19世紀末インド綿紡績業の発展と「アジア間競争」

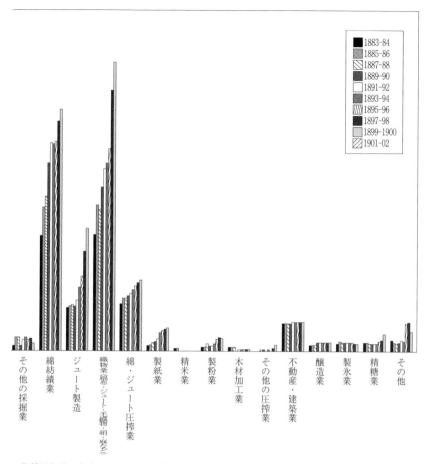

の業種別払込み資本額（単位：ルピー）
University Press, 1970), 9. Growth of the Cooperate Sector, 1882-1900, Appendix 17: 'Number and Paid-up

業も存続した。では，なぜ，自由貿易帝国主義政策は貫徹されず，植民地工業化というべき経済発展が可能になったのであろうか。この問いを解くカギは，19世紀後半から世紀転換期にかけての世界経済を，帝国とアジアの工業化という視点から見直し，グローバルな文脈に位置づけ直すことで得られる。

　ボンベイにおいて，現地商人により最初の機械紡績工場が設立されたのは，1854年のパールシー商人 K. ダヴァールにさかのぼる。しかし，インド綿紡績

59

第Ⅱ部　アジアにおける工業化の端緒

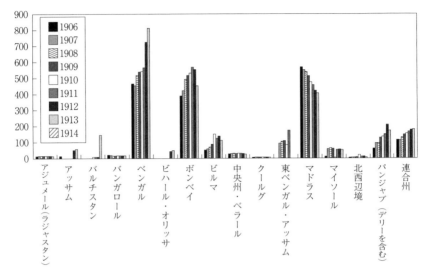

図4-2　20世紀初頭インドの地域別株式会社数（単位：実数）

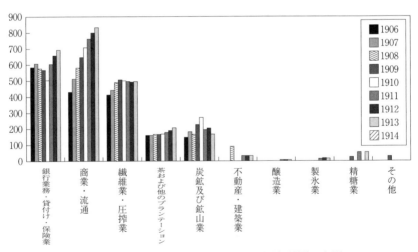

図4-3　20世紀初頭インドの業種別株式会社数（単位：実数）

第 4 章　19世紀末インド綿紡績業の発展と「アジア間競争」

業の勃興のきっかけは，1860年代前半のアメリカ南北戦争による「棉花飢饉」
（アメリカ南部諸州からの棉花供給途絶）と，その代替供給源としてのインドの棉
花ブームによりもたらされた（Tripathi 2004：chapter 8）。棉花取引で多大な利
潤を得た現地の貿易商が，機械紡績業への投資を行うようになった。ボンベイ
を中心としたインド紡績業は，1870年代までは，20番手以下の太糸をインド国
内の手織織布職人に供給するという内需主導型で発展した。

　1880年代のボンベイ綿業の成長は，中国の太糸市場への輸出と，リング紡績
機の導入による「リング革命」により支えられた。この中国輸出市場への依存
による綿紡績業の成長のパターンは，後述する日本綿糸との競争でシェアを急
速に失う第一次大戦期まで続いた（小池 1979：194-214）。[2]

　19～20世紀転換期におけるインド綿工業の勃興・復活は，J. N. タタのよう
な革新的インド人企業家の登場，彼らによるインド経済ナショナリズムの台頭
により支えられただけでなく，イギリスのインド植民地支配を金融・財政面で
大きく揺るがすことになった銀価格の低下とも緊密に結びついていた。

　イギリス本国の経済利害と植民地統治にとって，1870年代中葉からの国際的
な銀価低落が大きな制約要因であったとすれば，現地インドの産業利害，とり
わけボンベイの綿紡績業にとって，銀価＝ルピー為替の低落は，インド・ル
ピー通貨の相対的価値の低下を通じた通貨切り下げ効果を通じて，インド産綿
糸の海外への輸出を図る絶好の好機を提供することになった。70年代後半にな
ると，次第に輸出品目として綿糸が棉花にとってかわり，1880年代になると，
ボンベイの綿紡績業界は，インド綿糸の東アジアの中国，日本市場への輸出を
開始した。

　対中国向けの綿糸輸出では，1870年代末に早くもインド産品がイギリス本国
産の綿糸を抜き去り，20世紀初頭には，ボンベイの綿糸輸出量の約 9 割，生産
量の 6 割近くが中国市場に向けられた。世界で最初の産業革命を支えたはずの
イギリスのマンチェスター産の綿糸は，アジア内部の競争に耐えられず，いち
早く競争から脱落した。この中国における英印綿糸輸出の地位の逆転現象には，
銀価格の低落が大きく寄与していた。

　だが，1890年代初頭を境に，この急速な成長にも陰りが見られるようになっ
た。紡績機の大幅な増設（1892年：14,900台から，1896年：21,335台）による綿糸
の過剰生産，ダンピング輸出問題に直面した。また，インド政庁が1893年 6 月

61

第Ⅱ部　アジアにおける工業化の端緒

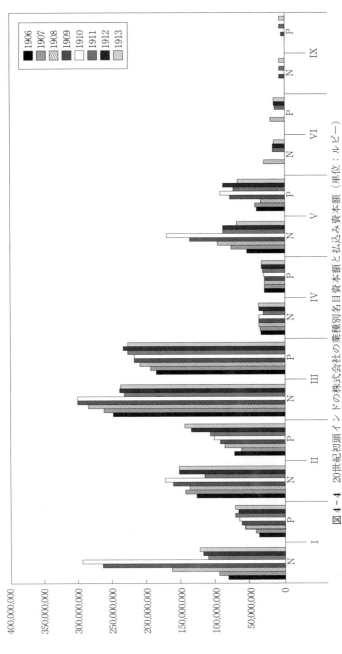

図4-4　20世紀初頭インドの株式会社の業種別名目資本額と払込み資本額（単位：ルピー）
N：名目資本額；P：払込み資本額
Ⅰ：銀行業務・貸付け・保険業；Ⅱ：商業・流通；Ⅲ：繊維業（綿紡績・ジュートを含む）；Ⅳ：プランテーション（茶園を含む）；Ⅴ：炭鉱（石炭）・鉱山業；Ⅵ：不動産・建築業；Ⅸ：その他
出典：IOR-V-14-207 (India Office Records) Commercial Intelligence Department, India. *Lists of Joint Stock Companies in British India for 1906, 1907, 1908, 1909, 1910, 1911, 1912 and 1913* (Calcutta, 1907-1914).

に導入した，銀貨自由鋳造禁止措置により，ルピー為替相場が反転（ルピー高）して輸出が伸び悩んだ。特に，日本市場では急速にシェアが低下し，事実上，市場から駆逐された。こうした不安定な東アジア輸出環境の中で，ボンベイ紡績業は中国市場に全面的に依存する加工輸出産業になったのである。その規模は，1880年には，58工場で雇用数 4 万人，1914年までには，271工場で雇用数26万人に達した。

（2） 海運——ボンベイ・日本海運同盟による寡占

インド棉の輸入が始まった1889年当時，日本と英領インド間の航路は，イギリスの P&O 社，オーストリアのロイド社（Österreichischer Lloyd），イタリア郵船社（Navigazione Generale Italiana）の三社が組織した「ボンベイ・日本海運同盟」(the Far Eastern Conference) による寡占状態にあり，その協定運賃は，棉花 1 トンあたり17ルピーという高水準であった。この高運賃は，安価なインド棉を活用するメリットを相殺する効果があり，日本の紡績業界は，船賃引き下げによる生産コスト削減の課題に直面した（Wray 1984；小風 1995）[3]。

三社寡占体制の中核に位置したのが，P&O 社であったが，その東アジア航路での優位は，このボンベイ港からの貨物積み出しのデータ（表 4-1）に明確に反映されていた[4]。

4 日本郵船ボンベイ航路とインド棉花——補完・協力

（1） ボンベイ航路の開設とタタ商会のイニシアティヴ

1890年には，日本の紡績業界でインド棉の使用が本格化した[5]。その使用量は，1890年に国内棉花消費の19％，91年に39％，92年には49％に達した。インド棉の輸入は，当初，大阪紡績がボンベイのタタ商会と特約を結び一手に輸入し，タタ商会は，1891年に神戸に支店を設置した。この特約は同年に，棉花輸入を専門にした内外棉会社（1887年設立）に譲渡され，内外棉は，インド棉輸入の約 3 分の 2 を独占するに至った。この内外棉による輸入独占状態に反発して，大阪に本拠を置く紡績各社は，大阪の経済界の有力者の賛同を得て，インド棉の直輸入を行うために，1892年11月に，日本綿花会社（略称：日綿）を設立した。

第Ⅱ部　アジアにおける工業化の端緒

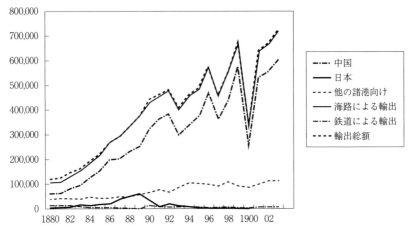

図4-5　ボンベイ綿糸輸出の推移，1880～1903年（単位：400重量ポンド梱）
出典：*The Report of the Bombay Millowner's Association for the year 1903* (Bombay, 1904).

　こうした中で，インド棉の輸入業務で先行したインド・タタ商会のR. D. タタが1892年に来日し，輸入コスト引き下げのために，ボンベイとの間での新たな航路開設を提案した。R. D. タタは，東京で財界の大立者・渋沢栄一を訪問し，協力を要請した。その際に，渋沢はタタに対して，次のように日本の石炭の輸入を勧めた。

　「石炭は今印度はどう云うものを用ゐますか，且孟買(ボンベイ)ではどの位石炭を使用しますか，もし日本の石炭が海路遥かであるから運賃が高くて引合わぬといふか知れぬが，現在新嘉坡(シンガポール)あたりまでは行て居ります，一歩進めて綿の戻り船に石炭を積むといふ様な工合に取引を附てやつたならば，或はカヂーフ石炭を使はずに日本産の石炭を使ふ事が出来よふと申しました。」[6]

　R. D. タタは即座に同意し，渋沢に，テストケースとして400～500トンの石炭を輸入するため輸出商の紹介を要請した。渋沢は三井物産社長の益田孝を紹介し，九州の三池炭鉱から300トンの石炭を輸入する仮契約を行った。しかし，その運賃をP&O社に問い合わせたところ，1トン当たり4ないし4.5ドルかかることが判明し，ボンベイでの日本炭の値段がトン当たり7円以上の高値に

表 4-1　ボンベイからの中国向け綿糸・アヘン・原棉輸出量

年	会社名	汽船数	アヘン		綿糸 (Bales)	原棉 (Bales)	綿布 (Bales)	タマネギ (Tons)	雑貨 (Tons)	合計 (Tons)	総計 (Tons)
			マルワ	ペルシャ							
1886-87	P&O	44	32212	5106.5	144196	19800	5164	3833	6528	77615	120836
	A. Lloyde	12	—	—	35309	1691	254	1260	1058	17149	
	Italiana	12	—	5584	57726	3284	744	1176	2108	26072	
1887-88	P&O	43	29065	3288	149487	15765	10284	4175	7714	79930	142022
	A. Lloyde	11	—	—	22445	1445	415	1031	929	11647	
	Italiana	17	—	6616	101909	6840	2608	1555	5813	50445	
1888-89	P&O	47	27930	4883	212478	6816	7221	3553	5306	98588	143398
	A. Lloyde	12	—	—	21043	379	330	935	1430	9922	
	Italiana	14	1884	539	74929	1608	2565	1173	5765	34893	
1889-90	P&O	51	27326	5288	226712	35372	4128	2750	8446	109614	159631
	A. Lloyde	12	—	—	29682	4901	155	951	1121	16672	
	Italiana	12	—	—	71863	4017	1286	892	5791	32545	
1890-91	P&O	60	29688	6633	296434	67601	4981	3484	7153	142098	194059
	A. Lloyde	12	—	—	43473	4599	385	893	1450	18750	
	Italiana	12	—	—	73254	4120	886	796	4561	33211	
1891-92	P&O	64	29044	6616.5	287272	123494	7889	3015	7452	153133	206263
	A. Lloyde	12	—	—	47751	9473	752	774	1181	22218	
	Italiana	11	—	—	68944	5270	696	806	3558	30912	
1892-93	P&O	57	25209.5	5982.5	257762	84866	5808	2898	5404	126620	179749
	A. Lloyde	12	—	—	40594	22967	949	408	756	20859	
	Italiana	12	—	—	46257	4356	1168	671	3264	32270	

出典：P&O/4 Department & Agency Reports, Annual Reports of Freight Department, 1893 [National Maritime Museum：Greenwich].

第Ⅱ部 アジアにおける工業化の端緒

なるため，タタは輸入を断念して帰国した。

このエピソードに示されるように，インド棉花の対日輸出を増やすには，復航船の「戻り荷」の確保が不可欠であり，日本の石炭は，大阪近郊で生産される日常雑貨品と並んで，当初から注目されていた。ボンベイ綿紡績業の動力としての蒸気機関を動かすために，安価で高エネルギーの九州炭への需要があり，「戻り荷」としては好都合な物資であった。

次いで，1893年5月に，タタ商会の当主 J. N. タタが来日し，紡績業界幹部と会談した後，上京して渋沢栄一と会談した。その渋沢との会談で J. N. タタは，①日印の自国船で棉花を輸送することで少なくとも25％の運賃引き下げが可能であること，②日本側が船舶1隻を提供するなら，タタ商会も1隻を提供する用意がある，と述べ，海運同盟の寡占状態を打破するために，日印両国の経済人の協力により新たなボンベイ航路を開設することを提案し，渋沢も同意した。[7]

渋沢は，三菱系の新興海運会社であった日本郵船（Nippon Yusen Kaisha：N. Y. K.）に働きかけ，外国航路の拡張を強く勧めた。日本郵船は，新航路の可能性を慎重に検討し，1893年7月に，積み荷確保の保証が得られれば，日本郵船1隻，タタ商会1隻の汽船で，6週間に1回の定期航路を開設することを内定した（日本郵船株式会社 1956；財団法人日本経営史研究所 1988）。

他方，J. N. タタは日本訪問後，カナダ，アメリカを経由してイギリスに向かい，ロンドンで英船アニ・バロー号を1カ月当たり1050ポンドでチャーターして，ボンベイ航路で開設のために新たに「タタ汽船」（Tata Line）を設立した。帰国後はボンベイで，インド側棉花商の協力確保に努めた。同時に彼は，イギリス本国のインド相に請願書を送り，P&O 社が受けているイギリス政府からの補助金に対して，インド財政が多大の貢納をしていることを強調し，同社の特権的地位を次のように批判した。「インドの納税者のおかげで事業が好調なこの会社〔訳注：P&O〕は，ある時は，運賃を極限まで引き下げライバルの資力を枯渇させることで，またその試みに失敗した場合，強力なライバルと協力することで，常にあらゆる正当な競争を排除してきた。インドの荷主たちはこの横暴を受け入れることを余儀なくされ，それを回避することができなかった。だが，今や，彼らは希望を抱いて成功への道を歩み始めたのだ」。J. N. タタは，イギリス政府が法制上の圧力を行使する立場にはないことを理解

66

した上で，インド相が P&O 社の取締役会に対して，良心に訴える道義的勧告を行うことを求めたのである（Harris 1958）。

（2） 日本郵船・渋沢栄一の協力──日印経済協力

　1893年8月，大日本綿糸紡績同業聯合会（略称：紡連）は大阪商業会議所で臨時総会を開催し，日本郵船が提示した原案をもとに，ボンベイ航路の開設を討議した。その結果，紡連は，①日本郵船との契約を1年とする，②ボンベイで買い入れる棉花の運賃は，1トンあたり17ルピーを支払い，その内で4ルピーを日本郵船に特別割引させる（＝実質1トンあたり13ルピー），③連盟の棉花商以外からは，一切ボンベイ棉を購入しない，④連盟棉花商は，紡連加盟社以外にボンベイ棉を売却しない，以上4点で成案を得た。だが，その後の討議で，日印合わせて2隻の配船ではインド棉の需要に対応できないことが判明し，日印合わせて4隻の配船を紡連側は要求し，日本郵船は4隻分の確実な積荷保証を要求したため，会議はまとまりがつかずに紛糾した。

　事態を打開するために，同年9月，大阪紡績，三重紡績，鐘淵紡績の三大紡績会社と，内外綿，日本綿花の二大輸入商社は，大阪の料亭灘万で会議をひらいた（灘万会議）。そこで主要5社は，損益を度外視して，各社1万俵（1俵＝約400重量ポンド＝約182キロ），合計5万俵の棉花の積荷を保証することを申し合わせた。これにより，日本郵船は最終的にボンベイ航路の開設を決断し，5社と仮契約を結んだ。他の紡連加盟業者も，主要5社の決定に追随し，93年10月，紡連加盟社，連盟棉花商，日本郵船の間で，第一回印棉運送契約が結ばれた（東洋紡績株式会社 1953；日本郵船株式会社 1956）。

　この間，従来のボンベイ航路で支配的地位にあった P&O 社は，日本郵船に対して，新航路開設を思いとどまるように圧力をかけてきた。1893年10月末のP&O 社のボンベイ宛電信では，A. ロイド社とイタリア郵船社に，対抗策を練るための対策会議開催の通知と，J. N. タタがロンドンにおいて2隻の汽船アニ・バロー号とリンディスフェア号をチャーターして，ボンベイ航路に投入の準備を進めていること，タタと日本郵船の冒険事業を採算割れに追い込み阻止することを伝えている。[8]これに対して日本郵船側は，P&O 社の要求をはねつけ，海運同盟側に競争を挑むことを明示した。渋沢栄一も，「この航路開設は主として国家産業育成の国家的観念に立脚し，単に紡績業者等の利害に発する

第Ⅱ部　アジアにおける工業化の端緒

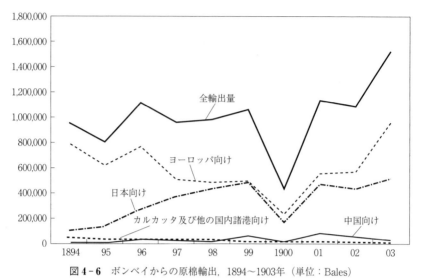

図 4-6　ボンベイからの原棉輸出，1894～1903年（単位：Bales）
出典：*The Report of the Bombay Millowner's Association for the year 1903* (Bombay, 1904).

ものではない」と発言し，国益擁護と国家の威信を賭けた事業への支援を惜しまなかった。

　以上のような経緯で，日本郵船2隻，新設のタタ汽船2隻の計4隻の運行により，3週間に1回の定期航路が開設された。紡連各社の期待を集めた航路第一船は，数年前にイギリスの造船所で建造された大型船（3276総トン），廣島丸であった。1893年11月7日，廣島丸は，途中で寄港する香港・シンガポールおよびボンベイ向けの雑貨562トンを積んで神戸港を出港し，途中，門司に寄港してボンベイ向け石炭（九州炭）を加えた。日本郵船のボンベイ航路では，前年の渋沢＝R. D. タタ会談で示唆されたように，航路開設時から日本からの往路で門司港に寄港し，北九州の筑豊炭田で掘り出された石炭もボンベイ向けに積載された。

　廣島丸は，12月10日にボンベイに入港し，タタ商会当主 J. N. タタの出迎えを受けた。1週間後の12月17日，廣島丸はボンベイを出港し，帰路はシンガポール，香港に加えて，上海と長崎に寄港し，1894年1月19日に神戸港に帰着した（ニチメン株式会社社史編集委員会 1994）。第一期のインド棉積取契約に基づく取引では，日本綿花（第一位），三井物産（第二位），およびタタ商会（第三

位：21,846俵）が，インド棉の輸入を取り仕切った。

5　海運同盟との競争と妥協

（1）　海運同盟側（P&O）の対抗策

　日印の協力により順調な船出を遂げたボンベイ航路であったが，この直後から，海運同盟との猛烈な競争にさらされることになった。日本郵船の航路開設に対して，イギリスの P&O 社を中心とする海運同盟側は，直ちに報復・対抗措置を講じた。

　日本郵船の廣島丸が神戸港を出港した 3 日後の1893年11月10日付，P&O 代表取締役 T. サザーランドがボンベイ代理人に宛てた書状は，海運同盟側の長時間にわたる対策会議の結論を詳細に報じている。

　それによれば，同盟側は，①現行の棉花トン当たり12ルピー運賃の継続とリベートの増額，②恒常的な運賃引き下げとリベート支払，③対抗船〔訳注：NYK とタタ汽船〕入港時に，同盟支持者へのリベート支払と運賃引き下げを，対抗船不在時は運賃引上げ，④ボンベイとツチコリンのヨーロッパ系大企業と協定を結び，例えば 6 カ月間，海運同盟船利用で優遇すること，⑤対抗船〔NYK とタタ汽船〕運賃よりも 2 分の 1 ルピー安くなるようにリベート支払を増額すると共に，ひと月に 1 回はトン当たり 1 ルピーでの運送を保証すること，以上 5 通りの対抗措置を想定した上で，現実的な対応策として③を推奨した。

　同盟側は，タタ汽船がチャーターした 2 隻により，棉花をトン当たり6.6〜7.5ルピーで運送できること，従って，トン当たり 6 ルピーと25%のリベート支払で，タタ汽船に対抗するのが望ましいとした。だが現実策として，現地ボンベイの事情に応じて柔軟に対応すべきで，「対抗船が入港した場合には，貿易でいかなる確固とした地盤を確保するのも阻止する，強力な反対に直面する」点を明確にすべきで，「タタ商会と日本郵船は，最初から，我々が全力を挙げて取引を守り抜く覚悟であることを認識すべきである」と主張した。さらにサザーランドは，日本郵船との競争が，タタ商会〔タタ汽船〕への対抗よりもはるかに手ごわいもので，最も恐れるべきことである，というのも，日本郵船の背後には〔日本〕政府の支援がある点を十分認識すべきである，と強調していた。[9]

第Ⅱ部　アジアにおける工業化の端緒

　P&O を中心とする海運同盟側は，当初の本社側の予想を超えて，最終的にはインド棉花輸送運賃を大幅に引き下げ，運賃は1893年12月には，棉花1トンあたり17ルピーが5ルピーに，94年1月には1.5ルピーにまで下落した。

　この措置に対して，日本郵船は1893年12月に，棉花輸送の実質運賃13ルピーを12ルピーに減額したが，それ以上の引き下げは行わず，紡連とインド側のパートナーのタタ商会と緊密に連携して，海運同盟との価格競争を展開した。紡連は，94年3月に追加約定書を日本郵船と締結し，今後運賃を引き上げないことを条件に，すべてのインド棉花の輸入を郵船に委託し，一俵たりとも海運同盟の船で運ばないことを約束した。この紡連による強力なてこ入れが，日本郵船を支えることになった。

（2）　タタ汽船の苦悩と脱落（1895年）

　他方，インド側のタタ商会の方は，P&O の劇的な運賃引き下げ（ダンピング）措置で苦境に追い込まれた。その窮状を打開するため，タタ商会は1894年半ばに，インド現地のボンベイ知事を通じて，本国のインド担当相 H. H. ファウラーに陳情を行っている。

　その陳情によれば，タタ商会は，P&O 社がインド政庁より多額の郵便輸送補助金を受けながら，ボンベイ航路をめぐる競争からタタ汽船を排除するために運賃切下げを行っていること，その措置が多くのインド臣民の利害に抵触するため，本国政府は P&O 社取締役会に諫言（remonstrance）を呈することで道徳的な影響力を行使できること，正当な競争を妨げる現在の P&O 社の政策は将来のインド政庁との郵便輸送契約更新の妨げになりうること，を指摘した。タタ商会は，本国政府インド相による政治的な介入・仲介を要請したのである。[10]

　このタタ商会の陳情に対して，インド相ファウラーは次のように回答している。

　「私は，タタ商会によるインドの貿易拡張の努力，ボンベイと極東間でのインド蒸気船航路確立と維持の試みに共感を覚える。また，彼らが愛国主義的な冒険事業で成功を収めることを希望している。しかし，私には，P&O 社が郵便輸送で補助金を受けていることを理由に，インド・中国・日本間の運輸事業で競争する汽船会社への姿勢について，同社に対して諫言を呈する権

第 1 章　19世紀末インド綿紡績業の発展と「アジア間競争」

限はない。[11]」

　本国の政策当局は，ボンベイ航路をめぐる競争と競合は，私的な民間での経済活動事業での競争であり，政府には介入・干渉する権限も意図も無いことを，タタ商会に伝えたのである。

　これに加えて1894年10月に，本国インド相は，タタ汽船の実態に関して現地から送られてきた覚書を全面的に肯定する姿勢を明確にした。ボンベイの徴税官からの覚書には，タタ汽船の実情と，イギリス帝国を支える「帝国の海運会社」P&O 社への支援・支持が明確に表れていた。

　ある覚書は，タタ商会がタタ汽船の所有者であるとの主張を否定し，タタ商会は代理業者に過ぎず，タタ汽船はインド人所有の海運会社ではないこと，また，競争はインド企業を不法に妨げること無く，むしろボンベイの輸出貿易に利益をもたらしている，と指摘した。[12]

　また別のボンベイの徴税官は，次のように，タタ汽船の実態とそれへの評価を明示していた。

① 　問題の汽船会社は，タタ家，あるいは他のいかなるインドの会社や投資家によって所有されているわけでもない。いわゆるタタ汽船を構成する 6 隻のうち，3 隻は日本で，他の 3 隻はそれぞれロンドン，グラスゴー，サンダーランドで所有されているため，タタ商会がインド納税者あるいは投資家を代弁しているとの申立ては，タタ一族が代理業者，用船契約者である点を除くと，根拠がない。

② 　たとえタタ商会が代理業者である汽船会社がインド人所有であるとしても，国家〔インド政庁〕にとって，そのような比較的小規模の会社よりも，戦時に最大限役立つような船舶を保有する帝国の海運会社（Imperial lines）を維持することの方が有益である。（中略）汽船は僅か 6 隻で，1730トンから2307トンまで多様で，平均2100トン。いずれの船も技術的に一級船でなく，11ノット以上で航海できない。これに比べて，偉大な P&O 会社は，40隻の小型船に加えて，13〜18ノットの5000トン級13隻，7000トン級 1 隻の船隊を所有している。

③ 　結論として，インド政庁にとって，大規模な帝国の会社（Imperial

71

第Ⅱ部　アジアにおける工業化の端緒

　Company）を効率良く維持することが決定的に重要であり，その会社を犠
　牲にしてまで，貿易上ほとんど役に立たず，政治的価値も全くなく，イン
　ドと何の関係も持たぬ競合する外国汽船会社を発展させることは国家の利
　害に反する。[13]

　ここで初めて，インド政庁ボンベイ管区徴税官の文書を通じて，日本郵船と
協力し複数〔3隻〕の用船を運用して日本航路を維持する，タタ汽船の実態の
一部が垣間見られる。
　まもなく日清戦争が勃発し，廣島丸をはじめとする日本郵船の船舶は，日本
政府による戦時輸送のために徴発された。しかし，日本郵船は，外国船を
チャーターして定期的なボンベイ航路への配船を維持した。1895年2月になっ
て，インド側のタタ商会（タタ汽船）が海運同盟との競争による損失に耐えら
れずに，やむなくボンベイ航路からの撤退を決定したために（日本郵船株式会社
1932），日本郵船は，その代替のためさらに2隻の船を投入し，合計4隻で3
週間に1回配船という現状を維持した（日本郵船株式会社 1956；財団法人日本経
営史研究所 1988）。

（3）　海運同盟との妥協（1896年）——運賃合同計算契約

　海運同盟と日本郵船との激しい競争は，日清戦争をはさんで2年半続いたが，
戦争後の1895年11月，同盟側はボンベイ航路からの日本郵船の排除を断念し，
正規の外交ルートを通じて競争の停止を申し入れてきた。すなわち，イギリス
外務省の外務次官補ベルチーは，駐英日本公使の加藤高明に対して，P&O 社
の利害調整・仲裁の希望を伝えた。日本郵船は，当時の日英関係の重要性を認
識するとともに，自社のヨーロッパ航路開設の交渉を行っていたため，P&O
社との交渉に同意し，ロンドンに滞在中の取締役・荘田平五郎に交渉にあたら
せた。
　その結果，1896年5月に，ボンベイ・東洋間航路に関する「運賃合同計算契
約」が締結された。日本郵船と海運同盟は，運賃が棉花1トンあたり12ルピー
とし，ボンベイ航路の運賃収入を共同でプールして，その収入はP&O 社・60
分の30，日本郵船・60分の14，他の2社各60分の8の比率で配分することが取
り決められた（日本郵船株式会社 1935）。この条件には，ほぼ日本郵船の主張が

72

第 4 章　19世紀末インド綿紡績業の発展と「アジア間競争」

反映されていた。この運賃競争の終結によって，紡績業者側は同一条件で四社いずれの船舶をも利用できるようになり，多大の恩恵を受けることになった（小風 1995）。

　日本郵船のボンベイ航路は，1896年8月に，逓信大臣により「特定助成航路」に指定された。これにより同航路は，毎月1回，総トン数3000トン以上，平均速力10ノット以上，船齢15年未満の船舶3隻で，定期運航することを義務づけられ，航路の出発地も横浜に改められた。その一方で，96年10月より4年半（その後更新されてさらに5年間）の間，年額19万2000円余の補助金が支給されることになった。日本政府からの補助金と紡連との緊密な協力関係により，航路の安定的な運航が可能になったのである。

6 「アジア間競争」の展開──ボンベイと大阪の対中綿糸輸出

　第一次世界大戦までの中国では，手織綿布の生産に使用される機械紡績糸は，インド綿糸が中心であった。しかし，世紀転換期になると，新たにアジア市場に参入した日本産綿糸との競合が激しくなった。後になって，上海を中心とする中国の近代紡績業が発展してくると，中国の綿糸市場をめぐる英領インド・日本・中国現地の「アジア間競争」（intra-Asian competition）はさらに激しくなった。こうしたインドと日本紡績業の発展に伴い，インドの原棉は，世紀転換期になると生産高の37％がインド国内消費，23％は日本輸出向けという具合に，アジア内での消費が対欧米向け輸出を上回るようになった。1913年には，インド国内消費は41％，対日本輸出は28％と，その比率はさらに上昇した。

　中国綿糸市場での「アジア間競争」の激化は，日本郵船のボンベイ航路にとっては好都合であった。というのも，本来の主要な貨物であったインド産原棉に加えて，世紀転換期からは，ボンベイからの積荷として，帰路に寄港する香港・上海向けのインド産綿糸（機械紡績製品）が加わった。日本郵船にとっては，インド原棉を補完する貨物として貴重な収入源となった（日本郵船株式会社 1932）。

　1894年2月にタタ商会は，ボンベイ航路開設が日本の競争者（日本紡績業界）に安価な原棉を供給することでボンベイの綿糸輸出に損害を与えている，という批判に対して，次のように反論している。すなわち，日本郵船との共同運航

73

第Ⅱ部　アジアにおける工業化の端緒

により，日本向け原棉輸送運賃は１トンあたり17ルピーから12ルピーに下がったが，同様に綿糸輸送運賃も，香港向けが12ルピーから８ルピーに，上海向けが17ルピーから11ルピーに低下している，競争者（competitors）としてのボンベイと日本の相対的な地位は，この航路開設により何ら影響を受けていない，と。中国市場でのインド綿糸の優位に挑戦した日本の紡績業にとって，インド原棉を輸入するその同じ日本郵船の船で，競争相手であったボンベイ紡績業の製品（インド産綿糸）が運ばれたことは，何とも皮肉な事実であった。

　他方，タタ汽船・日本郵船連合〔海運同盟への対抗勢力〕の出現に危機感を覚えた P&O 側，特に代表取締役サザーランドは，中国向け綿糸輸出をめぐる日本綿業と英領インドの競争を的確に見抜いていた。彼は，1894年７月のボンベイ駐在 J. M. シールズに対して，①日本人が上海市場において，ボンベイ産綿糸との競争を望んでいること，②従って，ボンベイ綿糸の運賃を，香港向け６ルピー，上海向け８ルピーに引き下げた点に賛成し，③日本側がボンベイから〔綿糸〕貿易を奪取することよりも，中国向け綿糸運送費を喜んで引き下げる意向を表明し，上海市場での日印綿糸利害の競合と，P&O の東アジア航路にとってドル箱的な収益源であったボンベイ産綿糸輸出の運輸収入最優先を明確にした。

　この間，1895年２月のインド側・タタ汽船のボンベイ航路からの「撤退」は，通常，P&O を中心とする海運同盟側の運賃ダンピング戦略による経済的打撃，と考えられてきた。しかし，渋沢栄一自身も，日印紡績業間の競合・競争関係を，早い時点で次のように十分に認識していた。

　「能く考へて見ますと，此ターターと日本の紡績業者とは全く利益が背馳して居ります，何故ならばターターの船は印度の綿糸事業家の為に綿糸を支那に運搬して充分販路を拡張しよといふ事は重も見込むで居るものでありますから，成丈け其運賃を廉くしたゐといふ希望がある，処て日本の紡績業者は日本に印度から綿を取寄せるのは廉く原料を買ふて印度よりも人費を省略し上手に拵へて，日本の需要は十分の七と見て，あとの三分位は支那へ持って行って印度の販路地を奪ふという考であります，此奪ふといふ場合に於て日本人と印度人との間に利益の衝突を免れませぬ，（中略）双方の間に烈しく競争が生ずるは免れ難き事実です，（中略）要するにターター即ちインドの

第 4 章　19世紀末インド綿紡績業の発展と「アジア間競争」

商人と日本の商人とは根本の利益が背馳する処から，長く此契約は保って往く事は甚だ六ケ敷かろうと思ふ，是が郵船会社の今日に於て甚だ気遣って居る所であります」[16]。

綿業基軸のアジア間貿易は，こうして競争と協調を伴いながら拡大したのである。本章冒頭で言及した「植民地工業化」論も，英領インドに関しては，植民地支配下でありながら，東アジアの日本，中国との貿易・通商関係が発展したこと，その過程での P&O に代表されるイギリス本国のシティ海運業利害への依存・競合（競争）・妥協，自由貿易体制という「国際公共財」の利用をめぐる戦略と経営戦術のせめぎ合いとの関連を考察して初めて，グローバルな位置づけが可能になる。

7　協調と競争のダイナミズム

最後に，以上の議論を要約したい。第一に，本章で強調したいのは，黎明期のインド・ナショナリズムの担い手となった，現地インド人の企業家・資本家たちの活躍に支えられた英領インドにおける工業化の始動である。その代表例が，パールシー教徒でタタ財閥の基礎を築いた J. N. タタである。彼は，イギリス系海運会社 P&O のボンベイ航路の高運賃政策に対抗するため，日本の資本家である渋沢栄一や，大日本綿糸紡績同業聯合会（紡連），日本郵船と協力して，P&O が牛耳る海運同盟の航路寡占体制に挑戦した。タタ汽船と提携した日本郵船は，政府の補助金と紡連の支援を梃子に，海運同盟の寡占体制に風穴を開けることに成功した。当初，中国・日本向け貨物運賃の設定では，ヘゲモニー国イギリスの帝国海運会社である P&O 社が圧倒的な影響力を行使したが，日本の海運資本（日本郵船）の主体的努力と挑戦により，海運同盟もアジア側からの挑戦者との妥協を余儀なくされた。J. N. タタの日本側への働きかけの背後には，国産品愛用（スワデシ）を唱えるインドの経済的ナショナリズムの勃興があった。こうした，アジア側からの主体的対応とイニシアティヴが，19～20世紀転換期アジアでの工業化を支える起動力となった。

第二に，東アジア＝ボンベイ航路を牛耳っていた P&O 社は，世紀転換期のアジア・インド洋海域において，W. マッキノン率いるイギリス汽船会社

75

第Ⅱ部　アジアにおける工業化の端緒

(British Steam Navigation Company) と並び，イギリスの「ジェントルマン資本主義」(gentlemanly capitalism) を体現する勢力であった。金融・サーヴィスに特化したロンドン・シティの経済利害にとって，近代日本や植民地ボンベイの綿業が主導した工業化の始動により，多国・多地域間での対外貿易（モノの移動）が増大し，それに伴う商社・商会の手数料，海運料収入，貿易金融の融資や，鉄道・港湾・電信網の建設などのインフラ整備のための債券・株式の発行引き受け（間接金融）が増加することは，利益を確保できるため歓迎すべき事態であった。アジア諸国の工業化と，ジェントルマン資本主義は，共存が可能であった。その共存を通じて，経済利害の相互補完関係が形成された。アジア諸国の経済ナショナリズムは，イギリス帝国が提供する国際公共財を利用する形で成長したのである。

　第三に，一見すると補完的で協調的に見えた日印関係でも，緊張をはらんだ競争が見られた。P&O 社に対して共同して対抗航路を開設したタタ商会（タタ汽船）と日本郵船の間でも，中国向け綿糸輸出市場のシェア確保をめぐり，連携の当初から競争関係があった。1895年2月のタタ汽船「撤退」には，タタ側の第一次史料の欠如により明確な理由の確定は困難であるが，インド棉花の対日輸出と，インド綿紡績糸の対中輸出のバランスと優先順位，世紀転換期に中国市場で圧倒的優位を占めたインド産綿糸の地位保全を考えた，経営戦略上の配慮が反映されていたと推察できる。日印間で協力しながら，他方では競争する，緊張をはらんだ「アジア間競争」(intra-Asian competition) の展開が，ボンベイ航路をめぐる交渉過程にも反映されていた。19世紀末（世紀転換期）のアジアにおける工業化の進展を前提とした新たな国際経済秩序の形成は，こうしたアジア側のダイナミズムを抜きにしては考えられない。

注

(1)　日本南アジア学会の英文雑誌 *International Journal of South Asian Studies* は，2009～11年の「植民地工業化」論特集号で，両者に討論の場を提供している。

(2)　小池は，その特徴を「中国市場全面依存型蓄積」とする。

(3)　東アジア航路をめぐる運賃カルテルである「海運同盟」については，William D. Wray, *Mitsubishi and the N. Y. K., 1870-1914 Business Strategy in the Japanese Shipping Industry* (Cambridge-Massachusetts and London : Harvard University Press, 1984), chapter 7 : International Lines : Commercial Diplomacy, 1893-1902

76

第 4 章　19世紀末インド綿紡績業の発展と「アジア間競争」

を参照。日本海運の発展と海運同盟の関係については，小風秀雄『帝国主義下の日本海運──国際競争と対外自立』（山川出版社，1995年），第7章も参照。

⑷　P&O の企業史については，後藤伸『イギリス郵船企業 P&O の経営史 1840-1914』（勁草書房，2001年）があるが，海運同盟についてはほとんど触れられていない。

⑸　本節は，拙稿「綿業が紡ぐ世界史──日本郵船のボンベイ航路」秋田茂・桃木至朗編『グローバルヒストリーと帝国』（大阪大学出版会，2013年）第8章と部分的に重複している。

⑹　『渋沢榮一伝記資料』第8巻「第2編　実業界指導並二社会公共事業尽力時代　明治六年─四十二年（五），第1部第2章第1節　海運　第3款日本郵船株式会社」154頁。

⑺　『渋沢榮一伝記資料』第10巻「第2編　実業界指導並二社会公共事業尽力時代　明治六年─四十二年（七），第1部第3章第1節　綿業　第4款大日本紡績聯合会」425-435頁。

⑻　To H. W. Uloth Esq., Bombay, 27 October 1893──Letter of 7th October to hand, also telegrams of 21st & 23rd October, Arrivals as Sydney Opposition Bombay-Japan Line, P&O/18/1 General Correspondence—Foreign Letters Correspondence Department, P&O Papers [National Maritime Museum, Greenwich, UK].

⑼　From Tho Sutherland to the Acting Agent, Bombay, 10th November 1893, P&O/18/1 General Correspondence—Foreign Letters Correspondence Department, P&O Papers [National Maritime Museum, Greenwich, UK].

⑽　To the Right Honourable Henry H. Fowler, M. P., Secretary of State for India in Council, from Tata and Sons, Proprietors, Tata Line of Steamers, 25 April 1894, No. 9 of 1894, Financial Department, Bombay Castle, 19th May 1894, in Minute Paper, Registered No. 884/94, "P&O and Steamer trade between India & the Far East", IOR/L/E/7/328 (1894) R&S 884-1894 [British Library : Asian & African Collections].

⑾　To Bombay Govt. from India Office—London, 5th July 1894, in Ibid.

⑿　Memorandum from the Commissioner of Customs, Salt, Opium, and A'bkari, No. 4554, 11th September 1894, Accompaniment to the Despatch to Her Majesty's Principal Secretary of State for India, No. 17, dated 13 October 1894, in Minute Paper, Registered No. 1682/94 "P&O Company and India's trade with the Far East", IOR/L/E/7/402 (1894) R&S 1682-1894.

⒀　Report by the Collector of Land Revenue, Customs and Opium, Bombay, No. c._ 10248, 8th September 1894, in Ibid.

⒁　'To the Editor of the "Indian Textile Journal" by Tata & Sons', *The Indian*

第Ⅱ部　アジアにおける工業化の端緒

　　　Textile Journal, 22nd February 1894, pp. 107-109, Box-539-T531PRD/Old Record
　　　of Various Companies/5, Tata Central Archives (Pune, India).

⒂　Confidential, From Thos Sutherland to J. M. Shields, Bombay, 27th July 1894,
　　　P&O/18/2 General Correspondence—Foreign Letters Correspondence Department,
　　　P&O Papers [National Maritime Museum, Greenwich, UK].

⒃　『渋沢榮一伝記資料』第 8 巻「第 2 編　実業界指導並ニ社会公共事業尽力時代
　　　明治六年─四十二年（五），第 3 款日本郵船株式会社」『竜門雑誌』第84号（1895年
　　　5 月）192-193頁。

参考文献

秋田茂（2013）「綿業が紡ぐ世界史──日本郵船のボンベイ航路」秋田茂・桃木至朗
　　　編『グローバルヒストリーと帝国』大阪大学出版会，第 8 章。

小池賢治（1979）『経営代理制度論』アジア経済研究所研究参考資料278。

小風秀雄（1995）『帝国主義下の日本海運──国際競争と対外自立』山川出版社。

後藤伸（2001）『イギリス郵船企業 P&O の経営史 1840-1914』勁草書房。

財団法人日本経営史研究所（1988）『日本郵船株式会社百年史』日本郵船。

東洋紡績株式会社「東洋紡績七十年史」編修委員会（1953）『東洋紡績七十年史』東
　　　洋紡績。

ニチメン株式会社社史編集委員会（1994）『ニチメン100年』ニチメン。

日本郵船株式会社（1932）『社外秘・我社各航路ノ沿革』日本郵船貨物課編。

日本郵船株式会社（1935）『日本郵船株式会社五十年史』日本郵船。

日本郵船株式会社（1956）『七十年史』日本郵船。

三上敦史（1993）『インド財閥経営史研究』同文館。

Bagchi, A. K. (1972), *Private Investment in India 1900-1939*, Cambridge :
　　　Cambridge University Press, 1972.

Harris, F. R. (1958), *Jamsetji Nusserwanji Tata : A chronicle of his life*, Bombay :
　　　Blackie & Son (India) Limited.

Mukherjee, Aditya (2007), "Return of the Colonial in Indian Economic History : The
　　　Last Phase of Colonialism in India", Presidential Address, Modern India,
　　　Proceedings of the Indian History Congress, New Delhi.

Mukherjee, Aditya (2011), "Colonial 'Industrialization' : The Indian Experience in the
　　　Twentieth Century", *International Journal of South Asian Studies*, vol. 4.

Ray, Rajat Kanta ed. (1992), *Entrepreneurship and Industry in India, 1800-1947*,
　　　Delhi : Oxford University Press.

Roy, Tirthankar (2000, 2011), *The Economic History of India 1857-1947*, New
　　　Delhi : Oxford University Press, First edition, 2000 : Third edition, 2011.

第 4 章　19世紀末インド綿紡績業の発展と「アジア間競争」

Roy, Tirthankar (2009), "Colonialism and Industrialization in India 1870-1940", *International Journal of South Asian Studies*, vol. 3.

Rungta, Radhe Shyam (1970), *The Rise of Business Corporations in India 1851-1900*, London : Cambridge University Press.

Tripathi, Dwinjendra (2004), *The Oxford History of Indian Business*, New Delhi : Oxford University Press.

Tripathi, Dwinjendra and Jumani, Jyoti ed. (2007), *The Concise Oxford History of Indian Business*, New Delhi.

Wray, William D. (1984), *Mitsubishi and the N. Y. K., 1870-1914 Business Strategy in the Japanese Shipping Industry*, Cambridge-Massachusetts and London : Harvard University Press, 1984.

〈一次史料〉

『渋沢榮一伝記資料』第 8 巻「第 2 編　実業界指導並ニ社会公共事業尽力時代　明治六年—四十二年（五），第 1 部第 2 章第 1 節　海運　第 3 款日本郵船株式会社」。

『渋沢榮一伝記資料』第10巻「第 2 編　実業界指導並ニ社会公共事業尽力時代　明治六年—四十二年（七），第 1 部第 3 章第 1 節　綿業　第 4 款大日本紡績聯合会」。

P&O/18/1 General Correspondence—Foreign Letters Correspondence Department, P&O Papers [National Maritime Museum, Greenwich, UK].

P&O/18/2 General Correspondence—Foreign Letters Correspondence Department, P&O Papers [National Maritime Museum, Greenwich, UK].

Minute Paper, Registered No. 884/94, "P&O and Steamer trade between India & the Far East", IOR/L/E/7/328 (1894) R&S 884-1894 [British Library : Asian & African Collections].

Minute Paper, Registered No. 1682/94 "P&O Company and India's trade with the Far East", IOR/L/E/7/402 (1894) R&S 1682-1894 [British Library : Asian & African Collections].

The Indian Textile Journal, 22nd February 1894, pp. 107-109, Box-539- T531 PRD/Old Record of Various Companies/5, Tata Central Archives (Pune, India).

第5章
近代中国における機械工業の発展
──1860-90年代の上海造船業を中心に──

久 保　　亨

1　中国近代工業の研究史

　中国における工業化の起源は，少なくとも19世紀まで遡って探究されるべき
であり，その全体像はグローバルな視野の中で初めて理解し得るものである。
本章は，1860年代から90年代にかけて勃興した上海の外資系企業による造船業
を例に，近代中国における機械工業の成立とその初期の発展過程を，中国内外
の広い文脈の中で論じる。

　造船業は当時の上海で極めて大きな存在であったため，同時代の外交文書や
中国海関の報告の中に，かなり詳細な叙述をみることができる。また当該企業
の経営文書は残されていないとはいえ，その動向については，上海で発行され
ていた英字紙，中国紙が頻繁に報じており，株式会社となった1890年代に関し
ては，営業報告と株主総会の記録が英字紙に掲載されている。さらに後述する
ように，1950年代末，そうした数多くの史料を編纂した中国語の資料集が北京
で刊行されたこともある。本章は，以上のような素材を手がかりに考察を進め
る。

　近年の研究の進展によって，20世紀前半の中国で相当の工業発展が認められ
ること，それが20世紀後半から21世紀にかけての中国の経済発展の基礎になっ
たことは，すでに学界の共通の了解事項になった。しかし，それ以前，19世紀
中国における近代工業に関しては必ずしも研究が進んでいない。その理由はい
くつかある。

　まず第一に，洋務運動と呼ばれる清朝政府主導の工業化政策に関心が集まり，
19世紀後半といえば，主に軍事工業が発展した反面，民間製造業の発展は相当
に立ち遅れていた，というイメージが先行していたことである。確かに1860

第Ⅱ部　アジアにおける工業化の端緒

年代以降，清朝政府によって江南機器製造局（上海，1865年設立），馬尾船政局（福州，1866年設立），天津機器局（1867年設立）などが各地に建設された。これらの官営工場は，太平天国の鎮圧に苦しみ外国に軍事援助を仰がねばならなかった清朝政府が，銃砲，軍艦など近代的軍備の自給化と水運業における主導権確保をめざし設立したものであり，相当の規模を備えていたことが知られている(2)。その一方，民間資本の主導の下，器械製糸業，綿紡績業などが勃興したのは，1880年代以降のことであった（鈴木 1992）。しかし本章が明らかにするように，香港や上海では外国人経営の船舶修理業がすでに1860年代にある程度の規模を備えるようになっており，1870年代にはその中の複数の企業が造船事業にも着手していた。

　19世紀中国の外資主導の近代工業に関する研究が立ち遅れた第二の理由は，外国資本が中国の沿海都市に工場を設立するようになったのは，1895年の下関条約以降だという固定的な観念が強かったことである。確かに，条約上の権利として外国人が開港地に自由に工場を設立できるようになったのは1895年以降であり，例えば綿業の場合，外国資本による綿紡織工場の設立は1895年以降になってからのことであった。しかし造船業は，その重要な例外であった。開港地で対外貿易が自由に行われるようになると，その直後から，開港地である上海や広州の港付近に遠洋航海をしてきた船舶を修理するための施設が設けられ，やがてそうした修理用のドックが船舶を製造する能力も備えるという過程をたどっている。したがって造船所は，当初，外資系の汽船会社による長江航路，沿海航路の発展と緊密な関係をもって開港地に成立したものであり，清朝政府や地方政府から干渉を受けることなく発展した。そして，こうした外資系造船所の下請け工場として，在来の鍛冶職人らを集めた中国資本の小さな機械工場が簇生し，その中から次の時代の工業化を担う大規模な機械製造工場が成長していくことにもなった。

　さらに19世紀中国の近代工業史研究に十分な注意が向けられなかった第三の理由として，統計的なデータが極めて不足していたため，工業の発展程度を示す工業生産指数などにしても1912年以降が算出対象となり，それ以前は軽視される結果を招いていたことを指摘しなければならない。この点は章長基（John K. Chang）の先駆的な研究にしても，筆者の近年の改訂作業にしても同様である（久保 2009：75-114）。機械製造業にせよ，工業分類の中ではその一部に含ま

82

れる造船業にせよ，系統的な生産量統計や，それを作成する手がかりになるようなデータが残されておらず，工業生産指数を編成するための基礎数字からは除外されていた。そのため，1933年を100とした時の1912年の工業生産指数は，章の数値で11.9，基礎となるデータを増やした久保の改訂数値によっても18.4にとどまり，1911年以前の近代工業の発展は極めて微々たるものに過ぎないというイメージが与えられている。実際には，19世紀後半，清朝政府によって推進された軍事工業と本章で検討する造船業などを中心に，ある程度の機械製造業が発展していたわけであり，そうした事実に対しても適切な注意が払われなければならない。

　本章は，1860〜90年代に発展した外資系上海造船業の展開過程を明らかにするとともに，それをグローバルな経済史の中に再定位することを企図している。外資による19世紀上海造船業の発展については，すでに1950年代末から60年代半ばにかけ，中国で優れた研究が進められていた（孫 1957a,b；汪 1957,1965a, b）。しかし，人民共和国の経済史研究分野に表れた民族主義的，政治主義的な偏向が影響を及ぼし，そうした研究成果は十分評価されることなく来てしまった。研究の中心にいた孫毓棠が1950年代に執筆した論文を一書にまとめた著書は，20年余りを経た文革終結後にようやく公刊された（孫 1981）。『抗戈集』というその書名には，学問への政治的な圧力に抗してきた意味が込められている。また，もう一人の重要な研究者である汪敬虞の著書の刊行も1980年代になった（汪 1983）。本章は，彼らの研究を再評価する意味も持つことになるであろう。

2　19世紀香港及び上海の外資系造船業の発展

（1）　香港地域の造船業

　広州，上海などが開港され，イギリスの香港統治が始まると，外国船の修理に従事する簡便なドックが，広州近郊の黄埔に設けられた。広州を流れる珠江の下流河口付近に位置し，香港にもほど近い場所でありながら淡水であるため，船舶の修繕に有利だったのである。やがて香港島に同様の事業を営む企業が相継いで設立され，各社は造船にも乗り出すようになる。その発展過程について，20世紀初頭に出版された中国沿海地域の開港都市案内（Wright 1908）や1950〜60年代に刊行された有力二社の社史（Hongkong & Whampoa Dock Co. Ltd.

第Ⅱ部　アジアにおける工業化の端緒

1963；Taikoo Dockyard & Engineering Company of Hong Kong 1953）を手がかりに
整理しておく。

　1840年代，初めて黄埔に出現した外国船用のドックは，創設者の名を取って
「クーパーのドック」と呼ばれた。クーパー（John Couper）は，造船業が盛ん
であったスコットランドの港町アバディーン（Aberdeen）出身の船大工だった
という（Aberdonian）。創設といっても一から作ったわけではない。ジャンクと
呼ばれる在来船の建造・修理に当たっていた中国人企業から，その施設の一部
を賃借し，船舶修繕業を始めたのであった。クーパーのドックは，それなりの
経営を続けていたようであるが，1856年に勃発したアロー号事件に巻き込まれ
て破壊され，クーパーの消息も途絶えてしまった。

　その後，香港島のアバディーン（住人らの出身地にちなんだ命名）で営業を始
めていたスコットランド人ラモントのドックや，建設中であったホープドック
（Hope Dock）などを統合し，ジャーディン・マセソン（Jardine Matheson）商会
（怡和洋行）の支援の下，香港黄埔ドック（Hongkong & Whampoa Dock Co. Ltd.）
が1863年に設立された。同社は1866年に正式の設立登記を終え，貿易港として
急成長を続ける香港を中心に事業を展開していく。1877年には黄埔の施設を清
朝政府に売却し，会社の全資産を香港に集中した。ジャーディン・マセソン商
会と並ぶイギリス系二大商社の1つスワイヤー（Swires）商会（太古洋行）は，
かなり遅れて1900年，香港に太古ドック（Taikoo Dockyard & Engineering Co. of
Hong Kong Ltd.）を設立し，造船業に参入した。現在の地下鉄の太古駅は，そ
の跡地に因んだ駅名である。こうして香港には，背後にイギリス系二大商社が
控える香港黄埔ドックと太古ドックという2つの大きな造船所がそびえたち，
その周囲には多くの下請け機械工場が簇生することになった。後に国民党系の
労働運動の著名な指導者となる馬超俊は，そうした機械工場の1つ，九龍の馬
宏記機器廠で，機械工として最初の一歩を踏み出したことを回想している（馬
1992：7）。香港の2つの造船所と周囲の機械工場で働く労働者は，隣接する広
東省広州市内の機械工場で働く労働者とも，さまざまなつながりを持っていた。
彼らは広東機械工と総称され，上海の機械工（寧波出身者が主力であったため寧
波機械工とも呼ばれる），福州の機械工（軍用艦艇の建造施設，福州船政局で養成され
ていた）などとともに，中国の近代工業が発展する過程で重要な役割を担った
ことが知られている（菊池 1992）。

（2） 長江航路の発展と上海の造船業

一方，時期を同じくして，上海でも1850年代から60年代にかけ，外国人による船舶修理業が発展し，1856年には上海最初の小型蒸気船が建造された。すでに引いたライト（Wright 1908）の叙述を軸に，他の史料も確認しながら，長江航路の発展と上海における造船業の成立過程を簡潔に整理しておく。

上海の場合，1858年から62年にかけ，イギリスなどの諸外国と中国との間の一連の外交交渉と条約締結を経て，長江を外国船が自由に航行できる権利（内河航行権）が認められたことが，重要な契機になった（植田 1939：126-135）。条文中に長江航行権を最初に記したのは1858年の清英天津条約第10条である。その条文に上海—漢口間をイギリス船籍の船舶が自由に航行できることが明記され，以後，清仏天津条約，清米天津条約などにも同様の条文が盛り込まれた。一連の条約を踏まえ，1861年の長江通商収税章程と1862年の長江通商統共章程で具体的な取扱いが規定されている。また漢口より上流については，1876年の中英芝罘協定第3款第1項で漢口—宜昌間の航行権が，1890年の清英協定と1895年の日清下関条約第6条で宜昌—重慶間の航行権が，それぞれ認められた。最終的には，1898年の改訂長江通商規程十款で全般にわたる詳細な規程がまとめられている。

以上のような外交交渉の進展を背景に，1861年，アメリカのラッセル商会（旗昌洋行，1818年広州に設立，1846年上海へ本店移転）が上海から漢口までの長江航路に進出すると，イギリスのデント商会（宝順洋行，1824年広州に設立，1841年香港へ本店移転，1843年上海に支店）が同じルートで試験航行を行い，やはり定期航路開設に乗り出していく。それまで長江を航行していた在来船に比べ，汽船による輸送は，安全性と早さの点で勝っていたため高い料金を設定しても十分な積荷を確保することができ，その積荷には，対外貿易に関わる輸出入品だけではなく，中国国内で交易される物資も多く含まれていた（Liu 1962：85-86）。

しかし，この最初の長江航路ブームは，長くは続かなかった。1865年頃には上海—漢口の長江航路は過当競争の状況に陥り，積荷が不足する一方，運賃の値引き競争が激しくなる。その結果，コスト割れの危機に直面する中，1867年にロンドンでの企業倒産の余波で資金的にも逼迫したデント商会は，水運業に関わる全資産をラッセル商会に売却し，長江航路から撤退した。以後，1860年代後半から1870年代初めまで，ラッセル商会が長江航路をほぼ独占する時期が

第Ⅱ部　アジアにおける工業化の端緒

表5-1　中国各港への寄港船

	イギリス		アメリカ		
	（隻）	総トン数（%）	（隻）	総トン数（%）	（隻）
1870	6,577	3,125,590（45.2）	4,547	3,004,746（43.5）	469
1875	8,277	5,167,435（52.4）	3,836	2,777,367（28.1）	2,411
1880	12,397	9,606,156（60.5）	1,070	287,369（ 1.8）	7,124
1885	13,522	11,842,255（65.5）	2,524	2,261,750（12.5）	4,345
1890	16,897	16,087,895（64.7）	155	82,946（ 0.3）	10,603
1895	19,579	20,525,798（69.0）	92	86,427（ 0.3）	13,014

出典：聶宝璋編『中国近代航運史資料』第一輯上冊，上海人民出版社，1983年，224-225頁を整
注：＊国際航路・国内航路，汽船・帆船の総計。ただし小型の帆船は除外。

続く。だが1872年，清朝政府の後援を受けて輪船招商局が設立され，後述する
ようにイギリス系の有力な新規参入会社が登場すると，事態は一変した。元来，
ラッセル商会が擁していた船舶は木製の古い外輪汽船であり，失火事故による
損失や修繕費用がかさむ傾向にあった。それに対し鋼鉄製の新鋭船を投入した
輪船招商局や他社は順調に経営を拡大していくことができた。そのため急速に
優位を失ったラッセル商会は，ついに1877年，破産に追い込まれ，その資産を
輪船招商局に売却した（Liu 1962：112-156）。

　一方，この時期，1869年のスエズ運河開通と1871年の中国―欧州間海底電信
開設を機に，中国の対外貿易には一層多くの商機が見込まれるようになったこ
とから，香港と上海を拠点に活動していたスワイヤー商会とジャーディン・マ
セソン商会の英系２社も，相ついで長江航路に本格的に参入した。スワイヤー
商会は1872年に The China Navigation Co.（太古輪船公司）を設立し，翌1873年
から長江航路での営業を開始している。また1867年に一度は長江航路から撤退
していたジャーディン・マセソン商会も，沿海航路専門の The China Coast
Steam Navigation Co.（華海輪船公司）を1873年に設立したのに続き，1879年に
Yangtze Steam Navigation Co.（揚子輪船公司）を設立し，長江航路への再参入
を果たした。この時，揚子輪船公司が３隻購入した長江航路用新船の注文先が，
後述するボイド造船（Boyd，祥生船廠）である。さらにジャーディン・マセソ
ン商会は中国―欧州間の遠洋航路を担う Indo-China Steam Navigation Co.
（怡和輪船公司）を1881年に設立している。こうして長江航路を含め中国の水運
業ではイギリス船が総トン数の６割から７割を占め，最大の勢力を誇るように

86

第 5 章　近代中国における機械工業の発展

舶数*の推移，1870～95年

中　国		その他		合　計	
総トン数（％）	（隻）	総トン数（％）	（隻）	総トン数（％）
29,939（ 0.4）	2,543	747,553（10.8）	14,136	6,907,828（100.0）
871,439（ 8.8）	2,470	1,051,400（10.7）	16,994	9,867,641（100.0）
4,828,499（30.4）	2,379	1,152,328（ 7.3）	22,970	15,874,352（100.0）
2,243,534（12.4）	3,049	1,720,638（ 9.5）	23,440	18,068,177（100.0）
6,334,956（25.5）	3,478	2,370,662（ 9.5）	31,133	24,876,459（100.0）
5,220,121（17.6）	4,447	3,904,732（13.1）	37,132	29,737,078（100.0）

理。原データは海関報告。

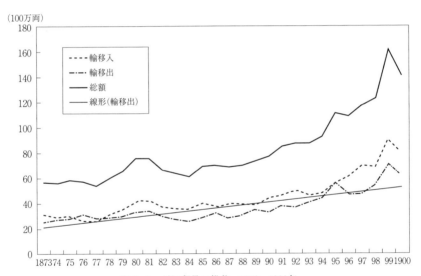

図 5-1　長江貿易の推移，1873～1900年

出典：中国海関報告。江（1992：168-172）も参照。
注：漢口，九江，蕪湖，鎮江，重慶，宜昌の輸移入額と輸移出額を整理。
　　対外直接貿易額と国内各地との交易額の総額。

なった（表5-1）。

　何度か担い手が交替し，さまざまな紆余曲折を経ることになったとはいえ，長江流域の内河航路は，19世紀後半の全体を通じて発展を遂げた。特に1880年代末から90年代にかけての伸びが著しい（図5-1）。茶葉，桐油，生糸，皮革，

第Ⅱ部　アジアにおける工業化の端緒

鶏卵，豚毛，羽毛など長江流域で産出されるさまざまな物産が欧米に輸出される一方，欧米からは綿糸布，金属製品，機械類といった工業製品や灯油などが長江流域に輸入されるようになった（表5-2）。むろんそれぞれの商品ごとにさまざまな要因によって取引量の浮沈が生じており，例えば茶葉の場合，ヨーロッパ市場で中国茶がインド茶，セイロン茶に市場を奪われたため，長江流域の茶葉輸出も伸び悩むようになった（China IMC 1893：169-170）。そのような変動も含み込みながら，全体として中国経済がグローバルなネットワークにつながり世界市場と結びつく中で長江航路は発展した。

　長江流域の内河航路で運ばれたのは，直接，対外貿易と結びついた貨物だけに限られない。中国の国内交易に関わる葉タバコ，筵，ゴマ油，漢方薬材，麻，植物染料などが長江上流域・中流域の生産地から下流域の消費地に運ばれ，逆に下流域の生産地から中流域の消費地に向け棉花，砂糖，絹織物などが運ばれてくる場合もあった（表5-2）。特に湖北省の喉元に位置する漢口は，雲南，貴州，四川，湖南，広西，陝西，河南，江西の各省とつながる「九省通衢」の地（九省に通じる交通の要地）と称されてきた商業都市であり，開港地にされる遙か以前から長江流域各地の物産の一大集散地であった。六大商品とされ，取引額が格段に多かった塩，茶葉，米，木材，色物綿布，漢方薬に加え，他にもさまざまな農産物が売買され，江西省景徳鎮・醴陵の陶磁器，湖南・湖北両省の麻布，江蘇省蘇州・湖南省長沙の刺繍，安徽省の硯，墨，紙など伝統的手工業品の流通も盛んであった（江 1992）。こうした漢口を中心とする長江中流域の市場圏と上海を中心とする長江下流域の市場圏とを，太いパイプで連結したのが汽船による長江航路だったのである（水野 1907）。

　上海の造船業は，以上のようなイギリス船を主力とする長江航路の発展を背景に勃興した。長江航路用汽船の補修にあたるドックとして，1862年にボイド社（Boyd，祥生船廠）が，また1865年にはファーナム社（Farnham，耶松船廠）が設立され，両社は，やがて19世紀の上海造船業を代表する外資系二大造船会社へと発展した（Wright 1908：457-458）。

　ボイド造船創設の中心になったのは，P. V. グラント（Grant）というスコットランド人であり，やはりスコットランド系のジャーディン・マセソン商会が資金面を支えていた。ボイド造船は，後述するように1879年には排水トン数1300トンの貨客船建造に成功している。一方，ファーナム造船の創設者は S.

第 5 章　近代中国における機械工業の発展

表5-2　漢口の外国船積荷，1867〜71年

（単位：銀両）

	1867	1869	1871
輸入外国品			
綿　　布	3,308,036	4,137,770	5,740,355
毛 織 物	2,384,435	2,139,737	1,764,535
ア ヘ ン	2,444,442	1,277,108	1,482,240
金　　属	255,700	421,062	308,680
昆　　布	224,024	308,174	416,738
砂　　糖	466,280	148,463	319,014
輸移出中国品			
茶	5,767,352	7,005,969	7,858,788
桐　　油	595,767	1,115,830	1,678,805
白　　蝋	623,974	614,750	594,970
葉 タ バ コ	737,124	723,578	775,250
莚	343,309	27,377	7,206
生　糸（四川産）	200,202	256,210	822,086
植 物 油	283,723	489,715	753,460
麻	414,326	354,191	225,210
手 織 綿 布	275,925	178,897	77,982
キ ノ コ	219,004	193,500	251,492
漢 方 薬 材	212,774	252,180	312,564
紅 花 染 料	272,770	212,373	271,075
移入中国品			
棉　　花	3,626,910	2,517,886	5,347,270
砂　　糖	866,146	340,854	1,001,042
絹 織 物	1,360,389	775,364	941,738
紅　茶（江西産）	23,812	64,889	733,483
イ　カ（干物）	163,572	445,719	94,356

出典：海関報告を整理した表（Liu 1962：87）。

C.ファーナム（Farnham）というアメリカ人で当初はアメリカ資本が中心であったが，浦東ドックの賃借，合併などから次第に事業を拡大し，多くの小ドックを吸収合併しイギリス資本系に変わっていった。アメリカ資本系の会社からイギリス資本系の会社へと変化していった背景に，水運業界における米系ラッセル商会の破産と米系汽船会社の比重の急低下という変動が存在したことは想像に難くない。このファーナム造船も1876年に800トンの貨客船を建造している。ボイド，ファーナムの両社は競いあいながら経営を拡大していったが，結局，1901年にファーナムがボイドを吸収合併して社名を Messers. S. C.

第Ⅱ部　アジアにおける工業化の端緒

FARNHAM, BOYD, & Co. とし，さらに1906年に上海ドック（Shanghai Dock and Engineering Co. Ltd.）と再改称した。両社の盛衰については，節を改めて詳しく検討する。

　両社の経営が好調であったことから，1890年代になると上海の造船業に参入を試みる動きが相ついだ。ただし1896年，両社の市場独占に対し最初に挑戦した上海造船（Shanghai Engineering, Shipbuilding and Dock, 和豊船廠）は，競争に堪えることができず撤退している。その後，1900年に設立された新上海造船（New Shanghai Shipbuilding and Engineering Works, 瑞鎔船廠），及び1905年に設立されたバルカン鉄工所（Vulcan Ironwork, 万隆鉄工廠）は，ドイツ系の高い技術力に支えられ，営業を維持拡大することに成功した。

（3）　日本の船舶修理業，造船業

　比較のため，この時期の日本の船舶修理・造船業の動向を一瞥しておこう。日本では，清朝の江南機器製造局にやや遅れ，江戸幕府の長崎造船所が設立された。そのすぐ近辺に，1869年，上海のボイド社が船舶修理工場を開設している（中西 1983：377-379）。また三菱は横浜で1875年からボイド社と合弁で自社船の修理を中心とする三菱製鉄所を開設した（鈴木 1996：68）。同じ頃，兵庫，大阪など他の地域にも外国人が経営する船舶修理会社が設立されている（鈴木 1996：52）。要するに幕末維新期についてみれば，香港，上海よりやや遅れて発展していたのが日本の造船業だったといってよい。

　その後の展開をみても，「明治23年〔1890年〕に筑後川丸，木曽川丸（三菱），多摩川丸，富士川丸（川崎），24年に信濃川丸（三菱）の600総トン級貨客船が竣工し，鋼船時代への軌道が敷設された」（井上 1990：70）とされ，「〔1896年制定の造船奨励法〕法案審議の段階で，1000総トン以上の船舶建造実績を持っていたのは三菱造船所ただ一ヶ所……」にとどまる（井上 1990：89）。1870年代にすでに1000トン級の船を建造していた上海の外資系造船業に比べ，日本の造船業界は明らかに一歩立ち遅れたところにいた。ただし一歩立ち遅れた発展であったため，19世紀末から20世紀初めにかけての世界的な船舶建造の技術革新の時代にあって，機関の大型化，船舶の高速化，運航採算の向上などを軸に進展していた当時の最新技術の導入が容易になった面もあったように思われる（井上 1990：128-129）。

第5章 近代中国における機械工業の発展

3 1860〜90年代上海のボイド造船とファーナム造船

（1） ボイド，ファーナム両社の創設

揺籃期の上海造船業に関し，1921年に出版された上海史の本は「まだほとんどの人が黄浦江で蒸気船の建造が可能だとは考えていなかった」時代に12馬力の蒸気エンジンを備えた40トンの船が呉淞で建造され進水した，と記している。それは1856年7月17日のことで，寧波人の船大工によって中国産の木材を用いて建造されたものであった（Lanning and Couling 1921：384）。船舶の修理保全作業から出発し，造船を手がけるようになる企業が，この時期に相いついで設立されたことも知られる。そして，先にも述べたとおり1862年にボイド（Boyd & Co. 祥生公司）社が，また1865年にファーナム（S. C. Farnham & Co. 耶松公司）社が創立され，この両社が19世紀末にかけて上海造船業の有力2社に成長していくことになった（Wright 1908：457-458）。

　一方，1867年に刊行された欧米の実業家を対象にした案内書は，「上海の黄浦江東岸（浦東——引用者）には，長年，中国人が設けた土を固めただけの簡便なドックが存在しただけであったが，近年になって，ヨーロッパ人がそれらを買いあげ，石材を積み重ねたドックを築くようになった」として，2つの船舶補修用施設を紹介している。1つはイギリス租界の対岸に位置する「浦東ドック」で，全長380フィート（うち石積み部分340フィート），全幅125フィート（ドック入口幅75フィート），満潮時水深16フィートないし21フィートだった。もう1つの「上海ドック」は，全長374フィート全幅70フィート，及び全長336フィート全幅52フィートの2つのドックを備えていた。3日間以内の使用であれば，トンあたり1日0.75両という標準的な料金も記されており，業者がドックでの修理保全費用を見積もる目安になっていたようである。ただし，この案内書に造船所関係の記述は何もない。ボイド，ファーナム両社を含め，この時点でドックを開設していた各社が手がけていたのは船舶の修理保全業務であって，本格的な造船業はまだ展開していなかったと判断してよいであろう（Mayers, Dennys, and King 1867：385，410）。

第Ⅱ部　アジアにおける工業化の端緒

（2）　両社の造船事業の展開

　1870年代から80年代にかけ，上海造船業はめざましい飛躍を遂げた。上海で発行されていた週刊の英字紙ノース・チャイナ・ヘラルド（*North China Herald*）（以下，*NCH*）の報道を追っていくと，1870年代前半にファーナム造船が上海市内を流れる蘇州河を渡るための渡し船の建造を受注したという記事や14馬力のエンジンを備えたヨットを建造したという記事があり，この時期，すでに小型船の建造を手がけ始めていたことが知られる（*NCH* 1872.8.31，1875.3.25）。

　そうした実績を踏まえ，1876年12月，ファーナム造船が初めて建造した大型船「保康」が輪船招商局やスワイヤー商会など中国人，外国人の招待客40人余りに披露された。鉄骨製の船体は800総トン（450載貨重量トン），エンジンは名目60馬力，最高出力300馬力とされ，機械設備も同社自身が製造したものと報じられている。アメリカの河川往来用の船舶を模し，水深が浅く川幅が狭い河川航行用に設計され，長江上流に位置する重慶との往来も可能，との文章が記されており，将来的には四川まで航行することまで意識されていた（『申報』1876.12.1）。

　さらに1879年9月にはファーナム造船のライバルであるボイド造船で1300総トン（載貨重量トン数550トン），全長210フィート，船腹26フィートの「公和」が竣工した。ジャーディン・マセソン商会の金融支援を受けて建造されたこの船も，ボイラーや機械設備から名目52馬力，最高出力300馬力のエンジンにいたるまで全てボイド造船の自社製であり，外輪船方式ではなくスクリュー推進方式が採用され，河川航行用の平底型船体になっていた。ボイド造船にとっては，これが15隻目の建造船だった（*NCH* 1879.6.24）。ついで同年11月には，やはりジャーディン・マセソン商会の揚子輪船公司に納品する同型船「福和」も進水した（『申報』1879.11.26）。

　このように1870年代後半に建造されたファーナム造船の「保康」とボイド造船の「公和」，「福和」などは，ほぼ排水量1000トン級の河川航行用汽船という点で共通している。これは，むろん偶然の一致ではない。上海に駐在し船舶登記を担当していたイギリス人外交官は，このようなタイプの船舶こそ，中国の内河航運で最も高い経済性を備えていると高く評価した。「船舶登記官としての私の観点からみて，今年の最も重要な出来事は，ジャーディン・マ

92

セソン商会の新しい長江航路用に，2隻の鋼鉄製汽船が上海で成功裏に建造されたということであった。2隻は，船長204フィート，船腹26フィート，登記トン数763トンで公称52馬力のエンジンを備えている。1878年に書いたレポートの中で2隻の船に言及した折，私は，この地で建造された船が〔本国のスコットランド造船業の本拠地である〕クライドで建造された最高水準の鋼鉄製汽船とともに利益を確保できるかどうか，将来のレポートで書くのは興味深い問題であると記した。1879年の経験は，それが可能であることを示している。2隻の新造船は，大きさこそ本国製の船よりかなり小さいとはいえ，3カ月のうち〔長江の流量が減り水深が浅くなる〕2カ月間，船倉の相当部分を空にして〔喫水を浅くして〕運航するようなことはない。貨物の単位重量あたりの石炭消費量は，クライド製の大型船より少ない。従ってスクリュー推進方式の河川航行用汽船の経済性は，極めて高い」（UK Government 1880 : 203）。すなわちクライドで建造された大型船の場合，喫水が深いため，長江の渇水時には一部空荷の状態で航行せざるを得ない期間が生じるのに対し，上海で建造された1000トン級の船舶の場合はそうした無駄がなく，石炭の消費効率も極めて高い，とボイド造船が製造した「公和」と「福和」の性能を高く評価しているのである。鉄鋼船製造の原料となる鉄鋼をヨーロッパからの輸入に頼らざるを得ないという限界も指摘されているとはいえ，その問題が解決されたならば，将来，上海の船舶製造業が大きな発展を遂げる可能性があるとも予測していた。

　イギリスで建造された汽船が長江流域の内河航運に不向きなものであることは，すでに1870年代初めに内河航運を仕切っていたアメリカ資本のラッセル商会でも問題にされていた。同社が使っていた1869年グラスゴー製の鋼鉄製汽船「山東」号は，揺れがひどいうえアメリカ製の木造汽船より石炭消費が多かったし，同じく1869年グラスゴー製の「湖北」号の場合，空荷時のスピードが遅くなるという難点があった。何よりも決定的な問題は，イギリスやアメリカで製造された船舶は，遠洋航海を経て中国に到着せねばならないため，喫水の浅い内河航行専用の船舶としては建造されていないというところにあった。ラッセル商会の社内では上海で組み立てる計画も検討されたが，結局，この時は実現せずに終わっている。換言すれば，上海現地で内河航行専用船を建造することは，すでに1870年代初めから内河航運関係者の期待するところになっていた

93

第Ⅱ部　アジアにおける工業化の端緒

といえよう (Liu 1962：97-98)。以上の経緯が示すように，上海における造船業の勃興は，中国経済が世界市場と結びつく中で発展した長江流域の内河航運と密接不可分の関係にあった。

　上海造船業の主力製品は内河航行用汽船だったとはいえ，その他にもさまざまな用途の船舶を造っていたことが知られる。例えば，港湾や河川で他の船舶を曳航するタグボート (NCH 1884.3.19, 4.2, 1887.7.1)，江南のデルタ地帯に縦横に張りめぐらされた水路を縫って上海，蘇州，杭州などの都市間を走る小型貨客船 (China：Imperial Maritime Customs 1893：340) など，当時の中国経済をそれぞれの場面で支える多様な船舶が上海の造船所で建造されていた。港湾機能の維持強化に欠かせぬ浚渫船も，1891年にオランダから輸入した船体部品を組み立てて進水させたのは，ファーナム造船であった (NCH 1891.8.21)。

　ファーナム，ボイドの両社は，中国の軍艦も建造している。1883年には清朝政府の注文に応じ，タグボートに曳航されて移動する砲台船を4隻，両社が分担して建造した。砲台船は船長45メートル，船腹12メートルで，大砲3門を備え，水夫50人と兵士50人を乗船させることができたとされ，大砲の装備などは清朝政府が上海の高昌廟に設立していた軍需工場，江南機器製造局が担当した（『申報』1883.9.18, 9.23, 9.25）。また，やはり清仏戦争の時期に清朝政府がドイツから購入した水雷艇は，1885年にボイド社のドックで組み立てられ進水した（『申報』1885.2.24, NCH 1885.3.4）。ただし，こうした軍艦製造に関わる事例はそれほど多くない。同じ上海に軍事用艦艇の製造に重点を置く江南機器製造局が存在したためであろう。イギリス資本の造船会社が主に従事していたのは，やはり内河航行用の汽船の建造であった。

　造船所としての機械設備に関していえば，ファーナム社の場合，1880年の時点で，長さ78フィートの足を持つ二また起重機，スクリューに動力を伝える軸系装置の製造ライン，金属加工用の各種の鑽孔機や切削機など，当時としては最新の造船造機用施設を整えていた (NCH 1880.11.18)。また1887年の末，たまたま知人の紹介でファーナム社を訪れた中国人が中国紙に参観記を書いている。それによれば，たまたま建造中であった「永清」号の場合，長さ124メートル，幅17メートル，深さ7メートルのドックが用いられていた。そうした船舶建造用のドックのほか，木材加工工場，金属加工工場，ボイラー設備，塗装

94

工場，設計室などが所内の各所にそれぞれ別個に設置されており，特に機械製造工場には，船舶製造に必要なあらゆる機械部品を製造する為の施設が完備されていたという（『申報』1887.12.13）。

（3） 両社の経営者，技術者，労働者

それでは，この時期の上海造船業の発展を支えたのは，どのような人々だったのか。確認し得る情報を整理しておこう。

ボイド社の造船事業を指揮した経営者 P. V. グラント（Peter Ventnor Grant, 1842-94, スコットランド出身）は，1865年，23歳の時に中国へ来てみたが仕事がうまくいかず帰国しようとしていたその矢先，会社創設者のボイドに認められ，頭角を現した者であった。ボイドの引退後は同社の社長を引き継ぎ，1892年までその職にあった。1894年，体調を崩して帰国する途次，エジプトのカイロで客死している（NCH 1894.3.30）。また彼の後を継いだ J. プレンティス（John Prentice, 1847-1925, スコットランド出身）は，グリーノック（Greenock）というジェームズ・ワットが生まれ育った町で技術者としての教育を受け，1870年に上海にやってきた。最初に勤めた会社がボイドに吸収合併された後，ボイドの経営を任されるようになり，ボイドとファーナムが合併してからは，合併で生まれた新会社の経営に参画した。1901年から1902年まで上海共同租界の行政組織，工部局董事会（Shanghai Municipal Counsil）の議長にも就任している。

一方，ファーナム社の発展の基礎を築いた創設者 S. C. ファーナム（Sylvanus Cobb Farnham, ? -1883）は，アメリカのカリフォルニアの出身であった。1862年に来華し1877年まで同社で働いた後に退職し，故郷に戻っている。フリーメーソンのメンバーであり，1883年にカリフォルニアで亡くなった（NCH 1883.12.5）。彼の退職は，長江航路でイギリスの商社と覇を競ったアメリカのラッセル商会が1877年に倒産したことと無関係ではあるまい。いずれにせよファーナムも，1860年代前半の最初の長江航路ブームに惹かれ，中国という彼らにとっての新天地にやってきた若者であり，強い事業意欲を備えた人物であった。

19世紀末から20世紀初めにかけ，上海造船業の企業経営は，先の J. プレンティスに代表されるような技術者出身の経営者により担われるようになっていた。長江流域の造船業実態調査のため逓信省臨時調査局から派遣された日本人

第Ⅱ部　アジアにおける工業化の端緒

技術者もその事実に着目し，特に頁を割いて J. ブレキンデン（John Blechynden, 1846-1924，ニュージーランド出身）という造船業経営者に言及している（逓信省臨時調査局 1918：7-8）。彼の息子が書き残した伝記も参照すると，親の出身地ノーサンバーランド（Northumberland）（スコットランドに隣接するイングランド東北端の都市）で技術教育を受けたブレキンデンは，その後，エジプト，アラブ，中国，日本などを渡り歩き，各地で汽船の運航と造船事業に関わる足跡を残した。1870年代には，日本郵船の前身，共同運輸会社が運航する汽船の機関士を務めた経験も持つ。上海で造船会社の経営に携わったのは，彼のそうした長いキャリアの中の一部に過ぎなかった（Blechynden 1995）。

　技術者的な経営者の中には，自らの子弟を自社に入社させ，いわば OJT 方式で子弟を養成しようとする者もいた。「彼等ハ東洋ニ永キ経験ヲ有シ，土着的トナリ，自己ノ子弟ヲ此等造船所ニ入レ所謂英国流ニ斯業ヲ修得セシメツツアリ」と，先の日本人技術者は観察している（逓信省臨時調査局 1918：8）。こうして養成された次世代経営者の場合，彼らの親の世代に比べ，上海での事業の維持拡大に対し，より一層強い関心を示すようになったかもしれない。

　上海造船業を支えた一般の技術者も，その多くは，企業経営者同様，母国イギリスで技術を身につけ，新たな仕事の場を求めて上海へ移り住み，10年ないし20年程度という比較的長期間，各社に勤務した人々だったように思われる。造船技術者に近い社会層に属し，汽船運航に携わっていた機関士たちが組織した親睦組織，「上海船舶エンジニア協会」の活動がノース・チャイナ・ヘラルド紙に記載されている。1876年に55人の会員で発足した協会は，2年後に会員数84人に膨らみ，会員が納める会費や寄付によって年間1300元程度の財政を維持するとともに，市内の協会施設に図書，雑誌などを備え，会員やその家族による演奏会を折に触れて開くなど，文化的交流の機会を設けていた（NCH 1879.1.31, 1884.4.2）。造船技術者は，このような場を楽しむ社会層に属していた。

　一方，造船所で働いていた労働者は，そのほとんどが中国人であった。上海に駐在していたイギリスの船舶登記官スペンス（Spence, W. M. Donald, Acting Registrar of shipping）の1880年4月30日付報告によれば，ボイド造船の場合，スコットランド人の労務管理の下，500人ないし700人程度の中国人労働者が，

96

船舶建造に必要とされるあらゆる作業を処理していた（UK Government 1880：203）。また，こうした外資系造船所とほぼ同様の労働者を雇用し，上海で軍用艦艇を建造していた江南機器製造局の1880年代の状況について，金属加工を含むさまざまな作業に従事する中国人労働者が，そうした作業に十分習熟していたことを，上海海関のイギリス人税務司が，驚きの念を込めて書き記している（China：Imperial Maritime Customs 1893：338）。

　やや時期が遅くなるが，日本の外交官も「大汽船ノ材料タル鉄鋼及大機械等ハ主トシテ英国ヨリ輸入スルモ，機械ノ如キハ同社ニ於テ充分完全ナルモノヲ製造シ得ヘク，監督技師ハ外人ナルモ，職工ハ全部支那人ナリ」と報告した（外務省 1915）。

　造船業で働く中国人労働者の階層構成はどのようなものだっただろうか。20世紀初頭の太古ドック（香港）の労働者賃金表をみると，機械操作，金属加工などに関わる職種の中国人労働者が他の労働者に比べ相対的に高い賃銀を得ていたことが，労務管理を担当するヨーロッパ人労働者の桁違いの高賃金とともに明示されている（表5-3）。同じ頃の上海ドック（前述したようにファーナム造船とボイド造船が合併した後の新社名）でも事情はほぼ同様だったことが報告されており，技能を身につけた熟練機械工がすでに相当の厚みをもって存在していたとみてよい（表5-4）。古山隆志の先駆的研究が指摘するとおり，1910～20年代の上海には，大規模造船所・中小造船所・町工場などで養成された熟練労働者による横断的な労働市場が形成されていた（古山 1977：19）。そして，そうした状況を創り出す重要な契機になったものこそ，19世紀後半に成長した外資系造船業であった。

（4）　両社の経営

　ボイド造船とファーナム造船の経営について検討してみよう。株式会社化されて以降の1890年代の両社の営業成績を整理してみると，平均20％以上という非常に高い利益率を維持していたことが判明する（表5-5，表5-6）。株主に対する配当も，10～15％という高い配当率を続けていた。株主は，この10年間の間にほぼ投資額を回収できた勘定になる。単純に比較することはできないが，こうした状況を，1880年代から90年代初めにかけての三菱長崎造船所の経営状況（表5-7）や1900年代から1910年代初めにかけての香港の太古ドックの経営

第Ⅱ部　アジアにおける工業化の端緒

表5-3　太古ドックの賃金表, 1913年

LABOUR					Sycee
European Foreman's Superintendence			per	day	12.00
Chinese Machine man			〃	〃	1.50
〃	〃	Assistant			0.75
〃	Pattern maker		〃	〃	1.50
〃	Boiler maker		〃	〃	1.50
〃	〃	Leading	〃	〃	2.00
〃	Copper smith		〃	〃	1.50
〃	〃	Assistant	〃	〃	0.75
〃	Tin smith		〃	〃	1.50
〃	Brass Finisher		〃	〃	1.50
〃	Plumber		〃	〃	1.50
〃	Fitter		〃	〃	1.50
〃	〃	Leading	〃	〃	2.00
〃	〃	Assistant	〃	〃	0.75
〃	Carpenter		〃	〃	0.90
〃	〃	Leading	〃	〃	1.50
〃	Joiner		〃	〃	0.90
〃	Caulker		〃	〃	0.85
〃	Polisher		〃	〃	0.75
〃	Painter		〃	〃	0.70
〃	Brick layer		〃	〃	0.85
〃	Dock Labourer		〃	〃	0.60
〃	Boiler Boy		〃	〃	0.50
〃	Moulder		〃	〃	1.50
〃	Blacksmith				1.50
〃	〃	Assistant	〃	〃	0.75

出典：The papers of John Swire and Sons Ltd. (SOAS)
注：史料の原タイトルは PRICE LIST OF LABOUR AND MATERIALS
　　(Memorandum of agreement, 2nd May, 1913, Box 2016, 内)。
　　太古ドックが香港黄埔ドックと業務提携協定を締結した時の附属文書。
　　Agreement between Hong Kong and Whampoa Dock Co and Taikoo
　　Dock & Engineering Co. to pool trade with a list of labour and materials
　　prices as of May 1913.

状況（表5-8）と比較すると，ボイド，ファーナム両社の1890年代の好調ぶり
は明白である。

　好調な業績を支えた主な要因は，上海における商工業全般の発展に求められ
ることを，両社とも株主総会に向けた営業報告の中で指摘している（NCH
1894.6.15, 1896.9.25）。加えて，特に1895年から96年にかけては，日清戦争の

第 5 章　近代中国における機械工業の発展

表5-4　上海の大造船所の労働者賃金，1918年

職　種　別	単　位	賃銀（元）
機械工	1人1日	1.20
大工	〃	0.95
旋盤工	〃	1.05
鍛冶工	〃	1.30
銅工	〃	1.20
塗料工	〃	0.90
製缶工　組長	〃	2.00
鋲打工	〃	1.40
孔開工	〃	1.20
塡隙工	〃	1.20
当盤工等	〃	0.60
人夫	〃	0.30
倉庫掛	1人1ヶ月	20.00

出典：逓信省臨時調査局（1918：10）。

表5-5　ボイド造船の営業成績，1891〜98年

営業年度	経常利益（両）	資本金（両）	資本金経常利益率（％）	売上高（両）	売上高経常利益率（％）	配当率（％）	配当金（両）
1891	142,302.57	800,000.00	17.79	493,191.13	28.85	12.00	93,600.00
1892	122,327.81	800,000.00	15.29	…	…	10.00	78,000.00
1893	140,991.39	800,000.00	17.62	…	…	10.00	78,000.00
1894	134,573.38	800,000.00	16.82	…	…	12.00	93,600.00
1895	242,760.19	800,000.00	30.35	…	…	15.00	117,000.00
1896	115,474.86	800,000.00	14.43	…	…	12.00	93,600.00
1897	184,543.30	800,000.00	23.07	…	…	15.00	117,000.00
1898	170,146.51	800,000.00	21.27	…	…	14.00	109,200.00

出典：*North China Herald* 掲載の各年度営業報告。
注：(1)　営業年度は，当該年の5月1日から翌年4月30日まで。
　　(2)　配当は普通株78万両が対象。

表5-6　ファーナム造船の営業成績，1892〜99年

営業年度	経常利益（両）	資本金（両）	資本金経常利益率（％）	売上高（両）	売上高経常利益率（％）	配当率（％）	配当金（両）
1892	101,128.13	750,000.00	13.48	480,904.17	21.03	9.00	67,500.00
1893	157,258.58	750,000.00	20.97	534,365.92	29.43	11.00	82,500.00
1894	164,850.00	750,000.00	21.98	…	…	12.00	90,000.00
1895	190,613.55	750,000.00	25.42	929,530.71	20.51	14.00	105,000.00
1896	180,318.92	750,000.00	24.04	886,361.21	20.34	12.00	90,000.00
1897	176,107.55	750,000.00	23.48	…	…	12.00	90,000.00
1898	197,835.64	750,000.00	26.38	…	…	15.00	112,500.00
1899	…	800,000.00	…	…	…	15.00	120,000.00

出典：*North China Herald* 掲載の各年度営業報告。
注：営業年度は，当該年の7月1日から翌年6月30日まで。

第Ⅱ部　アジアにおける工業化の端緒

表5-7　三菱長崎造船所の営業成績，1884～93年

年	作業高 (a) (1,000円)	経　費 (b) (1,000円)	利　益 (c) (1,000円)	売上高利益率 %
1884	167	136	41	24.6
1885	214	179	51	23.8
1886	251	186	65	25.9
1887	237	202	36	15.2
1888	366	304	58	15.8
1889	375	322	55	14.7
1890	483	411	61	12.6
1891	649	482	55	8.5
1892	518	378	49	9.5
1893	469	375	64	13.6

出典：井上（1990：63，71）．ただし1884年は7-12月分のみ。
注：(1)　売上高利益率＝c÷a×100で算出。
　　(2)　a－b＝c とはならない。詳細は不明。

表5-8　太古ドックの営業成績，1908～14年

年次	払込資本金 (a) (£)	損　益 (b) (£)	資本金利益率 (%)
1908	274,600	—	—
1909	376,600	-10,271	-2.7
1910	376,600	-21,552	-5.7
1911	376,600	-15,294	-4.1
1912	376,600	-6,465	-1.7
1913	776,600	32,571	4.2
1914	776,600	26,790	3.4

出典：Sugiyama（1987：193）．
注：資本金利益率＝b÷a×100で算出。

　後に軍用艦船の修理作業が日本で激増し一時的にドックが不足するようになり，その余波で上海の船舶修理業に一種の特需が生まれたことも影響した（*NCH* 1896.7.31，9.25）。

　とはいえ必ずしも全てが順調に推移していたわけではない。例えば1895年，ボイド社は，営業総額は過去最大を記録したにもかかわらず，利益はそれに見合うものではなかったとし，収益力が低下していることを認めた（*NCH* 1895.7.26）。さらに1890年代末になると，原料費と賃銀の上昇を収益力低下の原因とするようになっている（*NCH* 1899.7.10）。この頃になると，前にも述べ

たように上海にあっては新興のドイツ資本系造船所との間で価格切下げ競争を強いられ，国際市場では日本の造船業の追撃に遭遇し，造船価格を引きあげられない状態に追い込まれていた。

日清戦争の終結以降，長江内河航運の事情にも変化が生じていた。1898年には遅ればせながら日本も長江の内河航運に参入している。大阪商船が開設した上海—漢口航路であり，大阪鉄工所で建造された大井川丸（651トン）と天竜川丸（652トン）が使用された（片山 1996：190-193）。翌1899年には川崎造船所が日本で初めて建造した河川用軽喫水船，大元丸（1695トン）が漢口—宜昌間航路に投入された（松浦 2005：158-167）。

こうして19世紀末，長江航運と上海造船業を取り巻く環境が大きく変化する中，外資系造船2社は，新たな設備投資を行うことによって巻き返しを図ろうとする。ファーナム社は1897年から大型の外航船建造にも対応できるドックの新設に踏み切っていたし（NCH 1897.9.3, 1899.9.11），ボイド社も本国同様の最新鋭機器を導入し，製造コストを低減し生産の効率化をめざす方向性を1899年の株主総会で打ち出した（NCH 1899.7.10）。しかし，配当金を抑え設備投資を増やす方針は，毎年の短期的利益を追い求める株主からは，なかなか了承を得にくいものであった。ファーナム社の経営者は「当面の利益の増加ではなく長期的な見返りの増加に依拠する」ことを株主に訴えている（NCH 1900.9.19）。結局，20世紀初め，ボイド，ファーナムの両社は合併によって体力を強化し生き残り策を模索していくことになる。

その後の経緯を簡潔に要約した日本の外交官の報告を引用しておこう。「『ファナム，ボイド』会社トハ明治三十三年頃迄各分立相競争セシ造船会社三個ノ合同シタルモノニシテ，其当時ニアリテハ上海ニ於ケル造船業ハ全ク其独占ニ帰シタルヲ以テ非常ノ利益配当ヲナシタリシガ，独占事業ノ余弊トシテ造船価格意外ニ高価ナルニ至リ，追々本邦或ハ香港ニ事業ヲ奪ハルルノミナラス，上海ニアリテモ小造船所続起シ，再ヒ従前ノ如ク競争ノ地位ニ立タサルヘカラサルニ至リ利益配当モ減少セシカハ，本年四月一日清算ノ上同社ヲ解散シ名ヲ『上海ドックエンジニヤーイング』会社ト改メ，旧会社ノ全財産ヲ之レニ引継キタルモノナリ」（外務省通商局 1907：561）。一方，8年後の報告である外務省（1915）は，上記の文章に続けて，その後の状況について「合同後ハ暫ラク利益アリシガ，其後ノ営業成績良好ナラス，特ニ多数ノ船渠及工場ヲ不経済的ニ

第Ⅱ部　アジアにおける工業化の端緒

放任シ置キテハ経費ノ点ニ於テ少ナカラザル損失アリ」と記した。

　注目される点は，①1901年，両社を中心とする３社の大型合併で誕生した新会社は，一時，上海の造船市場で独占的な優位を確保することに成功し，多くの利益を得て高配当を実施した，②しかし製品価格が高かったため日本，香港，上海市内の他の小造船所などに市場を奪われ，業績が悪化した，③製品価格の高さは独占に由来するものであった，などである。有力３社間の価格引下げ競争を回避するとともに，設備更新を進め競争力を強化するため，大型合併を実施したにもかかわらず，海外勢を含む他社が市場に参入し低価格路線を採ったため，結局，販路を確保できず業績が悪化した，ということになる。これは，結局のところ，ボイド，ファーナム両社が多額の利益を得ていた1880年代から90年代にかけ，その多くを株主への配当金に回してしまい，十分に新たな設備投資を進め価格競争力を高める努力を怠っていた結果にほかならない。

4　グローバル経済史への含意

　以上で述べてきたように，1860年代から70年代にかけ成立した上海の外資系造船業は，その後1880年代から90年代にかけ，長江沿いの貿易に適した河川航行用汽船の建造という独自の市場を確保し，中国経済と世界経済の拡大に結びつきながら，ボイド，ファーナム両社を中心に急成長していくことになった。こうした19世紀上海における外国資本造船業の発展は，近代中国経済にとって大きな意味を持つものになった。その意味を３つの角度から整理しておきたい。

　まず第一に，それは，近代中国における機械工業の技術移転の最初の重要な場になった。1000トンクラスの鋼鉄製汽船建造のためには，正確な金属加工はもちろんのこと，蒸気エンジンの部品を製造し，組み立てていく機械製造に関わる設備や技術も必要になる。したがって19世紀上海における造船業の発展は，たんに造船造機に必要な機械設備の導入を促したということにとどまらず，機械工業分野で多数の熟練労働者の養成を進めた点において，上海の工業化全体に持続的な影響をもたらすことになった。

　技術者については，上海ドックの場合，1918年の時点でも全てスコットランド出身のイギリス人であったし，江南機器局から分離独立して成立した江南造船も，その技術陣はイギリス人によって占められていた（逓信省臨時調査局

102

第 5 章　近代中国における機械工業の発展

1918：7-8）。一方，1902年，同じ上海に設立され1906年から小規模な造船事業
に乗り出した中国人経営の求新機器製造輪船廠の場合，「経営者ハ仏国ノ工業
学校ニ学ヒタル支那人朱子堯〔正しくは朱志堯〕氏ニシテ……技師其ノ他全部支
那人ヲ以テ組織セラル」（逓信省臨時調査局 1918：8）と報告されているように，
造船技術を担ったのは，主に外資系造船所から移ってきた中国人熟練機械工で
あった（上海市工商行政管理局・上海市第一機電工業局 機器工業史料組 1979：
139-152，281-302）。この時期になると，福州の馬尾船政局附設船政学堂のよう
な教育施設を通じて，あるいはまた海外留学の機会を通じて，外資系造船業と
は別の径路で中国人技術者が育ちつつあったことも指摘されている（辛 1999：
293）。求新廠の朱志堯（1863-1955）は，復旦大学創立者として知られる馬相伯，
外交官馬建忠の甥に当たり（母の馬建淑が馬相伯，馬建忠の姉），1880年代に叔父
馬建忠に随行し欧米で機械工場を視察する機会を得ていた。

　ただし求新機器製造輪船廠は，原料の鋼材価格の高騰などで経営的に失敗し，
1919年，フランス資本に実質的に買収され，技術者も外国人に代わった。この
時期，中国人造船技術者の数はまだ少なく，1880年代末以降，自国人技術者の
成長がめざましかった日本のような状況（井上 1990：122-125）は，まだ生まれ
ていない。1920年代から30年代にかけ同済大学，呉淞商船専科学校，交通大学
などで徐々に人材養成が進み，中国造船工程学会という中国の造船技術者の学
会が成立するのは1943年のことになった（辛 1999：294-306）。

　第二に，19世紀上海の外資系造船業が果たした重要な役割の1つは，大規模
な造船所の下に多くの下請け工場が簇生したことから，中国の民間資本の機械
工業の発展を促すことになったことである。

　上海で最初に設立された機械工場は，1866年，虹口の船舶補修用ドックの向
かいに設立された発昌機器廠である。老船塢（Old Dock）と呼ばれ，1872年に
はファーナム社のものとなっていた（NCH 1872.9.7）そのドックで，発昌機
器廠は，船舶補修時に必要となる部品類を製造していた。創設者は広東人の鍛
冶職人であり，設立当初は職人４，５人を備う小規模な作業場に過ぎなかった
が，1873年の新聞報道をみると，すでに旋盤などの機械類を用いていたことを
確認することができる。同機器廠は1870年代から80年代にかけ発展を続け，
1890年頃には200人ほどの労働者を抱えるようになったが，1900年頃，ファー
ナム社に吸収合併された（上海市工商行政管理局・上海市第一機電工業局 機器工業

103

第Ⅱ部　アジアにおける工業化の端緒

史料組 1979：74-88）。

　この時期，同様に上海のドック，もしくは造船所に部品類を供給するために設立された機械工場として，やはり広東人の鍛冶職人が設立した建昌銅鉄機器廠（1875年頃設立），遠昌機器廠（1880年頃設立），合昌機器廠（1881年設立），南京人が設立した鄧泰記機器廠（1875年頃設立），寧波人が設立した永昌機器廠（1882年設立）などがあり，中には製糸器製造に乗り出す工場も出現していた（上海市工商行政管理局・上海市第一機電工業局　機器工業史料組 1979：88-102）。こうして上海に簇生するようになった中小の機械工場の１つが，1930年代半ばには1000人近い労働者を雇用する大規模機械工場に成長する大隆機器廠（1902年設立）にほかならない（上海社会科学院経済研究所編 1980：2-4）。

　1918年当時，上海にあった小規模機械工業に関し，日本人技術者は次のように報告している。「小造船所及町工場ノ経営者ハ一，二外人経営ノモノヲ除キ全部支那人ニシテ上海又ハ香港ノ大造船所ニ於テ斯業ヲ習得シタル職工組長，伍長等ニシテ独立自営ヲ企図シタル者十中八，九ヲ占ム」（通信省臨時調査局 1918：9）。19世紀の上海及び香港の外資系造船所は，上海機械工業の揺籃の地になったといっても決して過言ではない。[3]

　第三に，19世紀上海の外資系造船業は，近代中国の水上交通の発展を促進した。すでに詳述したように，ファーナム・ボイド両社の存在によって内河・沿海の定期航路を支える汽船が安定的に建造され，市場に供給されるようになり，タグボートや内陸都市間を結ぶ小型客船も建造された。さらに，それほど大きな意味は持たなかったとはいえ，軍用艦艇の製造を通じ，近代中国の海軍力の強化にも貢献した。

　以上のような意味を持っていた半面，19世紀上海の外資系造船業は，かなり大きな限界を抱えていたことにも注意しておく必要がある。製造技術の面でいえば，内河・沿海航路用に特化した造船業になっていたため，市場規模が格段に大きい外航船市場に参入するのは容易ではなかった，ということが指摘されなければならない。また資金運用という点でいえば，高配当を続ける一方，内部蓄積は疎かにされ，技術の革新は遅れをとることになった。一言でいえば，長期の設備投資よりは短期の利益分配に重点を置いた企業経営に陥っていた傾向がある。1890年代末，ファーナム・ボイド両社がともに新たな大型の設備投資に踏み切り，大合併に乗り出したのは，まさにそうした課題を意識したため

第 5 章　近代中国における機械工業の発展

であったと考えられる。

　こうして19世紀世界経済の拡大と長江航路の繁栄の下，上海の外資系造船業の発展は，中国で近代的機械工業が発達する重要な一契機になった。イギリス船によるものが大きな比重を占めた対外貿易，主に欧米人によって担われた造船所設立資金，そしてスコットランドからもたらされた造船造機の技術など，いわばグローバルな要因が不可欠の役割を果たしたことは明らかである。ただし，それを可能にした条件として，そうした造船所が雇用し養成することのできた労働者が存在し，大造船所の下に下請け機械工場を設立した在来商工業者があったこと，長江航路の急拡大の基礎には在来の商品流通網があったことなど，中国経済の内在的な要因が存在したことも見落とすべきではない。

　　注
(1)　日本語文献では，戦前の平瀬巳之吉『近代支那経済史』（中央公論社，1942年）
　　　以来，波多野善大『中国近代工業史の研究』（東洋史研究会，1961年），島一郎『中
　　　国民族工業の展開』（ミネルヴァ書房，1978年），池田誠ほか共著『中国工業化の歴
　　　史——近現代工業発展の歴史と現実』（法律文化社，1982年）に至るまで，洋務運
　　　動に関わる動きや20世紀になってから顕著になる中国人経営の製造業に注意が向け
　　　られてきた半面，本章で取り上げる外資による造船業は論じられてこなかった。
　　　　上記の『中国民族工業の展開』や『中国工業化の歴史』などの叙述の基礎になっ
　　　ているのは，湖北大学政治経済学教研室編『中国近代国民経済史講義』（高等教育
　　　出版社，1958年）という中国語文献である。これは体系的なテキストで邦訳も出さ
　　　れたため，影響が大きかった。同書の「第五講　中国資本主義近代工業的産生」は，
　　　「第一節　清政府創辦的近代軍事工業及其性質，第二節　官辦及官督商辦（官商合
　　　辦）的民用企業，第三節　民族資本経営的近代工業」の 3 つの節で近代工業の源流
　　　を描きだしている（205-246頁）。この中に外資造船業は入っていない。しかし，同
　　　書がそれに全く触れていないわけではなく，第五講の前の「第四講　中国自然経済
　　　結構的初歩瓦解与資本主義工業産生諸前提条件的形成」に「第一節　外国資本主義
　　　経済侵略的加強」という「一，商品輸入的激増」と「二，外人在華投資的増長」に
　　　分かれた節が置かれ（158-204頁），後者の168頁で外資造船業の存在に言及がある。
　　　こうした叙述の最大の問題は，中国近代工業の発展と切り離し，外資の造船業を
　　　扱っている点にある。
　　　　中国では，文革が終結し改革開放政策が始まった1980年代以降，外資造船業に関
　　　しても言及されるようになった。例えば祝慈寿『中国近代工業史』（重慶出版社，
　　　1989年）の「第三章　中国近代工業的発生与初期情況」は「第一節　中国近代工業

105

発生時期的資本来源与創辦過程，第二節　甲午戦争前外資在華経営的近代工業，第三節　清季的用務思想与官府近代工業，第四節　民族資本初期経営的近代工業」という構成になっており，第二節の中で外資造船業について触れている（206-212頁）。しかし，近現代中国の工業発展の中でいかなる意味を持ったのかは論じられていない。また同時期に刊行された中国近代経済史のテキストの場合，外資造船業に関する詳細な叙述がみられるとはいえ，依然として外国の対華経済侵略という文脈で語られ，中国の工業発展の中に位置づけられていない。厳中平編『中国近代経済史（1840-1894）』上下（人民出版社，1989年），許滌新・呉承明主編『中国資本主義発展史　第二巻　旧民主主義革命時期的中国資本主義』（人民出版社，1990年）など参照。前者は，汪（1983）の一部をそのまま引用している。

(2)　例えば上海の江南製造局の場合，1890年代初めの時点で，約2.7ヘクタールの敷地に機械工場，銃砲製造工場などが建ち並び，旋盤などの工作機械662台を備え，労働者2913人が働いていた（上海社会科学院経済研究所　1983：30）。

(3)　島（1984）は，主に上海市工商行政管理局・上海市第一機電工業局　機器工業史料組（1979）に基づき，19世紀から20世紀半ばにかけての上海における中国資本機械工業の発展過程を考察した研究であった。ただし「欧米の機械・技術は，これら工廠〔造船所をはじめとする欧米資本の工場を指す——引用者〕の雇用労働者や下請け手工業者により習得・伝播され，それが民族機械工業発生の契機となった」としながらも，「外資造船業は半封建・半植民地体制の機械工業における端的な反映」との否定的評価を前提に置いていた（島　1984：260）。冒頭に述べたような，人民共和国における経済史研究の民族主義的，政治主義的な偏向に強く影響されていたといえよう。

参考文献

井上洋一郎（1990）『日本近代造船業の展開』ミネルヴァ書房。

植田捷雄（1939）『在支列国権益概説』厳松堂書店。

外務省通商局（1907〔1906執筆〕）『清国事情』第壱輯，外務省通商局。

外務省（1915）在上海総領事　有吉　明「上海ニ於ケル造船及造機業ニ関スル調整報告ノ件」1915.2.25（外務省外交史料館　3門6類3項，船渠及造船業関係雑件1）。

片山邦雄（1996）『近代日本海運とアジア』御茶の水書房。

菊池敏夫（1992）『清朝と東アジア』山川出版社。

久保亨（2009）『20世紀中国経済史の探究』信州大学人文学部。

島一郎（1984）「近代中国における民族機械工業の展開——その沿革と生産構造」『（同志社大学）経済学論叢』第33巻第2・3・4号。

鈴木淳（1996）『明治の機械工業——その生成と展開』ミネルヴァ書房。

鈴木智雄（1992）『洋務運動の研究』汲古書院。

第 5 章　近代中国における機械工業の発展

逓信省臨時調査局（1918）『揚子江沿岸ニ於ケル造船造機業（海事部報告第11号）』（執筆者は逓信省技師小川良平）逓信省臨時調査局。

中西洋（1983）『日本近代化の基礎構造』中巻，東京大学出版会。

古山隆志（1977）「五・四期上海造船業労働者についての基礎的検討」『中国労働運動史研究』第 1 号。

松浦章（2005）『近代中国台湾航路の研究』清文堂出版。

水野幸吉（1907）『漢口』冨山房。

江天鳳編（1992）『長江航運史（近代部分）』人民交通出版社。

馬超俊（1992）『馬超俊先生訪問紀録』中央研究院近代史研究所。

聶宝璋編（1983）『中国近代航運史資料』第一輯上冊，上海人民出版社。

上海社会科学院経済研究所（1983）『江南造船廠史』江蘇人民出版社。

上海市工商行政管理局・上海市第一機電工業局 機器工業史料組編（1979〔初版1964〕）『上海民族機器工業』上巻，中華書局。

上海社会科学院経済研究所編（1980〔初版1958〕）『大隆機器廠的産生，発展和改造』上海人民出版社。

孫毓棠編（1957a）『中国近代工業史資料』第一輯，上・下，科学出版社。

孫毓棠（1957b）「十九世紀後半葉中国近代工業的発生――"中国近代工業史資料第一（1840-1895年）"序言」『経済研究』1957年第 1 。

孫毓棠（1981）『抗戈集』中華書局。

辛元欧（1999）『中国近代船舶工業史』上海古籍出版社。

汪敬虞編（1957）『中国近代工業史資料』第二輯，上・下，科学出版社。

汪敬虞（1965a）「関於十九世紀外国在華船舶修造工業的史料」『経済研究』1965年第 5 期。

汪敬虞（1965b）「関於十九世紀外国在華船舶修造工業的史料(続)」『経済研究』1965年第 6 期。

汪敬虞（1983）『十九世紀西方資本主義対中国的経済侵略』人民出版社。

王志毅（1986）『中国近代造船史』海洋出版社。

Blechynden, John N. (1995) "John N Blechynden of The Roundell", *Journal of the Nelson and Marlborough Historical Societies*, Volume 2, Issue 6, 1995.（nzetc. victoria.ac.nz/tm/.../tei-NHSJ05_06-t1-body1-d10.html　2017.6.8閲覧）

China: Imperial Maritime Customs (1893), *Decennial Reports on the Trade, Navigation, Industries, Etc., of the Ports Open to Foreign Commerce in China and Korea, and on the Condition and Development of the Treaty Port Provinces, 1882-91,* First issue, Shanghai: Statistical Department of the Inspectorate General of CustomsDecennial Reports on the Trade.

China: Imperial Maritime Customs (1904), *Decennial Reports on the Trade,*

第Ⅱ部　アジアにおける工業化の端緒

Navigation, Industries, Etc. of the Port Open to Foreign Commerce in China and on the Condition and Development of the Treaty Port Provinces, 1892-1901 with Maps, Diagrams, and Plans, Second Issue, vol. I Northern and Yangtze Ports (Statistical Series: No. 6) Shanghai: Statistical Department of the Inspectorate General of Customs.

China: The Maritime Customs (1913), Decennial Reports on the Trade, Industries, Etc. of the Port Open to Foreign Commerce and on the Condition and Development of the Treaty Port Provinces, 1902-11, Third Issue, vol. II Southern and Frontier Ports (Statistical Series: No. 6) Shanghai: Statistical Department of the Inspectorate General of Customs.

Eitel, Ernes John (1895), Europe in China: The History of Hongkong, From the beginning to the year 1882, Luzac & Company.

Hongkong & Whampoa Dock Co. Ltd. (1963), A Century Service in Hong Kong to Ships of All Flags, Hongkong & Whampoa Dock Co. Ltd.

Lanning, George and Couling, Samuel (1921), History of Shanghai, Shanghai: Kelly & Walsh.

Liu, Kwang-Ching（劉広京）(1962), Anglo-American Steamship Rivary in China, 1862-1874, Harvard University Press.

Mayers, William Frederick, Dennys, Nicholas Belfield and King, Charles (1867), The Treaty Ports of China and Japan: A Complete Guide to the Open Ports of Those Countries Together with Peking, Yedo, Hongkong and Macao, London: Trubner Hongkong: A. Shortrede.

Sugiyama, Shinya (1987), "A British Trading Firm in the Far East: John Swire & Sons, 1867-1914" in Business History of General Trading Companies.

Taikoo Dockyard & Engineering Co. of Hong Kong Ltd. (1953), Fifty Years of Shipbuilding and Repairing in the Far East, London: Technical Advertising Service.

UK Government (1880), Commercial Reports from Her Majesty's Consuls in China: 1879 (Presented to both Houses of Parliament by Command of Her Majesty, 1880).

Wright, Arnold ed. (1908), Twentieth Century Impressions of Hongkong, Shanghai and other Treaty Ports of China: Their History, People, Commerce, Industries, and Resources, London etc.: Lloyd's Greater Britain Publishing Co.

第6章
アジア石炭貿易における日本とインド

杉山伸也

1 グローバルヒストリーのなかの石炭

　19世紀後半期から第一次世界大戦までの時期には，欧米諸地域を中心とする産業化の進展に伴ってエネルギーとしての石炭に対する需要が急増し，石炭市場と石炭貿易に世界的規模の構造的な変動が生じた。アジアにおいても，ヨーロッパ諸国によるアジア貿易の拡大とともに貨客輸送の蒸気船が増加し，蒸気船燃料としての石炭に対する需要が飛躍的に増加した。各国の海軍及び海運会社にとって石炭補給地の確保は重要な課題であり，アジア地域においては上海，香港，シンガポール，コロンボなどが石炭市場として発展した。

　石炭貿易は，石炭の重量嵩高品としての特質により輸送コストが高いために，市場へのアクセスにおいては距離が重要な要因であった。そのため，石炭需要の増加とともに，石炭市場は地域的に収斂する傾向が強く，その結果，ヨーロッパとアジアの石炭市場は分断され，またアジア域内の石炭市場もしだいに分化していった。本章で対象とするシンガポール及びコロンボは，インド洋海域と東アジア・オーストラリアとをリンクする石炭市場として重要な位置をしめていた。

　アジア市場における石炭は，主要貿易都市における産業用の需要は限られ，主として船舶用燃料炭あるいは底荷として使用されたが，蒸気機関や内燃機関の改良により，中下等炭や粉炭も上等炭（塊炭）との「混炭」として使用されるようになるにつれて，石炭市場の規模も拡大した。石炭の競争力は基本的に炭質と炭価によって規定されるが，炭質に優れ，しかも一定の供給量が保証された上等炭は，海運会社など大口の需要先と半年あるいは1年の約定で取引され，一般市場における取引は限られていた。

第Ⅱ部　アジアにおける工業化の端緒

　海外市場における炭価は，主に山元生産費（あるいは輸出価格）と海上運賃から構成されるが，石炭企業にとって海上運賃は基本的に外生変数であり，競争力強化のための価格面で対応可能な方策は，山元生産費の引下げに限られた。石炭産業は労働集約的産業であるために労賃部分のしめる割合が大きく[1]，従って生産費引下げのためには機械化による生産部門の合理化と生産性の上昇（その多くは採炭夫の労働強化を伴う）が重要な要因となった。

　本章では，グローバルヒストリーのキーワードである「関係史」と「比較史」との統合をめざす「比較関係史」の試みとして，19世紀後半から第一次世界大戦までのシンガポール及びコロンボの両石炭市場における日本炭とインド炭の競合関係の検討を通じて，日印両国の石炭輸出と石炭産業の発展について，資本，市場，機械化，労働力などに焦点をあてて考察する。

2　東南アジア・南アジアの石炭貿易──関係史的考察

（1）　シンガポール石炭市場

　シンガポールは東南アジアにおける最大の商業拠点であると同時に，東南アジア海域における軍事的戦略拠点としても重要な位置をしめていた。シンガポール石炭市場は，上海，香港市場に比較して，市場規模が小さく，市場拡大の速度は遅く，かつ炭価が高いという特徴をもっていた（杉山 2017：149）[2]。アジアの石炭市場について，「東洋ニ於ケル本品〔石炭〕ノ供給ハ英国炭，印度炭，濠州炭及本邦炭ノ支配スル處ニシテ英国炭ハ其品質ノ卓越セルニ依リ特種ノ販路ヲ支持シ印度炭，濠州炭及本邦炭ハ市場ノ遠近ニ依リ自ラ領域ヲ画シ新嘉坡ヲ限界トシテ互ニ接触ヲ保ツノ状態ナル」（大蔵省主税局 1912：237）と指摘されているように，シンガポールは，日本炭，オーストラリア炭，インド炭にとって距離的に自由競争の可能な「限界」に位置する市場であった。

　表6‐1は，1880～1914年におけるシンガポール石炭市場の構造を示している。シンガポール市場の規模は，1880年代には清仏戦争（1884～85年）の時期を除いて30～40万トン前後，90年代半ばに40万トン，90年代末に50万トンで推移したのち，1912年までは60万トン規模であった。こうした輸入量停滞の要因は，スマトラ島サバンで年5～6万トンの船舶用燃料炭が積載されるようになったことによる（三井物産 1908：158, 161；外務省通商局 1909：18）。英国炭は，

第 6 章　アジア石炭貿易における日本とインド

表 6-1　シンガポール石炭市場，1880〜1914年（年平均，単位：トン）

年	イギリス	オーストラリア	日　本	イ ン ド
1881〜85	286,797 (93.1)	17,534 (5.4)	2,215 (0.6)	
1886〜90	246,317 (75.8)	32,750 (9.9)	37,800 (11.3)	3,256 (1.0)
1891〜95	174,145 (46.6)	49,990 (13.7)	122,650 (30.8)	9,529 (2.5)
1896〜1900	82,305 (15.5)	54,551 (10.2)	301,234 (55.2)	62,378 (11.3)
1901〜05	54,372 (9.1)	45,515 (7.6)	382,807 (63.9)	99,650 (16.7)
1906〜10	50,099 (8.0)	139,631 (22.1)	236,606 (38.7)	140,614 (22.2)
1911〜14	24,227 (3.3)	113,893 (15.4)	446,756 (60.1)	75,993 (10.5)

年	その他のアジア	南アフリカ	総計（その他とも）
1881〜85	2,392 (0.7)		309,194 (100)
1886〜90	6,299 (1.9)		326,422 (100)
1891〜95	25,793 (6.4)		382,418 (100)
1896〜1900	38,531 (7.5)		540,400 (100)
1901〜05	16,178 (2.7)		598,525 (100)
1906〜10	54,434 (8.9)		621,383 (100)
1911〜14	61,880 (8.1)	20,646 (2.7)	743,394 (100)

出典：Straits Settlements（1881-1914）。
注：(1)（　）内は％。(2) 1902年の原表の合計は'507,469'であるが，内訳と一致しないので訂正した。(3) インドは1890年までは「英領インド」，91年以降は「カルカッタ」。(4)「その他のアジア」はラブアン，英領ボルネオ（サラワク），蘭領ボルネオ，スマトラ，仏印，中国などである。

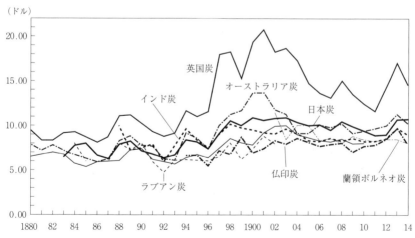

図 6-1　シンガポール輸入炭価格の動向，1880〜1914年（単位：シンガポール・ドル）
出典：Straits Settlements（1880-1914）より作成。

第Ⅱ部　アジアにおける工業化の端緒

1880年代には25万トン前後で市場をほぼ独占していたが，80年代末になると
オーストラリア炭，日本炭の増加に伴ってシェアは70％にまで減少し，90年代
に入ると急減した。その理由は，主に軍艦用に使用される英国炭（カーディフ
炭）を別にして，ヨーロッパ大陸の産業化の進展に伴って英国炭の大陸向け輸
出が増加したことによる（Thomas 1903：508）。

　シンガポールにおける日本炭の輸入統計は1883年以降判明するが，日本炭は，
93年以降銀価低落の影響をうけて急増し（貨幣制度調査会 1895：503），96年には
英国炭及びオーストラリア炭に代替して50％のシェアをしめるまでになった。
日本炭の輸入にとって大きな転機となったのは日露戦争で，日露戦後の国内需
要の増加により日本からの石炭輸出が鈍化したのに対して，インド炭，ボルネ
オ，ホンゲー（鴻基）炭などのアジア炭の輸入量は増加し，またオーストラリ
ア炭も低炭価になり，市場を回復した（三井物産 1908：158）（表6-1，図6-1）。

　アジア炭の中でもインド炭は，1897年以降英国炭，オーストラリア炭を凌い
で急増し，特に日本炭が日露戦後の不況で急減した1906年には40％弱のシェア
をしめてシンガポール市場における最大の供給国になった。インド炭は灰分が
多いために脆く，品質はよくなかったが，1905年の三井物産支店長諮問会議に
おいて三井鉱山専務理事団琢磨は，「印度炭ノ恐ルヘキハ之ヲ採掘スルニ極メ
テ手数ヲ要セス資本金モ亦多クヲ要セサル事」にあると指摘している（三井物
産 1905：29）。日本炭の回復とともにインド炭の輸入量は減少したが，日本炭
の価格が10ドル前後であったのに対して，インド炭は8～9ドルで，強力な競
合炭であった（図6-1）。しかし，インド炭は内地における需要増加とコロン
ボへの輸出増加により，また「カルカツタ新嘉坡間石炭運賃ハ門司同港間運賃
ヨリ遙ニ高率」（外務省通商局 1907b：40）であったために，シンガポール市
場におけるインド炭輸入量は急減した。

　シンガポール市場における日本からの輸入炭の中心は，1890年代後半期には
門司炭（田川炭など筑豊炭）であったが，20世紀に入ると三池炭が最多となった
（外務省通商局 1900：6；外務省通商局 1906：16）。シンガポールにおける大手石炭
輸入商は，三井物産，マンスフィールド商会（W. Mansfield & Co.），パターソ
ン・サイモンズ商会（Paterson, Simons & Co.），ボルネオ商会（Borneo & Co.），
ボーステッド商会（Boustead & Co.）などで，中でも三井物産は最大の輸入商と
して，1900年頃には石炭輸入量の20～30％を取り扱い，日露戦後には日本炭輸

112

第 6 章　アジア石炭貿易における日本とインド

表6-2　コロンボ石炭市場，1897〜1914年（年平均，単位：1,000トン）

年　度	英　国	インド	日　本	その他	合　計
1897〜1900	285 (59.8)	178 (35.9)	10 (1.9)	11	484 (100)
1901〜05	269 (46.2)	293 (49.7)	19 (3.3)	5	586 (100)
1906〜10	299 (45.0)	347 (51.5)	13 (2.1)	9	668 (100)
1911〜14	259 (36.5)	396 (54.1)	34 (4.5)	34	723 (100)

出典：外務省通商局（1907b，1910a，1912a）；ICC（1925：163）。
注：（　）内は％。政府用は除く。ただし，政府用としてインドから7万トン強が輸入されている。

入量の約90％を取り扱った（外務省通商局 1898：10-11；外務省通商局 1900：6-7；君塚 1905：268-274，290；三井物産 1908：158）。

　1907年以降も日本炭がシンガポール市場において一定のシェアを維持することができた理由は，1911年の辛亥革命前後の中国をめぐる政治的緊張に伴う軍事用石炭の増加，英国及びオーストラリアの炭鉱ストライキに伴う船舶不足と炭価騰貴，インド内地の需要増加や輸送機関の不足などの外生的要因により競合炭の輸入量が減少したために，日本炭需要が増加したことに起因する（大蔵省主税局編 1912：237；外務省通商局 1912d：34；三井物産 1913：8，403，404，421）。しかし，「此ノ機ニ乗シ本邦炭ハ従来ノ境界線タリシ新嘉坡ヲ越ヘ其以南砂盤，古倫母，孟買ノ市場ニ新需要ヲ喚起シ」たものの，「此等海外ノ新引合ハ恰好ナル船腹ヲ見出ス能ハザリシヲ以テ悉ク応ズルコト」ができなかった（三井物産 1912：19）。

（2）　コロンボ石炭市場

　表6-2は，コロンボにおける石炭輸入量を示している。コロンボ市場の年平均輸入量は，1900年代には60万トン前後，1910年代前半には70〜80万トンに達しており，コロンボはシンガポールにほぼ匹敵する規模の大市場であった。コロンボにおける輸入炭は大部分がバンカー・コールで，90％以上が英国及びインドから輸入されていたが，1908年以降はインド炭が英国炭に対して優勢な位置をしめた（ICC 1925：9）。日本炭は，インド炭に競争を挑んだものの，1913年を除いて多くても3万トン前後に過ぎず，「往年本邦炭ハ錫蘭ニ於テ印度炭ト競争ヲ試ミタリシカ遂ニ新嘉坡ニ退却スルノ止ムナキニ至レリ」（外務省通商局 1912b：33）という。

113

第Ⅱ部　アジアにおける工業化の端緒

表6-3　日本の石炭産業の動向，1886〜1914年（年平均）

年	産炭量 （1,000トン）	輸出量 （1,000トン）	輸出比率 （％）	輸入量 （1,000トン）
1886〜90	2,061	924	44.9	8
1891〜95	3,772	1,518	40.4	33
1896〜1900	6,261	2,464	39.5	71
1901〜05	10,217	2,936	29.1	250
1906〜10	14,468	2,765	19.1	72
1911〜14	20,220	3,470	17.2	506

年	国内消費量 （1,000トン）	労働者数 （1,000人）	労働生産性 （1人当たりトン）
1886〜90	1,684		
1891〜95	2,425	42	99.6
1896〜1900	4,971	69	92.8
1901〜05	8,023	81	125.7
1906〜10	10,037	130	111.7
1911〜14	14,176	163	123.9

出典：農商務省総務局（1886-1914）；東洋経済新報社（1935）。
注：労働者数は各年6月末現在。1900年までの輸出量には外国船用が含まれている。

3　日本の石炭産業——比較史的考察

（1）　石炭貿易と輸出市場

　表6-3は，第一次世界大戦前の日本の石炭産業の動向をしめしている。日本の産炭量は，1874年の21万トンから83年に100万トン，96年に500万トン，1903年に1,000万トンに達し，13年には2,000万トンを凌駕した。当該期の日本は石炭輸出国で，1889〜1900年における輸出比率は約40％であったが，日露戦争を機とする国内需要の増加に伴い，輸出比率は20％弱に減少した。[3]それに対して石炭輸入量は1912年以降急増し，23年には輸入量が輸出量を凌駕し，日本は石炭輸入国に転換した。

　このように明治期の日本の石炭産業は，海外輸出に主導されて発展した。こうした輸出の発展が可能になったのは，機械化と生産性の上昇による生産費の低廉化にくわえて，1878年の口之津の特別輸出港指定と1904年の三池港完成による三池炭輸出の増加，88年の石炭輸出税の撤廃，89年門司の特別輸出港指定，

114

第 6 章　アジア石炭貿易における日本とインド

表 6 - 4　日本の石炭輸出市場，1886〜1914年（年平均，単位：1,000トン）

年	中　　国	香　　港	海 峡 植 民 地
1886〜90	256　(69.7)	143　(18.2)	7　(1.3)
1891〜95	409　(37.2)	521　(47.4)	112　(10.2)
1896〜1900	741　(39.7)	704　(37.9)	266　(16.2)
1901〜05	1,247　(42.4)	914　(31.2)	393　(13.4)
1906〜10	1,267　(46.3)	831　(30.0)	241　(8.6)
1911〜14	1,225　(35.5)	969　(28.0)	466　(13.4)

年	英 領 イ ン ド	フ ィ リ ピ ン	合計（その他とも）
1886〜90	3　(0.4)	15　(2.4)	465　(100)
1891〜95	7　(0.6)	28　(2.6)	1,106　(100)
1896〜1900	43　(2.3)	36　(1.7)	1,873　(100)
1901〜05	49　(1.7)	114　(3.8)	2,936　(100)
1906〜10	39　(1.4)	49　(1.7)	2,765　(100)
1911〜14	114　(3.2)	307　(8.8)	3,470　(100)

出典：大蔵省関税局（1886-1914）。
注：（ ）内は％。1886〜88年の「中国」には「香港」を含む。1900年までは外国艦船に船用とし
　て積載された石炭を除く。「海峡植民地」の記載は1902年以降で，それ以前は「英領インド」に
　含まれているので，「英領インド」向け輸出量からインドにおける日本炭輸入量を差し引いて算
　出した（外務省通商局 1910a：28-30）。

91年の九州鉄道・筑豊興業鉄道による筑豊・門司間の開通，若松港における新
式石炭積込機械の設置など制度的なインフラ整備，さらには石炭運搬用船舶の
増加や備船の充実による石炭運賃の低価格化などによるところも大きかった。
さらに国内の汽船・帆船及び鉄道（特に1906年の鉄道国有化以降）による石炭運
賃が相対的に低位に維持されたことにより，国内における石炭利用の普及に正
の効果がもたらされた（鉄道院 1916：772-836；東洋経済新報社 1927：361；松好・
安藤 1971：231-233；安場 1979）。

　表 6 - 4 は，日本の石炭輸出市場を示している。1880年代までは上海をはじ
めとする中国が主要市場であったが，90年代には香港向け輸出も増加し，さら
にシンガポールなど他のアジア諸港向けの輸出量が増加し，20世紀に入ると毎
年300万トン弱が輸出されるようになった。1902〜14年の平均輸出価格をみる
と，中国5.66円，香港6.02円，海峡植民地7.10円で，市場の遠距離化に伴って
相対的に上等炭が輸出されたことがわかる。ただし，シンガポール向けの平均
輸出価格は1906年以降低下傾向にあるので，中下等炭が増加したと推測される。
上等炭は主に船舶用燃料炭として海外輸出あるいは日本国内において外航船舶

115

第Ⅱ部　アジアにおける工業化の端緒

に積載され,「内地ハ先ツ海外ノ余リモノヽ捨場所」であった（三井物産 1905：
50）。日露戦争を機として日本国内の工場用需要が増加し，しだいに国内市場
向けに重心が移行するようになったが，こうした石炭市場の変化の中で，1910
年までは中国及び香港が輸出市場の70％以上をしめる主要市場であったのに対
して，シンガポールは1900年以降急増するものの，シェアでは10％強をしめる
第3位の副次的な輸出市場に過ぎなかった。

（2）　日本石炭産業の発展

　明治期における産炭地の中心は九州（福岡・長崎・佐賀）で，1886年には出炭
量1,374万トンのうち，高島炭鉱が24万トン（17.5％），三池炭鉱が29万トン
（21.0％），田川，新入，鯰田，本洞，忠隈など筑豊の諸炭鉱が36万トン
（26.2％）を産出し，これらの諸炭鉱で全国出炭量の64.7％をしめた（日本工学
会 1930：660）。

　高島，三池両炭鉱は1873年に官有となったのち，高島炭鉱は74年に後藤象二
郎に払い下げられ，81年には実質的に三菱の所有となった。三池炭鉱は，76年
に三井物産との間で官営三池炭の海外委託販売契約が締結されて海外輸出が開
始され，大浦坑につづいて七浦，勝立，宮の浦坑が開鑿され，88年に払い下げ
られて翌年三井組に譲渡された。筑豊炭田においては，田川，新入，鯰田，本
洞，忠隈，勝野などの諸炭鉱が貝島，麻生，安川など地方資本により開発され
たが，主力炭鉱の一部は80年代末以降三菱及び三井などの財閥系資本に買収さ
れた（三菱鉱業セメント 1976：73-81, 146-154；三井鉱山 1990：46-53）。

　九州における炭鉱会社の形態には個人経営と株式会社（合資会社）があり，
三井鉱山や三菱合資（1918年以降三菱鉱業）など全国的に事業を展開している財
閥系資本と貝島，麻生，安川などの地方資本にわけられるが，後者は系列の販
売機関をもたないために，三井物産や古河商店などと委託販売契約を締結する
ものが多かった（日本銀行調査局 1917：16-18）。1911年における企業別の全国出
炭高をみると，主要炭鉱企業は三井鉱山，三菱合資，北海道炭礦汽船，明治鉱
業（安川），貝島鉱業などで，三井が総出炭量の20.5％，三菱が14.3％をしめ
（表6-5），同年における個別炭鉱の年間出炭量では三池炭鉱が205万トンで群
を抜き，以下三井田川78万トン，大ノ浦76万トン，夕張第1坑57万トン，明治
54万トンであった（日本工学会 1930：652）。

第 6 章　アジア石炭貿易における日本とインド

表6-5　石炭企業別出炭高，1911年（単位：1,000トン）

会　社　名	出炭高（1,000トン）	主　要　炭　鉱
三井鉱山	3,608	三池，田川，本洞，山野
三菱合資	2,527	新入，鯰田，相知，金田，芳谷，高島
北海道炭礦汽船	1,090	夕張第1，幌内
明治鉱業	1,066	明治，豊国
貝島鉱業	1,060	大ノ浦
古河合名	571	
磐城炭砿	508	

出典：日本工学会（1930：655）。
注：出炭50万トン以上。

　石炭の用途別内訳をみると，1891〜1900年平均では輸出29.6％，船舶用25.1％，鉄道用6.0％，工場用28.6％，山元消費・製塩用などその他10.7％であったが，1901〜14年平均では輸出12.7％，船舶用25.3％，鉄道用7.7％，工場用33.2％，その他21.2％となり，20世紀になると輸出向けが国内産業用に代替されたことが知られる（杉山 2016：6）。

（3）　機械化の進展

　石炭生産における機械化は，運搬，排水，通気，選炭部門における蒸気機関の利用に伴って進展した（以下の記述は，主に日本工学会 1930：658-681；久保山 1939：170-318, 344-377）。採炭部門は，1880年代に火薬やダイナマイトによる発破用鑽孔作業に鑿岩機が使用されたが，基本的には鶴嘴などによる手労働に依存していた。

　輸出炭の主力であった高島炭鉱や三池炭鉱においては，比較的はやい時期から機械化が進展した。長崎のグラバー商会と佐賀藩の日英合弁企業として1869年に開坑した高島炭鉱は，当初から蒸気機関による捲上や排水など西洋式の採掘機械を導入した採炭が行われ，運搬用の軌道も敷設されていた（江頭 1935；杉山 2017：116-124；三菱鉱業セメント 1989：1-14）。三池炭鉱の機械化も官営時代から進められ，70年代後半以降蒸気機関による捲上機や坑内排水用ポンプ，運搬用無極索道機を使用され，90年代には電気の利用も進み，1900年前後から蒸気タービンによる坑内動力の電化が進んだ。鯰田や新入など筑豊の大規模炭鉱でも，遅れて機械化が進展した（田中 1984：301-367；東定 1990）。

第Ⅱ部　アジアにおける工業化の端緒

　坑内運搬は，1890年代には馬匹運搬から軌道による運搬に移行し，木製にかわって鉄製の炭車が使用されるようになった。坑内通気は，99年の豊国炭鉱のガス爆発以降，自然通気や排気扇風機から小型高速度の扇風機による通風が一般化したが，ガス爆発が頻発したために保安設備の整備が進み，安全灯が使用されるようになった。

　明治初期には塊炭のみ搬出され，粉炭は坑内に遺棄されるのが一般的であったが，石炭の用途及び使用量の拡大とともに坑内外で選炭が行われるようになった。選炭は品質の標準化にとって重要な過程で，坑内選炭（硬軟選別，塊粉選別，炭種選別）による略選ののち，坑外選炭で精選された。1890年代には機械選炭が行われるようになり，しだいに可動鉄条篩や揺動篩などの機械篩と手選による選別作業が行われ，大規模炭鉱においては水洗設備による洗炭も行われるようになった（日本工学会　1930：806-849；久保山　1939：344-377）。

　採炭方法は，炭層の深浅・厚薄・傾斜などにより異なるが，機械化の進展と出炭量の増加とともに，残柱式（あるいは柱房式）から長壁式採炭法に移行し，1900年代後半には筑豊炭田においても長壁式採炭法が普及した（日本工学会 1930：628-629，666-667）。

（4）　炭鉱労働者の確保——納屋制度から直轄制度へ

　明治初期の炭鉱では近隣農民の農閑期労働もみられた（土着鉱夫，地坑夫）が，石炭生産の拡大とともにしだいに労働者の確保がむずかしくなった。こうした炭鉱労働者の労働市場が未確立な状況の中で過渡的に重要な意味をもったのが，官営炭鉱の囚人労働（橋本 1966；田中 1984：240-269）と民営炭鉱の納屋制度（飯場制度）であった。

　納屋制度は，納屋頭が石炭企業から産炭関連の一切の業務を一定額で請負うもので，納屋頭が，鉱夫の募集（雇入及び身元の保証），納屋経営（宿舎の提供，日用品の販売など），労務管理（坑内業務の請負と鉱夫の監督，所属鉱夫の賃金の一括受取と鉱夫への配布，鉱業所からの通達取次）など鉱夫の坑内外の労働・生活関連業務一切の監督，世話及び取締を行った。納屋頭は，通常，坑夫頭（小頭・人繰）とよばれる鉱夫を雇用し，坑内の採炭や監督業務に従事させた。こうした納屋制度が必要とされたのは，炭鉱規模の拡大と深部採炭に伴って急増する労働力の確保のために，鉱夫の募集地域や募集対象が拡大されたことによる（隅

谷 1955：258）が，納屋頭による中間搾取も広範にみられ，納屋制度に対する批判を惹起した。

　各石炭企業にとって炭鉱労働者の確保は最大の課題で，志願者を別にして，労働者の募集は，会社職員による直接募集と納屋頭による募集を通して行われ，九州の炭鉱では，長崎，福岡，大分，熊本などの地元九州地方や中国・四国地方（広島，岡山，愛媛など）の出身者が多かった。したがって，労働者の雇用形態も，会社による直轄雇用と請負制である納屋制度による間接雇用という二重の雇用関係が併存した。1911年の時点で，直轄制度と納屋制度を採用していた炭鉱の比率は，直轄制度のみが32％，納屋制度のみが26％，両制度の併用が42％であった（農商務省鉱山局 1908：214）。この時点では，炭鉱労働者には家族持鉱夫が多く，単身者の比率は平均して24％に過ぎなかった。また通勤者の比率は平均して18％弱と低く，大部分の鉱夫は会社の直轄納屋かあるいは会社貸与の納屋頭による納屋に居住していた。三池炭鉱では，近隣農村からの労働力の確保が容易であったために通勤者の比率が74％と高く，逆に単身者の比率は10％と低かったのに対して，高島炭鉱では，地理的理由から単身者の比率が62％と例外的に高かった（農商務省鉱山局 1908：9-10，30，77）。

　納屋制度は，鉱夫の不足を背景として地下における分散的な採炭労働という特殊な労働環境のもとでの過渡的な労使関係として存在意味をもったが，切羽の集約化のための長壁式採炭方法の採用による採炭規模の拡大に伴って，坑内労働の監督・管理体制の標準化が必要になった。また運搬，排水，通気部門など機械化の進展に伴う機械夫などの技術職工は基本的に会社の直轄雇用であったので，納屋頭の権限はしだいに制限されて世話役化した。高島炭鉱においては，1876年に請負人による請負採炭制が廃止されて，納屋頭が直接の請負人となり，97年には納屋制度が最終的に廃止された。三池炭鉱においても1908年に納屋制度は完全に廃止され，直轄制度に移行した。大手炭鉱では，一般的に1910年代に納屋制度は廃止された（村串 1976：56，108-107；荻野 1993：35，76）。

　炭鉱労働者の労働環境についてみると，1906〜10年（1908年を除く）における炭鉱労働者の男女比は75：25，坑内外労働比率は72：28となる（通商産業大臣官房調査統計部 1963：520）。[4]鉱夫の稼働日数と労働時間は炭鉱あるいは職種により異なるが，1昼夜2交替あるいは3交替制が基本で，採炭夫の月当たり稼働日数は21日，1日当たり平均労働時間が9時間であったのに対して，運搬

第Ⅱ部　アジアにおける工業化の端緒

表6-6　インドの石炭貿易および石炭

年	国内生産量 (1,000トン)	輸入量 (1,000トン)	輸出量 (1,000トン)	国内消費量 (1,000トン)	自給率 (%)
1881～1885	1,227	680	n.a.		
1886～1890	1,755	800	20	2,535	69.2
1891～1895	2,758	705	42	3,421	80.6
1896～1900	4,750	333	305	4,778	99.4
1901～1905	7,627	205	569	7,263	105.0
1906～1910	11,523	344	775	11,092	103.9
1911～1915	15,440	427	771	15,096	102.3

出典：国内生産量及び輸出入量は ICC（1925：156, 157, 160），その他は Ghosh（1977：
注：年は年度（4月～翌年3月）。輸入量は再輸出量を含むが，少額なので無視した。

夫及び選炭夫は月25日，1日11時間労働であった（農商務省鉱山局 1908：29；日
本銀行調査局 1917：33-35）。

　鉱夫には専業鉱夫（移動鉱夫あるいは渡り鉱夫）と兼業鉱夫（鉱山近隣の農民）
があり，直轄制度の鉱夫の方が納屋制度による鉱夫よりも移動率が低く，炭鉱
労働者の勤続年数は1年未満が45％，2年未満が22％，3年未満が13％で，ま
た退職理由として「逃亡」が約30％に達していることから労働が過酷であった
ことも推測される（農商務省鉱山局 1908：10-20）。中でも単身者の専業採炭夫の
移動率は高く，採炭夫の賃金は他の鉱夫よりも高かった。賃金及び支払方法は
各炭鉱により相違するが，賃金は出来高あるいは労働時間（日給）が基準で，
採炭夫は出来高，支柱夫（仕繰夫）は併用，選炭夫及び運搬夫は労働時間を基
準とした。採炭夫の1日当たりの賃金は，1887年頃に約20銭，日清戦後には約
40銭，日露戦後には60銭に上昇した（農商務省鉱山局 1908：44-54；日本工学会
1930：630）が，熟練採炭夫の争奪は激しく，高賃金によるインセンティブが重
要な意味をもった。

4　インドの石炭産業──比較史的考察

（1）　石炭貿易と輸出市場

　表6-6は，インドの石炭貿易及び石炭産業の動向を示している。出炭量は，
1880年前後の100万トンから99年には500万トン，1907年には1,000万トンへと

120

第 6 章　アジア石炭貿易における日本とインド

産業の動向，1881/85〜1911/15年（年平均）

石炭企業数	払込資本金 (100万ルピー)	配当率 (%)	労働者数(1,000人)		1人当たり生産量 (トン)	坑口平均炭価 (ルピー/アンナ)
			坑内	坑外		
18	7.6	n.a.				
34	12.3	n.a.				
46	20.9	16.6	63.6	29.1	82	2.11
109	45.3	48.6	75.5	39.8	100	3.60
136	59.4	42.0	92.4	48.5	110	3.50

192，281，292，297）．

急増し，90年代後半には自給率はほぼ100％に達した。1890年頃までは出炭量
と輸入が併行して増加し，石炭需要の増加したことが推察される。1880年代の
輸入比率は35％で，87年に輸入はピークを迎えたが，93年のジャリア（Jharia）
炭田の開坑に伴う出炭量の増加とともに，95年以降輸入は急減した。石炭輸出
の増加は1900年以降のことで，同年に輸出が輸入を凌駕し，輸出は1906年に
ピークを迎えたが，1900年代の石炭の輸出比率は7.6％で，基本的には国内消
費向けが中心であった。

　インドの石炭市場は，インド西部の輸入市場ボンベイ（ムンバイ）とインド
東部の輸出市場カルカッタの2市場に分断されていた。ボンベイにおいては英
国，オーストラリア，ナタール（南アフリカ），日本炭が輸入され，英国炭が
80％強のシェアをしめていた（表6-7）。カルカッタからボンベイ向けの海上
及び鉄道による石炭輸送は高運賃であったことに加えて，ボンベイ航路では往
航に石炭，復航に穀物や木材，塩などを積載する外国の不定期船が多数航行し
ていたために，英国炭（カーディフ炭）やナタール炭などの輸入炭の方が安価
で，インド炭はボンベイ市場において輸入炭と競合することができなかった
（BPP 1904：11）。日本からの輸入炭は「主トシテ田川切込炭」であったが，火
力薄弱で多量の灰を生じる粗炭であったために不評で（外務省通商局 1907a：2，
4），また「郵船会社船舶カ積荷ノ都合上輸入スルモノナレハ年ニヨリ不同アル
ヲ免カレス」（外務省通商局 1907b：41）という状況であった。1907年以降ナ
タール炭の輸入が増加し，日本炭は「全然印度市場ニ於ケル地歩ヲ失」った

121

第Ⅱ部　アジアにおける工業化の端緒

表6-7　インドの石炭輸出入先，1891〜1915年（年平均，単位：1,000トン）

年	輸　　　出					
	セイロン	海峡植民地	アデン	スマトラ	その他	計
1891〜1895	28 (66.7)	10 (23.8)	1	—	3	42
1896〜1900	193 (63.3)	69 (22.6)	19	3	21	305
1901〜1905	328 (57.6)	133 (23.4)	34	20	54	569
1906〜1910	399 (51.5)	199 (25.7)	11	87	79	775
1911〜1915	479 (62.1)	157 (20.4)	11	96	28	771

年	輸　　　入					
	英　国	オーストラリア	南アフリカ	日　本	その他	計
1891〜1895	677 (96.0)	17	—	7	4	705
1896〜1900	267 (80.2)	21	—	43	2	333
1901〜1905	154 (75.1)	13	1	34	3	205
1906〜1910	234 (68.0)	56	40	6	8	344
1911〜1915	158 (37.0)	48	86	50	85	427

出典：ICC（1925：157, 160）.
注：年は年度（各年4月より翌年3月まで）。（　）内は％。輸出は，コークス及び特許燃料を
　　含むが，船舶積載用炭は除く。輸出入ともに，政府用は除く。輸出の「その他」は，ジャワ，
　　モーリシャス，英領東アフリカなど。輸入の「その他」は，トランスヴァール，ポ領東アフ
　　リカなど。1905及び1906年度にはインド炭は香港に輸出され，日本炭と競合したが，その後
　　香港市場からは撤退した。

（外務省通商局　1912c：35）。

　それに対して，ベンガルにおける輸入炭は1879年までに重要性を失い
（Ghosh 1969：432），カルカッタにおける石炭取引は輸出とバンカー・コールに
特化した（ICC 1925：5, 158-159）。インド炭の二大輸出市場はコロンボ及びシ
ンガポールで，そのうちコロンボが50〜60％，シンガポール20〜30％をしめ，
インド炭にとってシンガポールは第2位の副次的な市場に過ぎなかった（表
6-7）。1924年に設置されたインド石炭委員会の報告書は，輸出インド炭の問
題点として炭質，等級付け，貯炭の3点を指摘し，輸出回復のためには生産費
引下げによる競争力の強化，悪評価是正の必要性をあげ，中でも生産費引下げ
のために出炭量の増加と滞貨減少のほかに，鉄道運賃・港湾税の低減，鉄道輸
送（設備）の改良の必要性を指摘している（ICC 1925：39-52, 105-121, 125-128）
が，第一次大戦前の貿易年報では，「インド炭は，西はスエズ，東はシンガ
ポールを超えることはほとんど期待できない。これらの地点では，一方では英
国炭，他方では日本炭に直面している」と指摘されていた（BPP 1915：13）。

（2） インド石炭産業の発展

インドの産業化は，稀少な資本と豊富な労働力，つまり高配当・低賃金の経済であり，輸入技術と低賃金労働に依存し，中でも石炭産業においては英国資本による経営代理商（managing agency houses）と鉄道が大きな役割をはたした（Chaudhary et al. 2016：68，69，73）。インドの石炭産業について最も体系的な研究の著者であるゴーシュは，1890～1913年を「青年期」と名づけ（Ghosh 1977：59，88），またロイは，1890～1919年を「石炭ラッシュ」の時代とよんでいる（Roy 2015：222）。

インドにおける主要炭田地帯はベンガル，ビハール，オリッサの3州に位置し，この3州で出炭量の約90％を産出した（India 1908：51）。インドにおける石炭産業の端緒は，1774年にまでさかのぼることができる（Ghosh 1977：34，40；Srivastava 1988：17-57）が，1815年にジョーンズ（Rupert Jones）によって西ベンガルのラニガンジ（Raniganji）炭田が発見され，20年から採掘が開始された（ラニガンジ炭は，灰分が多く，揮発性が低いために燃えにくいという特徴があった）。このジョーンズの所有地の借地権はアレキサンダー商会（Alexander & Co.）が継承し，さらに36年にカー・タゴール商会（Carr, Tagore & Co.）がラニガンジ炭田を購入して継承した。カー・タゴール商会は，43年にギルモア・ホムフレイ商会（Gilmore, Homfray & Co.）と合併してベンガル石炭会社（The Bengal Coal Co.）を設立した。石炭需要は，河川航運および沿岸航行の蒸気船用燃料炭に限られていたが，ラニガンジ炭田からカルカッタまでの輸送が困難であったために，石炭産業の発展に結びつくことはなく，カー・タゴール商会は年間支出の57％以上を傭船と貯炭費に支出したという（Lahiri-Dutt 2014：13）。

このようにボトルネックになっていた輸送問題に大きな転機をもたらしたのは，1854年の東インド鉄道（The East Indian Railway）の開通であった。1857年には東インド鉄道のラニガンジ・カルカッタ間が開通し，さらに71年にはギリディ炭田（1869年開坑）も通過することになった。これにより輸送問題はある程度解決され，ジュート工場，鉄工場など石炭の新市場が開拓され，77年までに56炭鉱が開坑された。

19世紀におけるインド石炭産業の発展を支えたのがラニガンジ炭田であったのに対して，20世紀の石炭産業の発展を主導したのは，1893年開坑のジャリア炭田であった。ジャリア炭田はビハール州（現在はジャールカンド州）に位置し，

第Ⅱ部　アジアにおける工業化の端緒

94年に東インド鉄道が開通すると，ジャリア炭はラニガンジ炭よりも良質であったために開発が促進された[5]。1907年にジャムシェドプルに設立されたターター鉄鋼会社（TISCO）は，こうしたジャリア炭田からのコークス用炭を利用してはじめて生産が可能になった（Prasad 1986：111）。

　ジャリア炭田と相前後して，1887年にはシンガレニ炭田（マイソール州），さらに1901年にはダルトンガンジ炭田（ベンガル州）が開坑した。1903年にはベンガル・ナグプール鉄道（the Bengal Nagpur Railway）がジャリア炭田まで延伸され（Guha 1965：308-311），1906年にジャリア炭田の出炭量はラニガンジ炭田を凌駕し，1906〜08年にインドの石炭産業は「炭坑熱（コール・ラッシュ）」を迎えた（Ghosh 1977：46，62）。このように鉄道建設と路線網の拡大は，物資輸送に画期的な影響を及ぼし，飢饉問題を一変させただけでなく，プランテーションや大規模産業の設立を可能にするとともに，インド炭の市場を創出し，全国各地で石炭の利用が可能になった（Srivastava 1988：58，150）。

　しかし，ラニガンジ及びジャリア両炭田からカルカッタ（キダープール・ドック）までの鉄道輸送問題は継続して最大の課題で，ジャリア炭田からカルカッタまでは170マイル，ラニガンジ炭田からカルカッタまで121マイルで，両炭田からカルカッタまで東インド鉄道で5〜9日，ベンガル・ナグプール鉄道で11日を要した。この問題は，1907年に東インド及びベンガル・ナグプール両鉄道が石炭運搬用貨車の利用調整を開始するに及んである程度解決したものの，石炭運搬用貨車の不足解消，操車場の拡大，複線化，定期的かつ十分な車両供給の確保，鉄道運賃引下げの必要性などは継続的な課題として残った（Ghosh 1977：250；ICC 1925：42-55）。

　インドにおいては，炭層が地表に近く採炭が容易である上に，かつ豊富な低賃金労働者が存在したために労賃は低廉で，坑口渡炭価は極めて安価であった（India 1908：52；外務省通商局 1911：50）。しかし，石炭輸送は東インド鉄道が独占していたために鉄道運賃は高く，またカルカッタからの海上運賃も高価格であったので，坑口価格は安価であったにもかかわらず，鉄道・海運の高輸送費により市場炭価は高く据えおかれた。こうした高炭価のために，カルカッタ以外の地域においては英国炭などの輸入炭が継続して競争力をもつことが可能になると同時に，石炭増産の波及効果も限定的であった（Rungta 1970：266；Hurd 1983：750，754，758）。

124

第 6 章　アジア石炭貿易における日本とインド

　石炭の需要市場は，鉄道用，ボンベイの綿紡績工場，カルカッタのジュート製造工場やセメント製造工場などの産業用，及び内航河川の蒸気船であった。1904/05〜1906/07年の石炭消費量をみると，97％はインド産出炭，3％が輸入炭であり，用途の内訳は，鉄道37.3％，バンカー・コール13.8％，内航蒸気船6.2％，紡績工場8.4％，ジュート工場6.9％，その他産業及び国内消費41.0％で（India 1908：51），日本に比較して，鉄道用の比率が著しく高いことに特徴があった。

（3）　炭鉱経営会社

　インドにおける炭鉱経営は，大きく3タイプにわけることができる（Simeon 1966：85；Ghosh 1977：100）。第一に，地主（ザミンダール）及び炭鉱所有者によるものである。石炭企業数（株式会社）及び資本額は，1891年の11社（620万ルピー）から96年には34社（1,030万ルピー），1908年には122社（5,290万ルピー）へ，また炭鉱数は1885年の95炭鉱から99年の286炭鉱，1908年には583炭鉱へ急増した（Ghosh 1977：281）。1912年における139社のうち資本額75万ルピー（5万ポンド）以上の企業は19社を数え，中でも150万ルピー（10万ポンド）以上の企業は，ベンガル石炭会社（1843年設立，300万ルピー），エクィタブル石炭会社（1864年設立，230万ルピー）など7社であった（外務省通商局 1914：77）。石炭企業の業界団体にはインド鉱業協会（Indian Mining Association, 1892年2月設立）とインド鉱業連盟（Indian Mining Federation, 1913年3月設立）があった。

　ザミンダールの地下資源に対する関心は稀薄で，かれらは炭鉱経営者との間で小規模単位の借地契約を結び，鉱物稼行権の譲渡に際して支払われる報奨金（*salami*）や鉱山使用料を目的とする土地の転貸を行った（Ghosh 1977：110, 115-125）。炭鉱経営の関心は短期的な利益の増大化におかれ，炭鉱会社は低賃金化をはかるとともに，設備投資を回避したために安全・保安対策は軽視された（Ghosh 1977：194, 204）。石炭企業の配当率は10〜90％に及ぶこともあったが，毎年相当の配当金をだす会社は数社に過ぎなかったという（外務省通商局 1912c：40；外務省通商局 1915：871）。

　第二は，在カルカッタの英国の経営代理商による経営である。英国の経営代理商は1850年代から株式会社を設立し，1870, 80年代には経営代理制度による企業経営が一般的になった。こうしたベンガル石炭産業の中心的な経営代理商

125

第Ⅱ部　アジアにおける工業化の端緒

として，アンドリュー・ユール商会（Andrew Yule & Co., 1865年設立）があげられる（Papendieck 1978：190；小池 1979：76-77）。

　第三は，鉄道省である。鉄道省は主要消費者としての地位を利用して，石炭販売価格を統制した。初期の炭鉱経営の課題は，金利高と高破産率の条件下における資金調達の問題と，需要市場の欠如と輸送設備の不備などに伴うマーケティングの問題であった。しかし，炭層が地表に近く，大規模資本や特定の技術が不要であり，しかも賃金が低廉であったために，英国による資本投資は限定されるとともに，他方で設備の不十分な在来産業としての中小炭鉱の増加が可能になった（Rungta 1970：185；Simmons 1976a）。

（4）　炭鉱労働者の供給と確保

　つぎに，炭鉱労働について検討しよう（以下の記述は，BPP 1931：115-120；Ghosh 1977：130-133, 157）。ベンガル，ビハール，オリッサの炭田地帯はザミンダールの支配下にあり，こうした地域にはすでにサンタル族などの先住部族民や下級カーストが定住して農業に従事していた。炭鉱経営者はザミンダールから炭鉱の地上権を借用し，定住農民に一定日数の炭鉱労働の提供を条件に低額地代で土地保有を認めた（Ghosh 1977：130；Simmons 1976b：463-494）。こうしたシステムは，サービス保有地（service tenancy）とよばれる。1911年のセンサスによると，ジャリア炭田の約3分の2，ラニガンジ炭田の3分の2以上が定住の炭鉱労働者であった（Simmons 1976b：456, 464）。このように炭鉱労働と農業とは密接な関係にあり，かれらは農繁期には帰農する季節労働者であったので，労働者数は季節的に変動（2月と9月がピーク，7月と11月がボトム）し，4〜9月にかけて生産量も減少した（ICC 1925：38）。先住民族以外の労働者はベンガル・ビハールなど近隣地域から供給され，炭鉱所有者は労働力確保のために隣接区域の所有権を獲得した（Ghosh 1977：132）。

　上記のサービス保有地のほか，炭鉱労働者の募集は，炭鉱会社による直接募集（sarkari system）と請負業者による募集（contract system）が併存して行われた。これらはともに村落訪問，前貸金供与，炭鉱までの交通費支給などで共通しており，請負制には3形態があった。第一に，募集請負人（raising contractors, ticcardar）による募集で，請負業者は労働者の募集，労働者の管理，採炭，車両積載までの産炭に関する一切の業務を会社から一定額で請負い，管

理費は会社が負担した。ジャリア炭田の出炭量の70％，ラニガンジ炭田の40％，シンガレニ炭田の90％，ギリディ炭田の50％以上は，この方法で生産された（BPP 1931：116，119-120；Ghosh 1977：132-133）。

第二に，委託請負業者（commission contractors）で，労働者の募集を行い，産炭について一定の報酬を受け取るもので，坑内労働の監督として鉱夫頭（*sirdar* あるいは *sardar*）を雇用し，かれら自身採炭に従事することもあった。

第三に，経営代理商による請負業者（managing contractors）で，会社と出炭トン当たりの一定額で契約を結び，労働者の供給，採炭などすべてを請負い，経費はすべて請負業者が負担した（Simmons 1976b：481；Ghosh 1977：133-134）。

1901〜14年の坑内外労働の平均比率は66：34で，日本とほぼおなじ比率であった。インドの炭鉱においては女性の坑内労働の比率が高く，同期間平均で31.9％をしめた（Ghosh 1977：297）[7]。炭鉱労働者の週平均労働日数は4〜4.5日，年間150日で，1日の労働時間は12時間であった。生産方法は非効率的で，大規模炭鉱においては1910年以降コールカッターが導入されたものの，採炭，捲上，排水部門の機械化は進展しなかった。近代的な採炭方法や生産体系の組織化につれて，ビハール州や中央州北東部，連合州東部からの常雇労働者が増加したが，コレラなどの疫病の流行や水質などの衛生問題も含めて劣悪な労働環境のもとで欠勤率も高く，労働者の教育や訓練は行われなかったために識字率は低く，また安全保安対策への投資も十分でなかったので災害率も高かった。賃金は，ジャリア，ラニガンジの大規模炭鉱においては，30立方フィート標準の石炭運搬桶で採炭量を計算したが，石炭運搬桶の不足も大きな課題であった（ICC 1925：35；BPP 1931：117-134；Ghosh 1977：140，157，154，165，194，204）。

5　日本とインドの比較関係史

本章では，第一次大戦までのアジア石炭市場の構造変化の中で，日本とインドにおける石炭産業の発展と石炭輸出とを比較関係史として考察した。19世紀後半期には，特に蒸気船用の燃料炭需要の増加によってアジアにおける石炭市場の規模は急速に拡大し，20世紀になるとアジア地域における産業化の進展に伴って産業用の石炭需要も増加した。こうした石炭市場の規模拡大の中で，英国炭，オーストラリア炭，日本炭，インド炭の間で炭質と価格をめぐって激し

第Ⅱ部　アジアにおける工業化の端緒

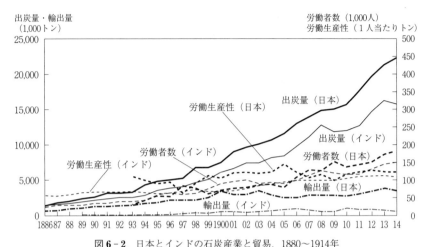

図6-2　日本とインドの石炭産業と貿易，1880～1914年
出典：日本は，農商務省（1886-1914），東洋経済新報社編（1935），インドは，India（1908：54），BPP（1916：266-267），BPP（1922：236），ICC（1925：155，156，160）より作成。

い競争が展開された。

　日露戦争後になると，「本邦炭ノ消長ハ乍チ印度炭ニ影響ス目下競争場ハ新嘉坡ヲ最トシ」（外務省通商局 1908：7）と述べられているように，シンガポール石炭市場において日本炭の競合炭としてのインド炭の脅威が高まった。他方，「日本及印度ハ極東ノ石炭市場ニ於テ相互ニ競争国タルト又其産出量ノ略ホ同一ナリトノ二方面ヨリ相互ニ密接ノ関係ヲ有スル」（外務省通商局 1910a：26；外務省通商局 1911：54）と指摘されたように，日印両国の石炭産業の類似性についても言及されるようになった。

　ここで，第一次大戦までの日印両国の石炭産業の動向を比較すると，図6-2のようになる。(8) 若干のタイム・ラグはあるものの，インドの出炭量は日本の70～80％で増加し，またその速度もほぼ同一であった。日印両国ともに石炭に関するかぎり基本的には自立化を達成していた点で共通するが，輸出依存度には相違がみられた。日本の石炭産業が輸出主導型として発展したのに対して，インドの石炭産業は内需主導型として発展した。日本からの輸出炭の大部分は大規模炭鉱の産出炭であり，各石炭企業は，輸出市場における競合を前提として競争力強化のために機械化を推進し，機械化の遅れた採炭部門においては，高賃金などのインセンティブによる熟練採炭夫の確保や長壁式採炭法への移行

第 6 章　アジア石炭貿易における日本とインド

など人的・技術的に組織的な生産体系の採用によって，出炭の増加と生産の効率化をはかった。インドの場合，経営代理商を含めて炭鉱会社は豊富な低賃金労働の存在を前提に，最小限の投資で出炭の増加と高利潤・高配当を実現しようとした。国内外における鉄道や船舶など輸送機関の役割は大きく，日本においては低運賃・低炭価により石炭の利用が進展したのに対して，インドにおいては高運賃・高炭価のために石炭の利用拡大は制約された。

　技術的にみると，日本の採炭は坑内掘の深部採炭が主流であったために，運搬，排水，通気など大規模な投資による急速な機械化が必要であったのに対して，インドにおいては炭層が地表に近く，大規模な資本投資や特定の技術は不要であったために機械化の進展は遅れた。

　出炭の増加に伴う労働者の不足と確保は両国に共通する現象であるが，炭鉱労働者数はほぼ類似の増加傾向を示している。炭鉱労働者の大きな相違は，日本における炭鉱労働者は基本的に専業鉱夫であり，労働の組織化や労働規律の遵守など労働管理の徹底化を通じて出炭の増加がはかられた。それに対して，インドの場合には，ベンガル特有の土地制度やカースト制度に制約されて炭鉱労働者は基本的に農業との兼業労働者が多かったために，採炭に伴う労働の組織化や労働規律の徹底はむずかしく，両国は生産の組織化・効率化という点で相違していた。

　インドでは，低賃金労働者が豊富に存在したために，機械化や技術改良が行われることもなく，低生産性を保持したまま生産が拡大し，競争が激化するとコスト切下げによって対応するという悪循環に陥った。しかし，労働生産性（労働者1人当たりの年間出炭量）をみると，日本の場合，1901年以降約120トン前後で停滞したのに対して，インドの場合には，20世紀にはいると急速に上昇し，1911年以降は110トン前後にまで達し，炭質や選炭による品質の標準化などマーケティングの問題を別にすれば，20世紀以降，日印両国の石炭産業の類似性は一層高くなったといえる。鉱業の発展とともに法的整備も進み，日本では1892年に鉱業条例，1905年に鉱業法が施行され，インドにおいては1901年に鉱業法が施行された。

　シンガポール石炭市場における日本炭及びインド炭の供給量は増加し，市場規模は拡大したものの，日印両国における国内需要の増加に伴う輸出炭の減少は，シンガポール市場の需給構造に少なからざる影響を及ぼした。シンガポー

129

第Ⅱ部　アジアにおける工業化の端緒

ル市場は，アジアの国際情勢や競合国の景況に加えて，上海・香港の炭況により海上運賃や運炭船の傭船状況の影響をうけやすい不安定で浮動性の高い市場であった（例えば，外務省通商局 1910b：24）。しかも日印両国にとって，国内の産業化に伴う国内需要の増加に加えて，上海・香港などの中国市場やコロンボなど近距離市場への輸出が有利になる中で，シンガポールなどの遠距離市場は絶対に確保しなければならないほどの重要市場ではなく，あくまでも浮動性の高い副次的な市場に過ぎなかった。しかし，規模の拡大したアジア石炭市場の中で，日印両国炭のシンガポール市場からの撤退は石炭の供給不足を引き起こすことになり，こうした状況は直接的・間接的に東南アジア諸地域の石炭生産を刺激することになったが，東南アジア各地において即座に需要に応じ得るだけの十分な生産量の増加が可能でなかったために，日本炭は継続して供給されなければならなかった。

　注
(1)　日本の場合，生産費にしめる採炭費の比率が30〜40％であったのに対して，インドでは生産費の65％を賃金がしめていた（荻野 1993：168；Ghosh 1977：202）。
(2)　シンガポール市場については，山下直登の研究（山下 1990）があるが，上海及び香港市場との有機的関連性や背景にある東アジアの国際情勢が考慮されていないために，シンガポール市場における日本炭の過大評価に陥っている。
(3)　1900年までの日本の輸出統計においては，日本国内で外国艦船に積載された燃料炭が輸出に含まれているのに対して，インドの統計では，船舶燃料炭は外国輸出には含まれていないので，日本の石炭輸出は相対的に過大に評価されている。
(4)　『鉱夫待遇事例』によると，1906年における坑内外比率は，高島62：38，三池64：36に対して，筑豊25炭鉱の平均坑内外比率は低く見積っても78：22となり，後者に関しては，統計数値あるいは方法に問題があるように思われる（農商務省鉱山局 1908：5-7；荻野 1993：20）。
(5)　ジャリア炭の炭質は，灰分が多く，低揮発性のため燃えにくいものの，炭素分は多く，日本炭に比較しても高カロリー（日本炭7,120カロリー，ジャリア炭7,430カロリー）で，基本的にコークス用に使用された（ICC 1925：23，25-26）。
(6)　例えば，1946年においても定住炭鉱労働者の比率は，ジャリア炭田25〜45％，ラニガンジ炭田30〜50％，ギリディ炭田70％と高く，同年のジャリア炭田においては労働者の約80％は，周辺地域を含めて地域レベルで確保された（Ghosh, 1977：

130, 140, 157；Simmons 1976b：457)。

(7) 女性の坑内労働は，1927年の鉱山法により29年に禁止された。13歳以下の子供労働は，1923年の鉱山法で週労働時間坑内54時間，坑外60時間に規制された（BPP 1931：123-124)。

(8) 日本とインドの石炭産業の比較は，同時代的には外務省通商局（1910a：37-38)，及び研究としては，Papendieck（1978：175-180) にみられる。

参考文献

江頭恒治（1935)「高島炭坑に於ける日英共同企業」日本経済史研究所編『幕末経済史研究』有斐閣。

大蔵省主税局（1912)『外国貿易概覧』。

大蔵省関税局編（1886-1914)『大日本外国貿易年表』。

荻野善弘（1993)『筑豊炭鉱労使関係史』九州大学出版会。

荻野善弘編（1990)『戦前期筑豊炭鉱業の経営と労働』啓文社。

外務省通商局（1898)「三十年中新嘉坡港石炭商況」『通商彙纂』第112号。

外務省通商局（1900)「新嘉坡輸入石炭」『通商彙纂』第180号。

外務省通商局（1906)「海外各地ニ於ケル石炭需要供給状況」『通商彙纂』第63号。

外務省通商局（1907a)「印度ニ於ケル石炭需要供給」『通商彙纂』第17号。

外務省通商局（1907b)「印度ニ於ケル石炭ノ産出并ニ輸出入状況」『通商彙纂』第52号。

外務省通商局（1908)「印度ニ於ケル石炭ノ産出並ニ輸出入状況」『通商彙纂』第62号。

外務省通商局（1909)「新嘉坡石炭市況（1909年7月～10月）」『通商彙纂』第68号。

外務省通商局（1910a)「印度ニ於ケル石炭状況（印度商務通報局調査）」『通商彙纂』第19号。

外務省通商局（1910b)「新嘉坡石炭市況」『通商彙纂』第38号。

外務省通商局（1911)「印度重要物産誌（下）」『通商彙纂』第23号。

外務省通商局（1912a)「印度石炭産出状況」『通商彙纂』第3号。

外務省通商局（1912b)「印度外国貿易年報　1910/11年」『通商彙纂』第20号。

外務省通商局（1912c)「印度石炭産出状況　1911年」『通商彙纂』第26号。

外務省通商局（1912d)「新嘉坡炭況」『通商彙纂』第46号。

外務省通商局（1914)「印度石炭産出状況　1912年中」『通商彙纂』第103号。

外務省通商局（1915)「印度石炭産出状況　1913年」『通商彙纂』第219号。

貨幣制度調査会（1895)「貨幣制度調査会報告」及び「附録」大蔵省編『明治前期財政経済史料集成』第12巻，改造社，1932年。

君塚浅治郎（1905)『英国石炭及練炭事情』冨山房。

久保山雄三編（1939)『日本石炭鉱業大観』公論社。

第Ⅱ部　アジアにおける工業化の端緒

小池賢治（1979）『経営代理制度』アジア経済研究所。

杉山伸也（2016）「日本の産業化と動力・エネルギーの転換」『社会経済史学』82巻2号。

杉山伸也（2017）『日英経済関係史研究 1860〜1940』慶應義塾大学出版会。

隅谷三喜男（1955）『日本賃労働史論』東京大学出版会。

田中直樹（1984）『近代日本炭礦労働史研究』草風館。

通商産業大臣官房調査統計部編（1963）『本邦鉱業の趨勢50年史』。

鉄道院（1916）『本邦鉄道の社会及経済に及ぼせる影響』中巻。

東定宣昌（1990）「筑豊石炭鉱業における近代化過程」荻野善弘編『戦前期筑豊炭鉱業の経営と労働』啓文社。

東洋経済新報社編（1927）『明治大正国勢総覧』。

東洋経済新報社編（1935）『日本貿易精覧』。

日本銀行調査局（1917）『筑豊石炭調査（門司支店調査)』。

日本工学会（1930）『明治工業史』鉱業篇，日本工学会明治工業史発行所。

農商務省鉱山局（1908）『鉱夫待遇事例』。

農商務省総務局（1886-1914）『農商務統計表』。

橋本哲哉（1966）「三池鉱山と囚人労働」『社会経済史学』32巻4号。

松好貞夫・安藤良雄編（1971）『日本輸送史』日本評論社。

三井鉱山株式会社（1990）『男たちの世紀――三井鉱山の百年』。

三井物産（1905）「三井物産支店長会議議事録」三井文庫監修『三井物産支店長会議議事録』4，丸善，2004年。

三井物産（1908）「三井物産支店長諮問会議事録」三井文庫監修『三井物産支店長会議議事録』7。

三井物産（1912）「三井物産事業報告書」1912年下半季，三井文庫『三井物産事業報告書』丸善，2007年。

三井物産（1913）「三井物産株式会社第2回支店長諮問会議事録」『三井物産支店長会議議事録』8。

三菱鉱業セメント株式会社編（1976）『三菱鉱業社史』。

三菱鉱業セメント株式会社編（1989）『高島炭砿史』。

村串仁三郎（1976）『日本炭鉱賃労働史論』時潮社。

安場保吉（1979）「明治期海運における運賃と生産性」新保博・安場保吉編『近代移行期の日本経済』日本経済新聞社。

山下直登（1990）「東アジア石炭市場の展開と構造――1890〜1915年の英領海峡植民地を中心に」荻野善弘編『戦前期筑豊炭鉱業の経営と労働』啓文社。

BPP (1904), "Review of the Trade of India in 1903-04", in *British Parliamentary Papers,* 1904 (Cd. 2286).

第 6 章　アジア石炭貿易における日本とインド

BPP (1913), "Review of the Trade of India in 1912-13", in *British Parliamentary Papers*, 1913 (Cd. 6960).

BPP (1915), "Review of the Trade of India in 1913-14", in *British Parliamentary Papers*, 1915 (Cd. 7766).

BPP (1916), *Statistical Abstract relating to British India from 1903/04 to 1912/13*, in *British Parliamentary Papers*, 1916 (Cd. 8157).

BPP (1922), *Statistical Abstract relating to British India from 1910/11 to 1919/20*, in *British Parliamentary Papers*, 1922 (Cmd. 1778).

BPP (1931), *Report of the Royal Commission on Labour in India* (June 1931), in *British Parliamentary Papers* (Cmd. 3883).

Chaudhary, L., et al. eds. (2016), *A New Economic History of Colonial India*, London and New York : Routledge.

Ghosh, A. B. (1969), "India's Foreign Trade in Coal before Independence", *The Indian Economic and Social History Review*, Vol. 6, No. 4.

Ghosh, A. B. (1977), *Coal Industry in India*, New Delhi : Sultan Chand & Sons.

Guha, B. (1965), "The Coal Mining Industry", in V. B. Sigh ed., *Economic History of India : 1857-1956*, Bombay etc. : Allied Publishers.

Hurd, J. M. (1983), "Railways", in Dharma Kumar ed., *Cambridge Economic History of India*, Vol. 2, Cambridge : Cambridge University Press.

ICC (1925), *Report of the Indian Coal Committee*, Vol. 1, Calcutta : Government of India, Central Publishing Branch.（インド石炭委員会の報告書については，水島司氏のご厚意により資料を提供していただいた。）

India (1908), "The Director-General of Commercial Intelligence, India", *Statistics of British India*, Part I, Calcutta : Superintendent Government Printing, India.

Lahiri-Dutt, K., ed. (2014), *The Coal Nation : Histories, Ecologies and Politics of Coal in India*, London : Routledge.

Prasad, A. R. (1986), *Coal Industry of India*, New Delhi : Ashish Publishing House.

Papendieck, H. (1978), "British Managing Agencies in the Indian Coalfield", in D. Rothermund and D. C. Wadhwa eds., *Zamindars, Mines, and Peasants : Studies in the History of an Indian Coalfield and Its Rural Hinterland*, New Delhi : Manohar Publications.

Roy, T. (2015), *The Economic History of India*, Third edn, Oxford : Oxford University Press.

Rungta, R. S. (1970), *The Rise of Business Corporations in India*, Cambridge : Cambridge University Press.

Simeon, D. (1966), "Coal and Colonialism : Production Relations in an Indian Coalfield,

133

第Ⅱ部　アジアにおける工業化の端緒

c. 1895-1947", *International Review of Social History*, Vol. 41.

Simmons, C. P. (1976a), "Indigenous Enterprise in the Indian Coal Mining Industry c. 1835-1939", *The Indian Economic and Social History Review*, Vol. 13, No. 2.

Simmons, C. P. (1976b), "Recruiting and Organizing an Industrial Labour Force in Colonial India: The Case of the Coal Mining Industry, c. 1835-1939", *The Indian Economic and Social History Review*, Vol. 13, No. 4.

Srivastava, A. K. (1988), *Coal Mining Industry in India*, New Delhi: Deep & Deep Publications.

Straits Settlements (1880-1914), *Blue Book*, The National Archives, United Kingdom (CO277/14-17, 19, 21, 23, 25, 27-44, 46, 48, 50, 52, 54, 56, 58, 60, 62).

Thomas, D. A. (1903), "The Growth and Direction of Our Foreign Trade in Coal during the Last Half Century", *Journal of Royal Statistical Society*, Vol. 66.

第Ⅲ部

アジアにおける農業開発

第 7 章

19世紀アジアの農業開発の評価をめぐって

水 島 　司

1　アジアの小農開発とグローバル・エコノミーの展開

（1）　アジアの経済発展とグローバル・エコノミー

　19世紀のアジアは，ヨーロッパ諸勢力の進出と領域支配の広がりの中においても，世界の諸地域を包含して展開するグローバル・エコノミーの重要な一角を占める存在であった。農業開発は大きく進展し，農業開発を支える人口も耕地も大きく増加し，この経済規模の拡大自体が生産から消費までのアジア経済のプレゼンスを支えるものとなった。確かに，世界全体の地域別 GDP 構成比は，18世紀半ばから欧米世界が大きな伸びを示すが，そうした構造変化の中でも，アジア社会で急速な開発が進み，グローバル・エコノミーの展開に対応していった。

　このような19世紀アジアの経済動向に関し，大きく分けて 2 つの評価がなされてきた。第一は，西欧が植民地支配を主要な梃子としてアジア社会を世界的な経済構造に組み込み，その結果，アジアの人々は搾取され，貧困化・西欧への従属化が進んだとするものである。こうした見方は，西欧の植民地宗主国からの独立を目指す民族運動の担い手に広く見られるものであり，例えばインドでは，古くは D. ナオロジの「富の流出」理論が典型的なものである。また，かつての生産様式論や従属学派の各種議論も，こうした列につながるものと言える。これに対して，植民地従属下のアジアにおいても経済的発展が見られ，植民地支配や西欧への従属が必ずしも負の影響だけをもたらしたわけではないとする見方がある。いわゆる修正学派と呼ばれている見方である。インドの場合，植民地支配下で非農業部門においても確実な発展があったと論ずるものである。この両者の間では，かつて *Indian Economic and Social History*

第Ⅲ部　アジアにおける農業開発

Review 誌上で，B. チャンドラ，B. B. チョードリー，松井透の三者と M. D. モリスの間で論争がなされ（Morris 1968；Chandra 1968；Raychaudhuri 1968；Matsui 1968），近年ではムカジーとロイの間の論争がある（Mukherjee 2007, 2011；Roy 2010）。また，「18世紀論争」として知られる植民地支配がインドに及ぼした影響の評価をめぐる論争も，19世紀における経済発展の評価をめぐる問題と連関している（Alavi 2002；Marshall 2003）。

　このような植民地統治の評価をめぐる論争とは別に，近年盛んになっているのは，近世から現代に至るアジアの発展をグローバルヒストリーの中にどのように位置づけるかという問題である。ポメランツのいわゆる「大分岐」論は，アジアとヨーロッパの先進地域における18世紀半ばまでの発展の共通性とその後の分岐とその要因を論じたものであるが（Pomeranz 2000），この議論に触発されて，近世以来のアジアの生活水準，賃金，物価，貿易等の動向について大量の統計データを集め，それに基づいた国際比較を目指す研究が志向されるようになってきている。それらの指標が，アジアの発展をとらえるに際して適当と考えられるかどうかについては議論の余地があるものの，アジアとヨーロッパをグローバルヒストリーという同じ土俵の上に載せるための不可欠な準備作業と言えるだろう。

　しかしながら，グローバルヒストリーの向かうところは，何らかの経済的指標を物差しにして各地域の発展のランキングを定めることにあるわけではないはずである。筆者が考えるグローバルヒストリー研究の意義は，グローバルヒストリーの展開の中で，諸地域の経済活動のダイナミクスとそこに生きる人々の果たした役割を明らかにすることにある。そこには主客関係はない。いずれもグローバル・エコノミーの生成と展開に寄与した主体として捉えられるべきである。

　では，19世紀のアジアのダイナミクスとそこに生きる人々の営みの意義を，我々はどのような視点から捉えることができ，それに参加した人々の役割をどのように特徴づけることができるのだろうか。本章は，まず，従来，植民地と被植民地の支配従属関係の深化，農工間格差の拡大，あるいはアジアの停滞性のシンボルともされてきたアジアの小農の農業開発への取り組みとそのプロセスを明らかにし，またその取り組みのエージェントとしての役割を果たした金融業者の活動もとりあげ，全体として小農による農業開発のグローバル・エコ

第7章 19世紀アジアの農業開発の評価をめぐって

ノミーの展開における意義の再評価を試みる。

（2） プランテーション開発と小農開発

　具体的な分析に入る前に，ここでの小農の意味をあらかじめ明らかにしておきたい。19世紀のアジアの経済活動は，わずかな地域で見られた工業活動を例外として，基本的には農産物生産を基軸とした。農産物としては，大きくジュートなどの工業原材料生産と米などの食料生産とに分類できるが，それらと連関した生産形態としてのプランテーション型生産と小農型生産という経営の類型が本章での議論にとって重要である。なぜならば，前者が主としてヨーロッパ資本による大規模経営であるのに対し，後者がアジアの農民が主体となる経営であるからである。プランテーション型生産の中で重要な品目としては，19世紀にはコーヒーや茶，ジュート，砂糖きびなどがあり，20世紀に入るとゴムが加わる。いずれも，100エーカーをはるかに超えるような広大な土地を単位として農業開発するものである。その際，インド人あるいは華人を中心に多くの移民労働者が導入され，アジア域外のグローバル市場向けの生産が行われた。これらの世界商品を，主にロンドンの金融市場から得られた巨額の資本によって生産するプランテーション型農業経営が，グローバル・エコノミーのシンボルと見なされてきたのは当然である。それに対し，小農型生産では，米を中心に，多様な作物生産が行われた。その一部は自家消費向けであったが，19世紀に展開するアジア農業の主体は，米や綿花，落花生をはじめとする商品作物生産であった。そして，強調すべきは，それらの小農生産の全体の規模がプランテーション型生産をはるかに上回るものであったことである。本章が対象とするのは，この2つの経営形態の内の後者の小農型生産である。19世紀のアジア社会に生きるものの大半は小農であり，この時期のアジアの農業開発の主体は彼ら小農であったと評価すべきと考えるからである。[3]

　19世紀以降のアジアの開発では，小農が生産拡大を担っていった米，綿花，落花生をはじめとする生産物は，域内・域外で活発に取引された。こうした世界商品は，輸出先での製造業を中心とした経済発展と結びつくものであり，従来の研究もそうした観点から論ずることが多かった。しかし，留意すべきは，このような動きが，生産地での農業雇用の拡大，人口の増大，それに伴う消費の拡大，そして農業生産と関連する商業活動・金融活動の発展を促すものでも

139

第Ⅲ部　アジアにおける農業開発

あったことである。それは，グローバル・エコノミーの拡大そのものを意味する。このことが持つ意義の一端は，当該期のアジア間貿易の拡大の評価をめぐる杉原薫等の研究によってすでに明らかにされてきている（杉原 1996）。

　以上のような問題関心から，以下主に南インドを対象とし，人口，土地，生産の動き，及び生産拡大を可能にしたエージェントに焦点をあて，近代の経済発展に果たしたアジアの小農とアジア社会のグローバル・エコノミーの中での役割を明らかにする。

2　19世紀南インドの人口・土地・農業開発

（1）　植民地化とライヤットワーリー制

　イギリス東インド会社によるインドの植民地化は，18世紀半ばから徐々にインド亜大陸に拡大していく。本章で対象にする南インドの場合，18世紀末のマイソール戦争の終了によって政治的な安定が得られるが，それ以前の1780年代から会社による直接統治が進行しており，19世紀に入ると本格的な植民地行政が開始されることになる。

　19世紀に入ってからの植民地行政の眼目は，財政収入の安定と増収にあった。そのため，財政収入の大半を占める地税収入をいかにより多く，いかに安定して徴収するかの方策を見出すために試行が繰り返された。統治初期にはザミンダーリー制や村請制などさまざまな地税制度とそれの基礎となる土地制度が試行されたが，1820年代になると，ライヤットワーリー制と呼ばれるまさに小農経営に適合的な土地制度が導入されていくことになる。国家的土地所有を前提として，土地を小さな地片に分割し，その地片の地税を30年間固定し，その地片を耕作する者を土地保有者として確定して地税納入義務を負わせるというものである。将来的に耕作される土地が増えれば社会が安定し，地税収入も増加するという論理である。

（2）　植民地支配初期からの人口増加

　このような体制の下で，実際にはどのような動きが見られたのか。はじめに人口の動きを見てみたい。植民地支配下での人口動向については，これまでさまざまな試算がなされてきた。というのは，インド全域を対象とする第1回国

第 7 章　19世紀アジアの農業開発の評価をめぐって

表7-1　インドの地域別人口動向と増加率，1800〜81年

（単位：万人）

	1800	1881	増　加　率
東　　部	3,900	7,642	96%
西　　部	1,643	2,596	58%
中央部	2,170	3,287	51%
北　　部	6,345	8,020	26%
南　　部	1,834	3,906	113%
計	15,892	25,451	60%

出典：Guha（2001：58）（Table 1.4）.

勢調査が始まるのは1870年代初頭からであり，それ以前の時期に関しては，ほとんど情報がないからである。この問題についてはすでに論じたことがあるので，ここではその概略を箇条書き的にまとめておく。第一に，国勢調査以前の人口に関しては，16世紀末のムガル時代の『アクバル年代記（Ain-i-Akbari）』に記されている関連情報からさまざまな仮定に基づいてされた推計値しかない。つまり，国勢調査以前の人口動向は，グハによれば「想像値（guesstimate）」でしかない。第二に，国勢調査以降の人口動態の分析から，インド内部で地域的な差があることがわかっている（斎藤 2002；宇佐美 2014）。植民地期に関して北インドと南インドに大きな違いがあり，後者の方が出生率，死亡率ともに低くなる時期を早く迎える。第三に，既存の研究を用いたグハの「想像値」（表7-1参照）によれば，1800年から1881年の間の人口増加率は，東部や南部では100％前後かそれを超えるのに対し，西部や中央部は50％強，北部では26％となる。これらの数値も「想像値」でしかないが，地域ごとに人口増加率に同様な大きな差があることは，センサス期に入ってからの地域別人口動向からも確認できる。第四に，19世紀に入ってから1871年国勢調査までの人口動向については，南インドのチングルプット地域2000余村の村別数値が残されている。それを算定したのが，表7-2である。このチングルプットの事例では，従来提示されてきた増加率よりもはるかに高い，4倍近い人口増加が算出される[4]。しかし，それが南インド全域にあてはまる現象かどうかは確認できない。他の地域に関して，同様な研究がなされていないからである。

　以上が，国勢調査以前の時期の人口動向に関する概略であるが，国勢調査が開始されると，インド全体の人口動向が明らかになる。それによれば，1870年

141

第Ⅲ部　アジアにおける農業開発

表7-2　チングルプット地域での人口動向　(単位：人)

	1801	1871	増加比率
Households	52,785	135,985	258%
Population	244,845	941,047	384%
Population density per km2	95	178	187%

出典：Zamindari Statement, Statement relating to Permanent Settlement of Jagir forwarded as Enclosures to Mr. Greenway's Letter, 29th March, 1801 (*Permanent Settlement Records, vols. 20-22*)；Census Statement of Population of 1871 in Each Village of the Chingleput District arranged according to Area, Caste, and Occupation (*Census of India, 1871*), Madras, 1874 より作成。

代はじめから1921年センサスまでの期間，インドは全体として人口の停滞現象を示す。南インドについては，その期間もある程度の伸びは示すが，上に見た19世紀初頭から1870年以前までの時期と比較するとその伸びは大きく鈍化する。その直接の原因が，直接的には1870年代及び90年代の大規模な犠牲を生んだ2つの飢饉，及び1910年代にインドも襲ったインフルエンザの大流行にあることは間違いない。しかし，飢饉にせよ疫病にせよ，人々及び社会がもつ抵抗力が，犠牲の多寡に大きく関連する。飢饉は，単に食糧不足の問題ではない。国勢調査が始まった1870年代から1910年代にかけて，飢饉による大きな犠牲に示される人々の抵抗力の低下があったとすれば，その背後には，インド特有の気候の激変という従来もあった要因に加えて，過剰開発，つまり生産の安定性を犠牲にした急激な開発の進展という問題があったと考えられる。次に，この19世紀に入ってからの人口急増と耕地開発，そして過剰開発の問題を考えたい。

（3）　農地拡大と農業開発

　19世紀に入ってからの急激な人口増大は，農地の急速な拡大と平行した動きだった。急激な人口増大を記録した先のチングルプット地域の場合，耕地面積も図7-1に示すように大きく増加した。

　従来，耕地は，カーヴェリ河下流のタンジャーヴール地域のような大河川のデルタは例外として，後述するように，主に貯水池を灌漑源として，その下に位置する灌漑地を中心に分布していた。新規開発地は，こうした貯水池の恩恵を受ける耕地の外側に広がる形で拡大していった場合と，それまで人を寄せ付

142

第 7 章 19世紀アジアの農業開発の評価をめぐって

図7-1 南インドチングルプット地域における耕地拡大（1770s-1801-1871-2001）

出典：*The Barnard Records, 1770s*; Zamindari Statement, Statement relating to Permanent Settlement of Jagir forwarded as Enclosures to Mr. Greenway's Letter, 29th March, 1801 (*Permanent Settlement Records, vols. 20-22*); Census Statement of Population of 1871 in Each Village of the Chingleput District arranged according to Area, Caste, and Occupation (*Census of India, 1871*), Madras, 1874; Village Directory (*Census of India, 2001*) より作成。

第Ⅲ部　アジアにおける農業開発

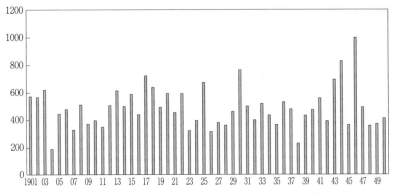

図7-2　1901～51年のポンネリ郡における年降水量の年別変動　（単位：1ミリ）
出典：*Monthly and Annual Rainfall and Number of Rainy Days Period, 1901-1950*, India Meteorological Department.

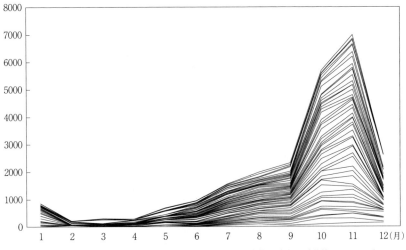

図7-3　1901～51年のポンネリ郡における月別総積算降水量　（単位：0.1ミリ）
出典：*Monthly and Annual Rainfall and Number of Rainy Days Period, 1901-1950*, India Meteorological Department.
注：上方が1951年，下方が1901年を示し，各年の数値を積み上げている。

第 7 章　19世紀アジアの農業開発の評価をめぐって

けなかった領域が開拓される場合の二通りあった。まず前者から見ていく。図7-2，図7-3に示すように，南インドはモンスーンの影響を受け，基本的には雨は10月から11月に集まり，総雨量は年間700〜800ミリに過ぎず，しかも年別変動が極めて激しい。そのため，農業生産を継続していくには，短期に集中して降る雨を貯水池に蓄え，それを利用して安定化させることが必要であった。そのため，古代から貯水池が営々と築かれてきたのである（図7-4）。19世紀初頭の時点の村落記録によれば，村には1ないし2の貯水池が存在している。というよりも，貯水池が存在しなければ生産は安定せず，人も生存できず，村落も成立し得なかった。貯水池を中心にして，相対的には安定した生産が可能な限られた空間に集まって生きるというのが，南インド農村の典型的な姿であったと言える。

　植民地支配期に入ると，様相は大きく変化し始める。貯水池灌漑を特徴とする先のチングルプット地域では，上述した2つの空間のいずれにおいても新規開発が進行し，耕地は急速に拡大していった。その場合，いずれの新規開発地に関しても共通して言えるのは，旧来の耕地と比較すると，より生産条件の悪い土地であったことである。

　貯水池を中心に耕地が展開し，そこでの耕作に依存する人々が暮らすという従来の居住のありかたを村単位でみると，村の平均人口は，チングルプット地域の1801年の村落資料では，せいぜい110人でしかない。かなり人口の少ない状況であった。つまり，デルタ地域を除く18世紀までの南インド社会は，貯水池の建設によって比較的農業条件を安定させることのできた土地を生命線として生産が行われ，ぎりぎりの人口が維持されていたということである。

　このような状況に対して，植民地支配が開始される19世紀初頭からの新規開発地は，そうした安定性を無視した形で広がった。図7-5は，チングルプットの北側を占めるポンネリ郡とその周辺の衛星情報を図にしたものである。中央部から南にかけての色の濃い地域は，古くから集落が分布する旧開発地域であり，現在に至るまで，少なくとも壊滅的な被害が出ることはない安定した農業生産が見られる地域である。それに対して，この旧開発地域を囲むように広がる周縁地域は，年によっては現在でも壊滅的な状況に陥る地域である。当然ながら，植民地支配期に入るまで，集落がほとんど存在しなかった地域であった。

145

第Ⅲ部　アジアにおける農業開発

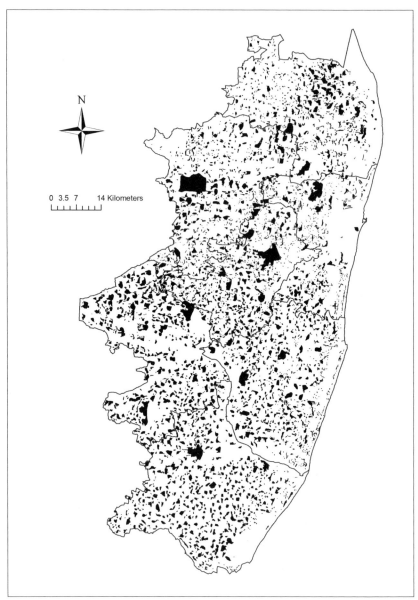

図7-4　チングルプット県の貯水池分布
出典：1970年代のチングルプット県の郡地図（Taluk Map）より作成。

第 7 章　19世紀アジアの農業開発の評価をめぐって

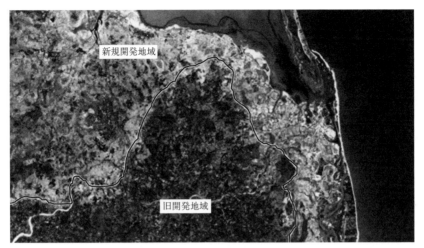

図7-5　ポンネリ地域の衛星画像
出典：東京大学工学部都市工学科岡部研究室作成。

　インドの生産の安定性について，19世紀後半には全体として農業生産は増加したが，生産の不安定性は大きく増したというセンの仮説を脇村が紹介している（脇村 2009：127-128；Sen 1971）。この仮説に合う事態がポンネリ郡でも見られたことになる。そして，こうした現象は，当時の生産技術水準において，人口と耕地，及びそこで安定した農業生産が可能となる灌漑源とのバランスが極めて崩れやすい生産環境に至っていたこと，一言で言うならば過剰開発の状況を物語るものであった。
　人口増大と条件の劣った新規開発地での農業生産が一気に進んだ結果，そこに出現したのは，気候の激しい変化への耐性の低い，いったん大きな天候不順に襲われれば大きな被害を出してしまう社会であった。実際，先に記したように，南インドは19世紀にいくつもの飢饉を経験する。とりわけ1870年代に発生した大飢饉では，数百万と言われる犠牲者を出した。ただし，ポンネリ地域での1871年と1881年の村別人口を比較したとき，大きく人口を減らした地域が必ずしも辺境の新規開発地域ではない。飢饉時の人の移動と被害状況に関するきめの細かい分析が必要である。しかし，全体として，19世紀初頭からの人口増大と荒蕪地開発の進展が，気候変動に対して抵抗力の弱い不安定な生産状況を現出させていたことは言えるであろう。

147

第Ⅲ部　アジアにおける農業開発

19世紀初頭から進んだ過剰開発状況は，19世紀後期からの新規耕地開発のテンポの低下と，井戸による地下水開発を中心とした農業の進展によって，次第に安定したものとなっていく。人口に関しても，1910年代後半にインフルエンザによる大量の犠牲者を出したものの，各種疫病への対策が功を奏し，1920年代以降は人口爆発と呼ばれる人口急増の時代に入っていく。今日までも続いている地下水開発の進展は，独立後の農業生産の増大，1960年代後半からの緑の革命，20世紀末からの食料輸出大国への転身へとつながる。19世紀初頭から今日までの農業と土地，人口の大きな流れは，ほぼ以上のようにまとめることができよう。

3　開発の進展と制度的・経済的・社会的要因

次の解明すべき問題は，19世紀初頭からの土地開発の大きな進展が，どのような要因によって実現されたのかという点である。単に人口が増え，人々が新たに開墾に向かったという単純な説明は，当該社会で移動の自由や開発の自由などが確保されていたことが前提であり，実際には多くの要因が絡んでいたはずである。この問題を，制度的・経済的・社会的要因に分けて考えてみたい。

制度的要因として，まず旧耕地と比較して，新規開発地に軽い地税額が設定され，開発を促進する政策が実行されたことがある。植民地政府の税収の大半は地税であり，地税増収策として新規耕地開発が奨励されていた。先に取り上げた南インドのポンネリ郡の場合，付図1に示すように，中央部の旧開発地域でより高い地税額が設定された。それに対し，周縁部の新規開発地では低い税額が設定され，後者での開発奨励策がとられたのである。

より重要な制度的要因として考えられるのは，ライヤットワーリー制が，国家と農民の間の中間層を排し，個々の農民を単位とした土地制度を作り上げようとしたことである。このことは，それまで中間層が領域的な支配権を行使していた村落をその支配から解放し，可能な限り農民たち——小農——による開発を目指したことを意味する。具体的には，村落の土地を占有地，耕地化可能な未占有地，共有地として分類し，未占有地を開発意欲のある農民に解放しようとしたのである。その際留意すべきは，ライヤットワーリー制の導入時に，実際に村落の耕地の大半を占有地として得たのは中間層つまり村落領主層であ

第 7 章　19世紀アジアの農業開発の評価をめぐって

り、その他の多くの村人たちは、土地所有者となることはできなかったという
点である。中間層の排除を主眼としていたとはいえ、まだ統治権力を獲得した
ばかりの植民地当局にとって、彼らの排除のための制度にレールを敷いたとし
ても、一気にそれを実現することは難しく、実現には長い時間がかかった。実
際、村落領主層とそれ以外の農民の間での荒蕪地開発をめぐる紛争が、19世紀
前半を通じて頻発したのである。他方、無権利状態に置かれた農民たち、つま
り土地所有から当初排除された村落領主層以外の農民たちは、その後懸命に土
地獲得に動いた。というよりも、動かざるを得なかった。従来、在地社会の総
生産物への取り分の配分システムによって生活を支えていた彼らは、植民地的
土地制度の導入によって配分システムが崩壊し、従来の権益が消滅していく中
で、土地所有からも排除されてしまった。その結果、新たな制度的枠組みの中
で、土地の獲得、新規開発に将来を託さざるを得なかったのである。

　経済的要因が開発にどのように影響したかについては、現時点では、まだ確
実なことは言い難い。19世紀前半は不況期とされ、農産物価格の低下があった
と言われており、そのため、地税の金納化のためにより多くの生産物の換金を
迫られる農民の負担が増したと指摘されてきた。しかし、19世紀前半の農産物
価格の動向に関しては実証的な研究がなく、実際に金納化がどのような影響を
与えたのかは実ははっきりしていない。農民の負担増が開発意欲を減退させた
可能性もあれば、逆に、より地税負担率の低い新規開発地域への進出が促され
た可能性もあろう。他方、19世紀後半に入ってからの農産物価格の上昇は確認
されている。少なくとも、アメリカでの南北戦争を契機とした農産物価格の上
昇によって、世紀後半は農民の地税負担が大きく軽減した。そうした状況の中
で、新たな土地開発が農業利潤を生み出したことは確実であり、その機会を多
くの農民が求めたであろうことは容易に想像がつく。

　社会的要因であるが、上に指摘したように、植民地政府は、村落領主層をは
じめとする中間層の排除を目指した。旧開発地域の村落においては、村内の未
耕地への村落領主層の領有権が名目的なものに変質させられたことから、農民
たちの新規開発が可能となり、中間層による他の農民への支配力が弱まって後
者の自立が進んだ。また、それまで手がつけられていなかった周縁部の新規開
発地域では、そのような制約がそもそも存在せず、自由な開発が可能であった。
植民地支配以前の耕地と労働力のバランスの中で、労働力の移動は制限されて

149

第Ⅲ部　アジアにおける農業開発

いたが，そうした社会的制約も弱まっていった。

4　開発の進展と村落の社会変化

（1）　カースト構造の変化

　19世紀初頭からの農業開発の進展は，では，インド農村にどのような変化をもたらしていたのだろうか。この点を，ティルチラパッリ県ラールグディ郡の村々を対象にし，1864年，1924年に作成された同地域の土地台帳を用いて分析してみよう。はじめに，カーストを単位とした各村の土地所有構造について見ておく。

　ラールグディ郡は，カーヴェリ河から分岐するコラルーン河を南辺にして広がり，用水によって豊かな米作地帯が広がる南側の灌漑地域の村々と，貯水池により村のごく一部のみで灌漑農業が可能な北側の乾燥地域の村々からなっていた。各村の1864年と1924年のカースト別土地所有を示すと，付図2，付図3のようになる。

　1864年の土地台帳では，ブラーミンやピッライなどのいくつかの有力なカーストが多くの村でかなりの割合の土地を所有していることがわかる。ライヤットワーリー制導入時の1820年代の土地台帳は現存しないことから，最初期の状況は確認できない。しかし，後に取り上げる同郡のR村，N村の事例から，導入時に，村落領主層やそれに属する同カーストの構成員に独占的な土地所有が認められ，その状況がこの時点まで基本的には続いていたことを示すと考えられる。

　他方，この1864年のグラフを1924年のグラフと比較すると，状況が大きく変化し，多様なカースト成員が新たに土地所有者となっていることが見てとれる。

　ラールグディ郡のR村で筆者が行った長期実地調査では，同村の最有力カーストであるレッディが，1864年の時点で村内の土地の78％，1894年の時点で同60％，1924年の時点で41％，筆者が現地調査を実施した1982年の時点で27％へとその所有地比率を低下させたことが明らかとなっている。この変化を19世紀初頭まで遡らせた場合，レッディが村の土地をほぼ独占していたと推定できる。隣接するN村においても，同様な傾向である。同郡の多くの村々で，時間の経過とともに，寡占的な状況から多様な土地所有へと移行していったことは間違

第 7 章　19世紀アジアの農業開発の評価をめぐって

いなく，ラールグディ郡のいくつかの村々での同様な傾向については，Yanagisawa（1996）も確認している。

　以上は，カースト単位の分析結果である。個々の土地所有者を単位として分析しても，同様に，寡占的な土地所有構造が多くの小農を含む構造へと変化したことが明らかである。図7-6は，同じくラールグディ郡の1864年と1924年の村別土地所有者数を並べたものである。全ての村落についての両時点での土地所有者数の集計作業が終わっていないため，図ではそうした作業を終えた11村（黒色と灰色の横棒が並んでいる村々）に加えて，これまで土地所有者数を集計できた村々の全てを含めている。現時点で集計からの全体的な結論を確定することはできないが，少なくとも両時点の数値が出ている11村に関しては，いずれも土地所有者数は数倍に増加している。この間に，土地所有者数が大きく増加したことは，まず間違いない。土地所有カーストが多様化したことを勘案すれば，同じカーストで均分相続などにより所有者が増えただけではなく，新たに多くの土地所有者が誕生したことになる。

（2）　土地所有構造の変化と小農化の進展

　村々における土地所有カーストの多様化や土地所有者数の増加は，19世紀初頭の村落の寡占的な土地所有構造が，その後100年前後を経て，より平準化した構造へと変化したことを物語る。この点を今少し明らかにするために，1924年時点のラールグディ郡の各村について，土地所有規模の大きい順に上位10人の占める割合を示したグラフを示すと，付図4のようになる。

　上位10人が，場合によっては過半の土地を所有している村もいくつか見受けられるが，19世紀初期の寡占的な状況と比較すれば，全く異なる状況となっているのは明らかである。先の土地所有者数を示したグラフに示されているように，多くの場合は数百人，場合によっては千人を超える土地所有者を抱える村が出てきているのである。基本的には，多くの小農が出現し，小農化が進んだのは間違いない。

（3）　小農開発とプランテーション開発

　このように，19世紀の南インドでは，小農化と農業開発が進み，主穀の米はもちろん，綿花，落花生などの商品作物生産が拡大した。付図5は，1924年時

151

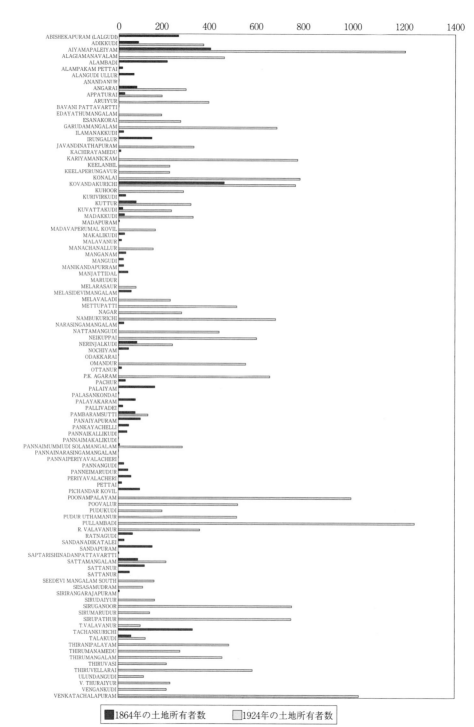

図 7-6　土地所有者数（ラールグディ郡：1864年, 1924年）

出典：ラールグディ郡各村の土地台帳（Settlement Registers, 1864）より作成。

点のラールグディ郡の村別作物構成を示したものであるが，米はもちろん，綿花，落花生が広く生産されていたことが示されている。

南インドでは，丘陵部から山岳部にかけて，主にヨーロッパ系資本によりコーヒーや茶のプランテーションも展開した。しかし，南インド全体からすれば，プランテーションはごく一部に過ぎず，小農経営が主流であった。多くの小農が，グローバル・エコノミーとつながる商品作物生産に取り組んでいたことになる。

アジア全体を見渡したとき，小農を主体とする開発が19世紀以降の開発の中でどのような位置を占めたかについては，地域ごとのきめ細かい分析が必要である。しかし，ビルマ，タイ，インドシナ，インドネシアなど，インドから東南アジアにかけての地域では，ごく一部のプランテーション主体の地域を除けば，開発の主体は小農であったことは間違いないであろう。そして，この小農主体の開発こそが，アジアに共通のパターンであったと言える。

5　小農開発のプロセス

（1）　商業・金融関係者による土地所有の増加——ラールグディ地域

以上のようにアジアの開発のあり方を特徴づけることができるとして，次に解明しなければならないのは，小農開発のプロセスである。

南インドで開発が進んだ要因と，開発の主力が小農であったことについてはこれまで論じてきた通りである。しかし，19世紀後半のアメリカ南北戦争を契機として農産物価格の急騰が進み，またすでに見てきたような商品作物生産の拡大が進むなど，アジアの農村ではグローバル・エコノミーとの緊密化が進んでいた。そのことは，この時期の農業開発が，単に人口増大に伴う耕地の拡大という単純な現象として生じていたのではなく，グローバル・エコノミーの深化と共に進んでいたことを示唆する。それを典型的に示すのが，商業・金融関係者の農業もしくは土地所有への関わりの進展であり，その動きは，19世紀後期にはかなり顕著なものとなっていた。

この点を明らかに示すのが，ラールグディ郡の村々におけるチェッティと呼ばれる商人・金融カーストによる土地所有の拡大である。先に付図2，3で示した1864年と1924年のカースト別土地所有のグラフを比較すると，彼らの土地

第Ⅲ部　アジアにおける農業開発

表7-3　チェッティの土地所有動向（1894年と1924年の比較）

（単位：cent）

Village Name	1894	1924	1924-1894
Adikudi	1,491	827	-664
Alagiyamanavalam	0	1,669	1,669
Appadurai	1,370	1,112	-258
Ariyur	0	295	295
Ayyampalayam	195	70	-125
Esanakorai	73	253	180
Idaiyathumangalam	0	7,106	7,106
Kariyamanickam	1,174	988	-186
Keelanbil	96	749	653
Keelaperungavoor	1,195	0	-1,195
Koonur	245	25	-220
Koothur	32	2,984	2,952
Kovandakurichi	0	4,817	4,817
Kovathakudi	0	582	582
Madakudi	0	3,311	3,311
Madavarperumalkovil	69	930	861
Manachanallur	9,980	11,066	1,086
Marudhur	1,693	0	-1,693
Melarasoor	806	463	-343
Melsidevimangalam	991	6,315	5,324
Mettupatti	481	1,491	1,010
Nagar	687	5,895	5,208
Nambukurichi	428	1,403	975
Nathamangudi	314	513	199
Neikuppai	208	3,426	3,218
Nerujalakudi	0	1,153	1,153
Omandhur	6	0	-6
Pamparamchutti	0	133	133
Periyakurukkai	879	1,026	147
Pudukkudi	1,622	16	-1,606
Puduruthamanur	226	317	91
Pullampadi	785	5,074	4,289
Puvalur	12,048	15,779	3,731
Sathamangalam	281	1,517	1,236
Seshasamudram	6,183	2,118	-4,065
Siruganur	261	1,794	1,533
Sirumarudhur	1,282	1,965	683
Siruppathur	932	794	-138
T. Valavanoor	32	0	-32
Theerampalayam	3,950	1,578	-2,372
Thiruvallarai	522	108	-414
Thiruvasi	0	1,858	1,858
Ulundangudi	575	3,331	2,756
Vengangudi	514	736	222
Venkatachalapuram	521	4,045	3,524
Sum	52,147	99,632	47,483

出典：ラールグディ郡各村の土地台帳（Settlement Registers, 1894, 1924）より作成。

第 7 章　19世紀アジアの農業開発の評価をめぐって

所有が顕著に増大していることがわかる。ちなみに，1894年と1924年に関して数値を求めることができる共通の村を選び，その間の所有地面積の増減を比較すると，表7-3のようになる。村によって増減があるが，全体として，1894年から1924年の間に90％の増加となっている。

　このように，チェッティによる土地所有の増加は顕著であるが，その所有地の空間分布には大きな特徴が見られる。ラールグディ郡は，先に述べたように，南北で大きく生産環境が異なる。付図6，付図7は，その農業生産の差異を1894年と1924年の2時点で示したものであるが，南側では米が主作であり，北側では雑穀類が中心である。そのことが，チェッティの土地への関わりにどのような差異をもたらしているか。この問題を同郡の1894年，1924年時点の土地所有分布から見ると，図7-7，図7-8のようになる。すなわち，チェッティの所有地は，コラルーン河に沿って灌漑用水路が走る同郡南側の豊かな灌漑地域に偏在する。他方，貯水地によって一部の土地しか灌漑し得ない北側の乾燥地域については，幾つかの村や大きな町にチェッティの所有地はあるものの，南側の灌漑地域と比較するとその分布も規模も限定的である。言うなれば，生産性が高く，安定した収益が期待できる灌漑地域が，この地域でのチェッティの土地権益に関わる活動の主対象であったということである。

　このラールグディ郡の事例に示されるチェッティの土地所有の空間分布は，19世紀後期からの農業生産の発展と収益の増加，それを背景とした商業・金融関係者の活動の展開を示唆するものであるが，それを傍証するのが図7-9に示す1901年センサス報告に掲載された村別の金融業者の人数である。彼らが，豊かな南側の灌漑地域に分布している状況が明らかであろう。

　19世紀初めからの土地開発の進行，19世紀後半には顕著となる農産物価格の上昇傾向，世界市場とのつながりの緊密化による激しい価格変動，その激しい動きを捉えたチェッティなどの金融業者による農業経営や土地所有への活動強化というこれまで見てきた一連の動きは，グローバル・エコノミーの展開と共に進んだインドの19世紀の農業開発が，これら金融業者の活動と深い関係を持ちながら進んだことを示唆する。

（2）　金融業者の活動の展開と背景

　金融業者による土地市場への関わりと，それがもたらした「負」の影響は，

第Ⅲ部　アジアにおける農業開発

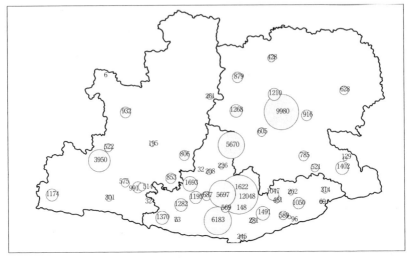

図7-7　ラールグディ郡の村別土地所有に占めるチェッティの割合（1894年）
出典：ラールグディ郡各村の土地台帳（Settlement Registers, 1894）より作成。

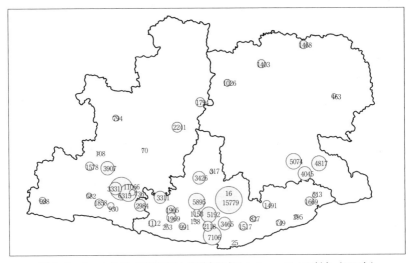

図7-8　ラールグディ郡の村別土地所有に占めるチェッティの割合（1924年）
出典：ラールグディ郡各村の土地台帳（Settlement Registers, 1924）より作成。

第 7 章　19世紀アジアの農業開発の評価をめぐって

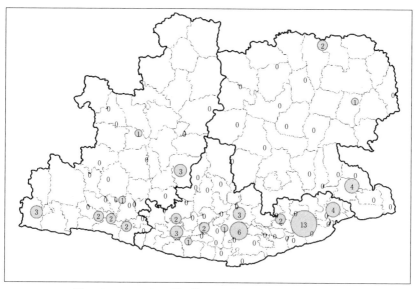

図7-9　ラールグディ郡の村々での金融業者の分布（1901年）

出典：Census of 1901, Village Statement, Trichinopoly Taluk (*Census of India, 1901, Village Statistics, Trichinopoly District*), Madras, 1902 より作成。

表7-4　土地抵当件数の増加

	100ルピー以下	100ルピー以上
1886/87	130,026	128,096
1892/93	200,628	199,607

出典：*Report Regarding the Possibility of Introducing Land and Agricultural Banks into the Madras Presidency*, Madras, 1895：239.

植民地政府の注意を惹いた。農民負債が農民の疲弊を招き、さらには社会不安、政府への不信を高めるであろうという恐れからである。1895年には、マドラス管区に土地・農業銀行を導入する可能性が探られ、報告書が作成されたが、そこには1880年代後半から90年代初頭にかけて、表7-4に示されるように、土地抵当件数の5割を超える増加が報告されている。

また、ほぼ同時期に出されたと考えられる土地移動と農民負債に関する政府報告では、1870年代末から90年代初頭にかけての土地売買・抵当の件数の急増

157

第Ⅲ部　アジアにおける農業開発

表7-5　土地売却件数，抵当数の動向

	年平均売却件数		年平均抵当件数		年平均地価
	強制	任意	強制	任意	
1878-83	60,130	50,259	103,987	74,808	1,007
1883-88	94,154	84,181	123,516	119,603	1,089
1888-93	228,999		171,074	170,948	1,399

出典：*Note on Land Transfer and Agricultural Indebtedness in India,* Government of India：64（出版年，出版地の記載無し）.

及び地価の上昇に関する表7-5の統計が記録されている。そこから明らかな
ように，この間売却件数はほぼ4倍に，抵当件数は7割増に，地価は4割近く
それぞれ上がっている。農民負債を原因として土地移動が生じていくケースが，
この時期に急激に目立ち始めたのである。1901年センサスに際して村毎の金融
業者数が掲載されたのも，植民地政府の強い関心の表れであった。

　このような金融業者の活動は，植民地政府にとっても，また農民負債の深化
の問題を植民地政策に帰そうとする民族主義者やインド人の歴史研究者にとっ
ても，基本的に負のイメージとして捉えられてきた。しかし，本章では，農業
開発そのものの問題と関連させた場合，彼らが大きな役割を果たしたであろう
ことに注意を喚起しておきたい。19世紀の多くのインド農民にとって，農業開
発が生活向上のためのほぼ唯一の選択肢であったからであり，それには資金が
不可欠であったからである。

　新規開発に果たした金融業者の役割を検証するが，ラールグディ郡の場合，
19世紀以前の段階で集落が広く分布しており，旧来の農業地域とは全く異なる
というような新規開発地域は存在せず，この問題の分析は困難である。そこ[6]
で，旧開発地域と新規開発地域がコントラストを示して存在し，新規開発地域
で19世紀に入ってから急速に開発が進んだポンネリ郡を事例として見ていく。
ポンネリ郡については，1877年に作成された土地台帳があり，それを処理して
グラフにしたものが付図8である。黄色がチェッティであり，1877年時点でか
なりの村々で土地を所有している状況が見て取れる。

　注目されるのは，開発に関わる空間的特徴である。先の図7-5は，2000年
代初頭の同地域の衛星画像から作成されたポンネリ郡とその周辺の地図である
が，枠線の南側が18世紀までに開発が行われ集落も存在した旧開発地域であり，

158

第 7 章　19世紀アジアの農業開発の評価をめぐって

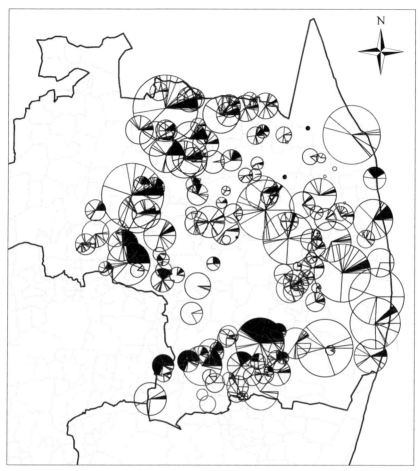

図 7-10　ポンネリ郡におけるチェッティの村別土地所有の割合（黒色部分）
出典：ポンネリ郡各村の土地台帳（Settlement Registers, 1877）より作成。

それを囲む形の外縁部が，19世紀以降に農業開発が進んで集落が生まれていった地域である。旧開発地域が色の濃い穀倉地帯であるのに対し，新規開発地域が色の薄い乾燥地域である状況が見て取れるが，実際，現地を訪れてみると，前者が毎年比較的安定した耕作が見られるのに対し，後者では，年により大きな変動があり，年によっては壊滅的な状況になることを知ることができる。つまり，雨量が比較的余裕のある年には両地域とも生産が見込めるが，そうでな

159

第Ⅲ部　アジアにおける農業開発

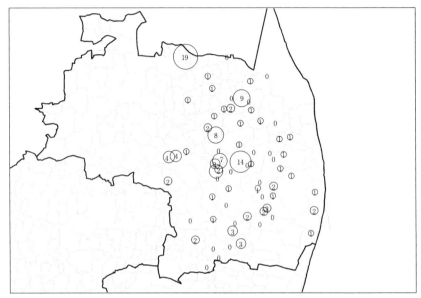

図7-11 1770年代のポンネリ郡におけるチェッティの村別分布数
出典：*The Barnard Records, 1770s* より作成。

い年には後者は農業生産を行い得ないような状況となるのである。18世紀までの旧開発地域は，年変動の少ない，比較的生産の安定した地域に限定されていたのであった。

　こうした対照的な条件の地域が存在する中でのチェッティの所有地分布を見てみると，図7-10のようになる。旧開発地域の中央部は，ザミンダーリー制が残った地域であるために，ライヤットワーリー制の運用の際に作成されたような土地台帳が存在せず，土地所有に関する情報が欠落している。そのため，必ずしも明確に言い切ることはできないが，チェッティの土地所有は，周縁部の19世紀以降の開発地に広く分布している様子が窺える。

　このようなチェッティの土地所有の新規開発地での分布は，19世紀に入ってからの新規土地開発に彼らが深く関わっていたことを示唆する。これと連関する情報として興味深いのは，彼らの居住する村の空間分布の変化である。図7-11と図7-12は，同郡の1770年代と1871年時点の村別世帯数と空間分布を示したものである。この2つの地図の比較から示唆されるのは，ほぼ100年の

160

第 7 章 19世紀アジアの農業開発の評価をめぐって

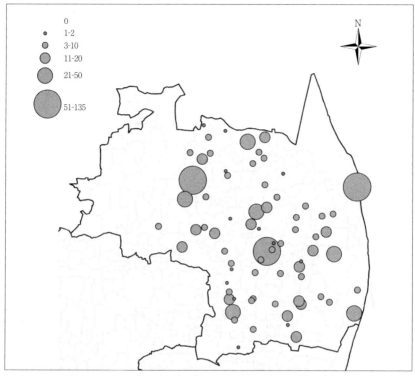

図 7-12 1871年のポンネリ郡におけるチェッティの村別分布数
出典：Census Statement of Population of 1871 in Each Village of the Chingleput District arranged according to Area, Caste, and Occupation (*Census of India, 1871*), Madras, 1874 より作成。

間に，チェッティが旧地域から新規開発が進む周縁部に移動しているという点である。活動の重心をそれまでの旧開発地域から新規開発地域に移し，この時期に進んだ後者の農業開発に関わったことを示唆するものである。その関わりは農民への積極的な農業金融を含むものであったことは確実であり，彼らが，いわば農業開発のエージェントとしての役割を果たしていたと見なして良いであろう。[7]

6 マレーシアとビルマの NC

本章では，これまで，主に南インドを対象にして人口や土地・農業開発の動

第Ⅲ部　アジアにおける農業開発

向，小農経営の増大と彼らを主体とした開発の動き，そしてそこにおける金融
業者の開発エージェントとしての役割を検討してきた。これを，アジア全体の，
ひいてはグローバル・エコノミー全体の中に位置づけてみたい。

　先に，南インドでの人口動向，農業開発の動向は，アジア諸地域のそれと共
通のものがあると指摘した。例えば，東南アジア全体を見渡した加納啓良は，
各地の1800年と1900年前後を比較した人口動向に関し，ベトナム北・中部で
1.62倍，ビルマで2.28倍，フィリピンで4.16倍，マラヤで1911年までに4.68倍，
ジャワで5.8倍の増加があったとしている（加納 2001b：298）。また，坪内良博
は，ジャワの人口密度が，平方キロ当たり1815年の34人から1900年の215人へ
と増加したという（坪内 2000：19）。耕地に関して，同じく加納啓良が，ジャ
ワの耕地面積が1832年の96万 ha から1900年の298万 ha へ，下ビルマの米作面
積が1850年代の30万 ha から20世紀初めの200万 ha へ，タイ中部チャオプラ
ヤー河デルタの米作面積が1850年の100万 ha から20世紀初めの140万 ha へと
増加したこと，また米の生産・輸出量に関しては，タイ中部チャオプラヤー河
デルタからの輸出量が1850年代の5万トンから90年代末の50万トン，1930年代
の150万トンへ，メコン河デルタからの米輸出量が1880年の30万トンから1900
年代前半の80万トン，1920年代の150万トンへ，そして下ビルマが1930年に300
万トンを輸出して最大の輸出地域になったことをそれぞれ指摘している（加納
2001a：8-19，2001b：228）。

　このように，南インドと同様に，東南アジア諸地域でも19世紀に入ってめざ
ましい勢いで農業開発とそれに伴う交易の拡大が見られた。そこでの開発には，
タイの貴族層やベトナムのフランス人などによる大規模開発もあったようであ
るが，多くは小農の参加によるものである。

　この東南アジアでの小農開発においても，実は南インド出身の著名な金融業
者であるナットゥコッタイ・チェッティヤール（以下 NC）が深く絡んでいた。
NC とは，南インドの旧プドゥコッタイ藩王国の一地域であるナットゥコッタ
イ出身のチェッティ（タミル語で「ヤール」は複数もしくは尊称を表す接尾辞）を指
す。18世紀末のイギリス東インド会社のペナン，シンガポール進出と同時に東
南アジア地域に進出したと言われ，19世紀には広く東南アジアを舞台にして農
業金融に携わった。とりわけ，ビルマやマレー半島での彼らの活動はよく知ら
れており，筆者もすでにマレー半島のクアラ・カンサルでの彼らの活動に関し

162

第 7 章　19世紀アジアの農業開発の評価をめぐって

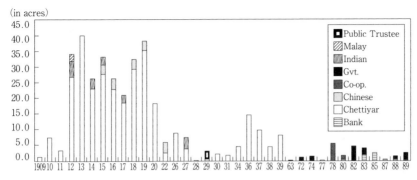

図 7-13　J村でのコミュニティー別抵当入れ面積
出典：クアラ・カンサル土地局の各種土地台帳より作成。

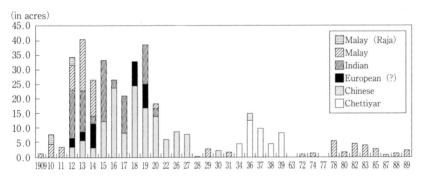

図 7-14　J村でのコミュニティー別抵当化面積
出典：クアラ・カンサル土地局の各種土地台帳より作成。

ていくつかの論考を発表している。ここでは，本章の議論と関連するクアラ・カンサル近郊のJ村の事例を紹介し，彼らの活動の意義を示しておきたい（Mizushima 1995）。

　図 7-13 は，J村での土地台帳，及び土地登記簿に記載された土地抵当の事例を選び出し，それらが誰によって抵当化されたかをコミュニティー別に示したものである。図から一目瞭然であるように，植民地期において，ごく一部で中国人，マレー人，インド人が含まれるが，土地を抵当にとって金融を行っていたのは圧倒的に NC であったことが見て取れよう。

　他方，だれが土地を抵当に出して融資を受けたかを示したのが図 7-14 である。マレー人をはじめ，中国人，インド人その他，エスニシティーにかかわら

163

第Ⅲ部　アジアにおける農業開発

ず融資を受けている状況が見て取れよう（1930年代から独立前後にかけて NC が登場しているが，いずれも NC 間の取引）。ちなみに，クアラ・カンサルの町の住居地，商業地のいずれにおいても，1920年代まではもちろん，日本軍の侵攻に至るまで，NC がこの地の金融の主役を務めていた（Mizushima 1997）。

　このように，植民地支配及びそこでの開発の早い段階で，NC がマレー半島の隅々にと言って良いほど進出し，金融の主役を務めた。同様な事態は，ビルマでも確認されている。そのこととは別に，マレー半島に関して特に注目しておきたいのは，マレー人農民の債務の深まりを懸念したイギリス植民地政府とマレー人スルタンがその状況を食い止めようと，マレー土地留保法を1913年に実施したことである。この法律は，ある地域がマレー人留保地として官報に記載されると，その地域内では非マレー人は土地を獲得することができないとしたものである。その結果，留保地ではマレー人から非マレー人への土地の抵当化例は，施行後1～2年でほとんど消えた。さらに，大恐慌後の1933年には，マレー人から非マレー人への土地移動だけでなく，土地の抵当化自体も禁止する法改正が行われた。NC の活動の対象が，早い時点で農村部のマレー人以外に移っていくことになったのである。

　マレー土地留保法は，以上のように，留保地への非マレー人の権益介入を阻止する役割を果たしたが，その影響は，現在に至るまで調査地における土地所有規模の分布の特徴として明瞭に見出すことができる。植民地支配初期に行われた最初の土地の施与に際しては，1～4エーカーの規模の土地が農民に施与されたが，それから100年を経た1990年代の保有規模の分布も，最大で4エーカー台，大半が1～3エーカーの保有規模のままであった（Mizushima 1995）。つまり，保有規模分布という点では，現在までほとんど全く変化が無く，小農経営が維持されてきたことを示す。この無変化は，しかしながら，マレー農民が土地所有に対して関心を持たなかったことを意味しているわけでは決してない。土地登記簿の分析では，この100年間に極めて頻繁に土地取引が行われてきている。農民の土地保有への関心は高いものであった。

　イギリス植民地当局の農業政策は，一方で欧米資本による大規模プランテーション経営を優遇策によって育成し，他方で政治的安定の基盤としてマレー人小農を保護するというものであった。過去100年間のマレー村落での土地移動の経過とその結果は，その意図と目論見の如何は別として，この小農維持政策

164

第 7 章　19世紀アジアの農業開発の評価をめぐって

が見事に成功したことを示している。他方，このことは，マレー土地留保法が，土地の担保価値を奪い，NC の金融活動の拡大を阻止し，皮肉なことに，その結果マレー人が非農業分野へ進出する契機を奪うものになったことも意味する。マレー半島での農村と都市との格差とそれに連関したマレー人と華人とのエスニック問題は1960年代末に大きな犠牲を払う形で爆発する。その遠因として，イギリスの植民地政策がマレー農民の農民金融の道を閉ざしたという点を挙げておいて良かろう。

　その一方で，小農が主体となった農業開発がその後も進展し，1930年代に入ると小農によるゴム生産がエステートと呼ばれる100エーカー以上の農園でのゴム生産を上回るようになったということにも注目しておくべきである（猿渡1984）。マレー土地留保法施行後のこうした小農によるゴム開発の進展が，NC による金融活動と無縁であったのかどうか，どのような形でマレー人小農たちが新規開発に取り組んでいったのかという問題については，ビルマやマレー半島以外の東南アジア諸地域の小農による農業開発と農業金融の実態についての問題と合わせて，今後の研究課題である。

7　アジアの開発・小農・エージェント

　本章では，南インドと東南アジアの事例から，19世紀のアジア社会の特徴として，人口と耕地の急速な拡大，小農による農業開発があることを指摘し，小農の役割と，農業開発を促すエージェントとしてのインド人金融業者の役割を論じてきた。近年のグローバルヒストリー研究の高まりの中で，アジア間交易や海域世界に注目が集まっている。また，それら交易拠点と後背地との関係についても研究の密度が高まってきている。その一方で，人口動向や土地開発，その空間的特徴に関する実証研究はまだ手薄に感じられる。アジア各国の農業開発の時間的・空間的な展開とそれをうながしたエージェントの活動，そこでの農業経営の特徴と生産から消費に至るつながり，そしてグローバル・エコノミーの発展とそこに果たしたアジアの役割の評価など，埋めるべき空白はまだ多い。アジア全域を見渡した議論が可能となる研究者の協同作業を期待したい。

165

第Ⅲ部　アジアにおける農業開発

注

(1) 近年の Big Data への関心と，それと関連して，オランダやアメリカなどを中心
として，物価や賃金などのデータを，アジアを含めて集めていこうとする動きがそ
うした例である。

(2) 例えば，賃金だけをとってみても，貨幣給・現物給と物価水準との関係からヨー
ロッパと南インドとの賃金水準の評価を見直すべきであるとのパルササラティの議
論（Parthasarathi 1998）とそれへの反論（Broadberry and Gupta 2005）があり，
また，一般に都市労働者の比率が圧倒的に少ないアジアの賃金水準と，そうではな
い西ヨーロッパの都市労働者の賃金水準を較べることへの違和感など，国際比較に
は多くの解決すべき問題が含まれている。生活水準の国際比較に関しては，斎藤
（2008）。

(3) 本章では，小農を主体とした開発に焦点をあてるが，ここで小農という場合，経
営の規模を含意しており，所有規模ではない。従って，大規模土地所有の下での，
小さな経営規模のものも含む。そもそも，機械化農業が進展していなかった19世紀
のアジアにおいては，広大な所有地をもつザミンダールや寺院であっても，その下
の基本的な経営が小農に分散していたことは言うまでもない。大規模な空間を大量
の雇用労働者により組織的な生産を行うプランテーション型の経営とは基本的に異
なるものであり，別の言い方をするならば，プランテーション型経営に対比する経
営の類型を意味する。

(4) ここでの数値は，18世紀末の戦乱により人口が激減したと言われている地域であ
るため，過大になっている可能性があるが，戦乱が終止すれば住民は元の居村に戻
るのが通常であることや，それ以前の1770年代の同地域の村々における耕地面積と
比較して1801年の耕地面積が着実に増加していることからして，ある程度過大で
あったとしても，その後1870年代初頭までの間にかなりの人口増大があったことは
間違いないだろう。

(5) ポンネリ地域の1871年と1881年の村別人口を比較すると，むしろ旧開発地域に位
置する村々の人口が減少し，周辺の新規開発地域の人口が増大するという一見して
予想外の事実に出くわす。しかし，第一に，旧開発地域の村々にある新規開発地の
生産条件が，周辺地域にある新規開発地域の土地と同様に生産条件が悪かった可能
性が高いこと，第二に，新規開発地域では1870年代に入ってもそれまでと同様な人
口増加があったために，飢饉が発生した70年代末までの増加が飢饉の犠牲者を相殺
した可能性があること，第三に，新規開発地域へ移動した農民が，比較的余裕のあ
る農民であった可能性があることなどが考えられる。現存する情報では，いずれも
論証は難しいが，1877年に実施された土地所有の再設定作業の際に作成された土地
台帳を元に，現地調査を交えて１つひとつの村について調査を進めれば，この問題
の解明をなしうる可能性はある。

166

第 7 章　19世紀アジアの農業開発の評価をめぐって

⑹　このことは，開発可能な土地がなかったことを意味するのではない。旧来の開発
地域においても，各村の従来からの農地の周縁にはまだ手をつけられていない土地
が広がっていた。新規開発空間とここで言う場合，従来全く集落が存在しなかった
ような広大な空間が広がっている地域を指す。例えば，東南アジアで言うならば，
19世紀に開発が進んだビルマ南部やタイ南部のデルタ地帯のような地域である。

⑺　ポンネリ郡では，チェッティの所有地は生産環境の悪い周縁の新規開発地にみら
れたが，先に検討したラールグディ郡では，むしろ灌漑地域に彼らの主たる活動の
場があった。この違いはどのように説明できるのだろうか。両地域の決定的な違い
は，ポンネリ郡周縁部分が，18世紀まで集落がなく，19世紀以降にはじめて開発が
進んだ新規開発地域であったのに対し，ラールグディ郡の場合は，南北いずれの地
域においても，すでに古くから集落が分布していた点にある。ラールグディ郡の南
側は，カーヴェリ河の恵みを古くから得ていた極めて肥沃で生産も安定した地域で
あり，チェッティにとってみれば，生産の不安定な北側の地域に投資するよりは，
南側に投資する方がより多くの利潤を安定して見込めた可能性が強い。また，同じ
く南側の場合，同地の肥沃な灌漑地を古くから大量に支配していたブラーミンが，
植民地支配下で官吏や法曹関係など都市の中間層として挙家離村し，土地支配の空
白が広く生じたという事情があることも関連するかもしれない。他方，ポンネリ地
域の場合，すでに一通りの開発を古い時期に終えていた旧開発地域の村々では，以
前からの村落領主層の支配力がある程度維持されており，チェッティにとって，手
のつけられていない未開の空間に関係する方がより容易に，より多くの機会が望め
たのではなかろうか。この問題を明らかにするには，ポンネリ地域における長期住
み込み調査が必要であり，研究の進展に期待するしかない。今後，地域ごとの歴史
的背景に深く入り込む必要があるが，いずれにせよ，チェッティなどの金融業者が，
さまざまな状況に対応しながら農業開発に関わったことは間違いないと考えて良い
だろう。なお，筆者は，1930年金融調査委員会報告にある村落調査報告を用いて，
商業高利貸資本の活動が，灌漑条件に基づく土地の生産性によって大きく2つのパ
ターンに分けられると論じたことがある。すなわち，土地生産性の高い地域では，
彼らは金融活動を通じて積極的に土地確保に動き，地主となって地主・小作関係の
下で小作料収入を得るのに対し，生産性が低く生産の不安定な地域では，農民への
前貸しを通じて生産物を先取りし，その生産物を流通に投じることにより利潤を確
保しているというものである（水島 1978）。本章でとりあげたポンネリ郡とラール
グディ郡の事例から振り返ると，多少単純すぎる議論であったかに思う。

参考文献

宇佐美好文（2014）「センサス期（1881-2011）の人口変動」水島司・川島博之編『激
　動のインド2　環境と開発』日本経済評論社。

第Ⅲ部　アジアにおける農業開発

加納啓良（2001a）「総説」加納啓良編『東南アジア史6　植民地経済の繁栄と凋落』岩波書店。

加納啓良（2001b）「農村社会の再編」加納啓良編『東南アジア史6　植民地経済の繁栄と凋落』岩波書店。

斎藤修（2002）「飢饉と死亡と人口変動」柳澤悠編『現代南アジア4　開発と環境』東京大学出版会。

斎藤修（2008）『比較経済発展論──歴史的アプローチ』岩波書店。

猿渡啓子（1984）「マレーシア商品作物栽培業の発展とイギリス商社」『社会経済史学』50-3。

杉原薫（1996）『アジア間貿易の形成と構造』ミネルヴァ書房。

坪内良博（2000）「地域性の形成論理」坪内良博編『地域形成の論理』京都大学学術出版会

脇村孝平（2009）「「長期の19世紀」アジア──インド経済史を中心に」籠谷直人・脇村孝平編『帝国とアジア・ネットワーク』世界思想社。

Alavi, S. ed. (2002), *The Eighteenth Century in India: Debates in Indian History and Society*, Oxford University Press.

Broadberry, S. and Gupta, B. (2005) , "The Early Modern Great Divergence: Wages, Prices and Economic Development in Europe and Asia, 1500-1800," http://www2. warwick.ac.uk/fac/soc/economics/staff/faculty/broadberry/wp/wage8a.pdf（2017年3月19日にアクセス）

Chandra, B. (1968), "Reinterpretation of Nineteenth Century Indian Economic History," *Indian Economic and Social History Review*, vol. V, No. 1.

Guha, S. (2001), *Health and Population in South Asia: From Earliest Times to the Present*, Hurst & Company, London.

Marshall, P. J. ed. (2003), *The Eighteenth Century in Indian History : Evolution or Revolution ?* Oxford University Press.

Matsui, T. (1968), "On the Nineteenth-Century Indian Economic History – A Review of a "Reinterpretation," *Indian Economic and Social History Review*, vol. V, No. 1.

Mizushima, T. (1995), "A Historical Study on Land Transaction in a Perak Kampong," *Regional Views*, Komazawa University.

―――. (1997), "A Historical Study on Land Transaction in a Local Town in Malaysia -Kuala Kangsar Shop Lots between 1885 and 1995," *Regional Views*, no. 10, Komazawa University.

Morris, M. D. (1968), "Towards a Reinterpretation of Nineteenth-Century Indian Economic History," *Indian Economic and Social History Review*, vol. V, No. 1.

Mukherjee, A. (2007), "The Return of the Colonial in Indian Economic History : The

Last Phase of Colonialism in India," Presidential Address (Modern India), *Indian History Congress.*

―――. (2011), "Debates : Colonial 'Industrialization' : The Indian Experience in the Twentieth Century," *International Journal of South Asian Studies,* vol. 4.

Parthasarathi, P. (1998), "Rethinking Wages and Competitiveness in the Eighteenth Century : Britain and South India," *Past and Present,* no. 158.

Pomeranz, K. (2000), *The Great Divergence : China, Europe, and the Making of the Modern World Economy,* Princeton University Press.（K. ポメランツ『大分岐――中国，ヨーロッパ，そして近代世界経済の形成』川北稔監訳，名古屋大学出版会，2015年）

Raychaudhuri, T. (1968), "A Re-interpretaion of Nineteenth Century Indian Economic History ?" *Indian Economic and Social History Review,* vol. V, No. 1.

Sen, S. R. (1971), *Growth and Instability in Indian Agriculture,* Firma K. L. Mukhopadhyay, Calcutta.

Roy, T. (2010), "Debates : Colonialism and Industrialization in India, 1870-1940," *International Journal of South Asian Studies,* vol. 3.

Yanagisawa, H. (1996), *A Century of Change : Caste and Irrigated Lands in Tamilnadu 1860s-1970s,* Oxford University Press.

〈一次史資料〉

Zamindari Statement, Statement relating to Permanent Settlement of Jagir forwarded as Enclosures to Mr. Greenway's Letter, 29th March, 1801 (*Permanent Settlement Records,* vols. 20-22).

The Barnard Records, various volumes, 1770s.

Census Statement of Population of 1871 in Each Village of the Chingleput District arranged according to Area, Caste, and Occupation (*Census of India, 1871*), Madras, 1874.

Census of 1901, Village Statement, Trichinopoly Taluk (*Census of India, 1901, Village Statistics, Trichinopoly District*), Madras, 1902.

Village Directory (*Census of India, 2001*).

Monthly and Annual Rainfall and Number of Rainy Days Period, 1901-1950, India Meteorological Department.

Report Regarding the Possibility of Introducing Land and Agricultural Banks into the Madras Presidency, Madras, 1895.

Note on Land Transfer and Agricultural Indebtedness in India, Govt. of India（出版年，出版地の記載無し）.

第Ⅲ部　アジアにおける農業開発

Settlement Registers of Lalgudi Villages, 1864, 1894, 1924.
Settlement Registers of Ponneri Villages, 1877.

第 7 章　19世紀アジアの農業開発の評価をめぐって

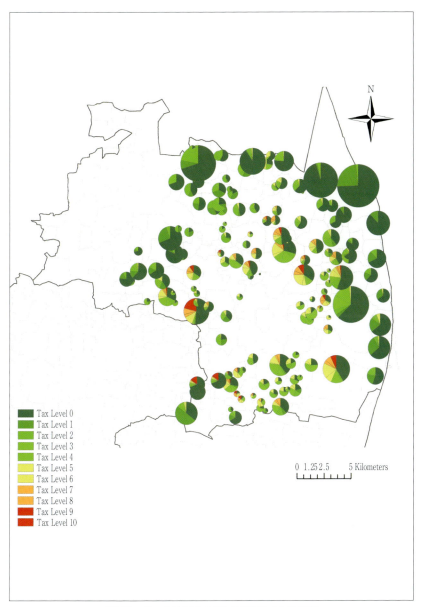

付図1　ポンネリ地域での新規開発地での地税率
出典：ポンネリ地域各村の土地台帳（Settlement Registers, 1877）より作成。

171

第Ⅲ部　アジアにおける農業開発

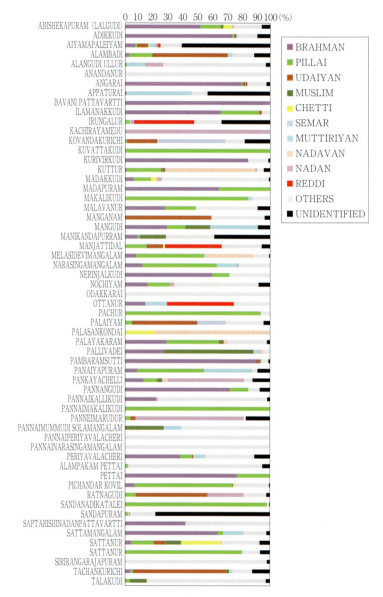

付図2　カースト別土地所有（1864年：ラールグディ郡の村々）
出典：ラールグディ郡の各村の土地台帳（Settlement Registers, 1864）より作成．

第 7 章 19世紀アジアの農業開発の評価をめぐって

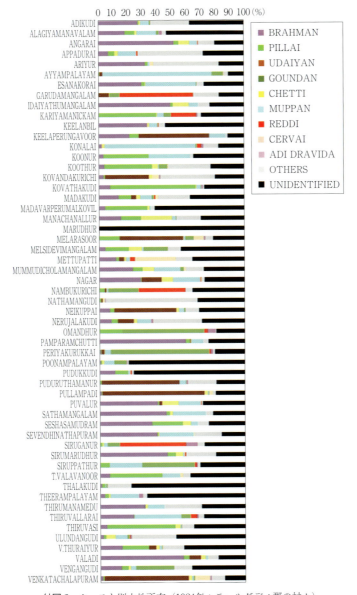

付図 3　カースト別土地所有（1924年：ラールグディ郡の村々）
出典：ラールグディ郡の各村の土地台帳（Settlement Registers, 1924）より作成。

第Ⅲ部　アジアにおける農業開発

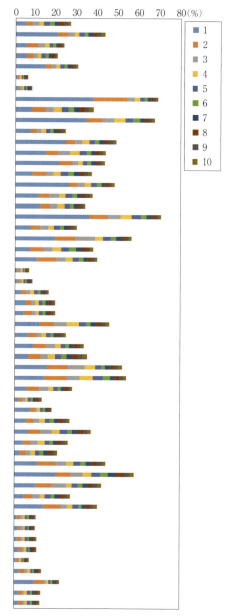

付図4　土地所有規模の大きい上位10人の所有構成
出典：ラールグディ郡の各村の土地台帳（Settlement Registers, 1924）より作成。

第 **7** 章 19世紀アジアの農業開発の評価をめぐって

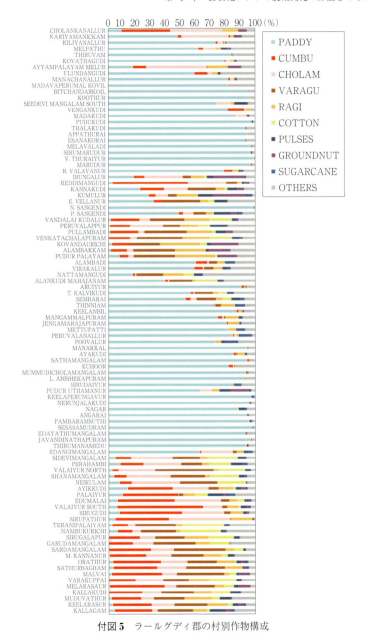

付図 **5** ラールグディ郡の村別作物構成

出典:ラールグディ郡の各村の土地台帳(Settlement Registers, 1924)より作成。

第Ⅲ部　アジアにおける農業開発

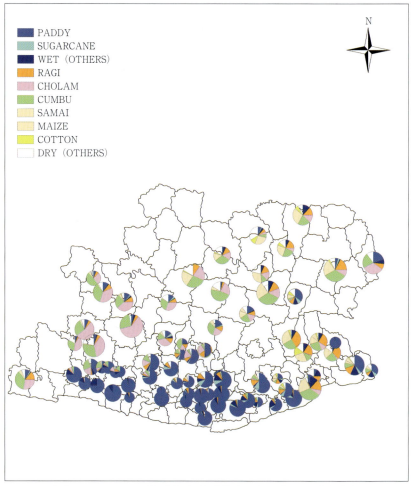

付図6　ラールグディ郡の灌漑地域と乾燥地域（1894年の村別作物構成）
出典：ラールグディ郡各村の土地台帳（Settlement Registers, 1894）より作成。

第 7 章　19世紀アジアの農業開発の評価をめぐって

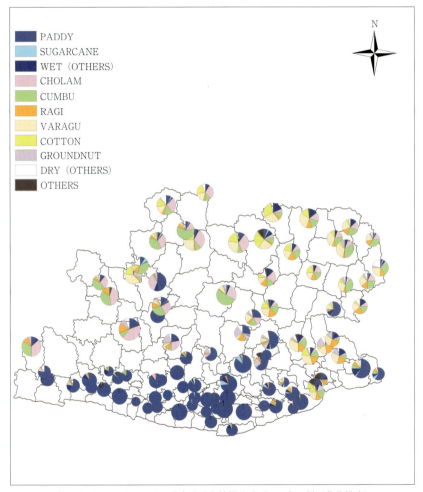

付図7　ラールグディ郡の灌漑地域と乾燥地域（1924年の村別作物構成）
出典：ラールグディ郡各村の土地台帳（Settlement Registers, 1924）より作成。

第Ⅲ部　アジアにおける農業開発

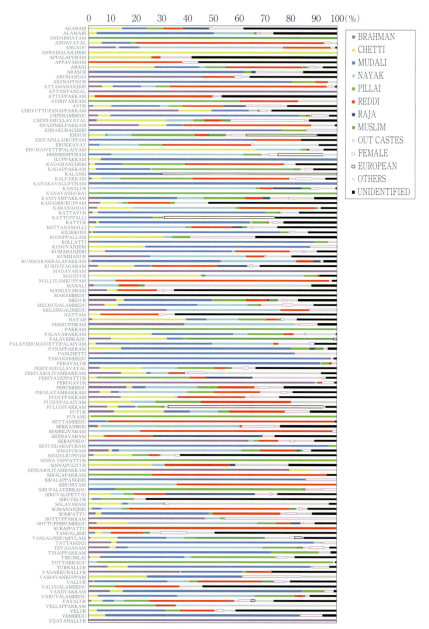

付図8　ポンネリ郡の村別のカースト別土地所有比率とチェッティの土地所有
出典：ポンネリ郡各村の土地台帳（Settlement Registers, 1877）より作成。

第 8 章

インドネシア・北スラウェシにおけるコーヒー栽培

——19世紀半ばにおける「自主栽培」の発展と貨幣経済の深化——

太　田　　淳

1　北スラウェシのコーヒー栽培と東南アジア経済史の課題

　植民地期インドネシア（蘭領東インド，蘭印）経済の歴史は，一般的に1830〜70年の強制栽培制度の時代，1870〜1930年頃の自由主義の時代，1930〜45年頃の大恐慌以降の時代に区分される。これに基づいて我々の蘭印経済の理解は，オランダ植民地政庁によって強制栽培制度が導入されて以降，外部経済に接続されて市場経済が農村まで浸透し，1870年頃からは民間企業の参入によってその傾向が拡大して世界経済に従属させられ，それゆえ1930年からは世界恐慌によって大きな打撃を受けるといったパターンで整理されがちである。この時代区分の発想はまず極めて欧米中心的であるとともに，強制栽培制度はほぼジャワに限定されていることから，ジャワ中心的であるとも指摘できる。このことはまた，ジャワ以外の地域では，（東スマトラや東カリマンタンなどプランテーション開発や天然資源の採掘が行われた地域を除いては）めぼしい経済成長は見られなかったという理解の基盤を提供しているように見える。

　本章が北スラウェシのミナハサ（Minahasa）地方（図 8 - 1 ）に着目するのは，この地域がジャワを除いては非常に早い時期から世界市場向け輸出産品の生産地として発展したからであり，さらにその生産には植民地政府や欧米資本だけではなく，現地の農民[(1)]が重要な役割を果たしたからである。1890年頃からミナハサは蘭印有数のコプラ（ココナツの果肉を乾燥させたもの。欧米など先進国で，食用油の他，マーガリンや石鹸の原料として用いられる）の生産地として知られた。ミナハサから輸出されたコプラのほぼすべては，ヨーロッパ人の経営するプランテーションではなく，現地の小農によって生産された（Schouten 1998：167-185）。つまりミナハサのコプラ生産は，蘭印経済が世界経済に従属させら

第Ⅲ部　アジアにおける農業開発

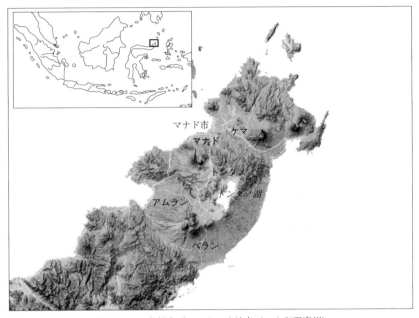

図8-1　19世紀半ばのミナハサ地方（マナド理事州）
出典：Google Map を筆者修正（以下の地図も同様）。
注：ゴシックは県（Afdeeling）名を示す。

れたと考えられている植民地期盛期において，現地の小農が主導した生産拡大のケースとして注目に値する。

　このようなミナハサのコプラ生産が今後の本格的研究に値する重要なテーマであることは言うまでもないが，本章がコーヒー生産に着目するのは，コーヒー栽培においても農民の主体的な生産への関与（本章ではこれを「自主栽培」と呼ぶ。詳細は後述）が，生産増に貢献した側面が大きいからである。1890年代にミナハサでコプラ生産が爆発的に拡大したのは，1850年代からのコーヒー自主栽培の拡大によって，農民が市場経済に慣れていたことも要因であったことを本章で論じたい。

　しかし，コーヒー生産拡大の理由を農民の主体的関与に見出す本章の視点は，先行研究とは大きく異なる。ミナハサのコーヒー栽培は，ジャワを除いては例外的に強制栽培制度の対象となったものであり，そうしたことから，後に述べるように，先行研究もその強制性や生活を圧迫する負の側面を強調することが

第 8 章　インドネシア・北スラウェシにおけるコーヒー栽培

多い。ところが，これから示すように，現地で作成された当時の資料を詳細に検討すると，政庁の命令は地方社会に十分行き届かず，生産増には農民の主体的な参加が重要であったこと，さらにコーヒー生産に関連した輸送システムの整備などが，貨幣経済の浸透などさまざまなインパクトを社会にもたらしたことが確かめられるのである。

　本章ではまず，議論の背景となるミナハサの環境と歴史を概説した後，この地のコーヒー栽培及び農業開発に関する先行研究を紹介し，その問題点を指摘する。次いで19世紀初頭におけるコーヒー栽培の開始と強制栽培制度の抱えた問題点を説明する。それから，1850年頃から本格化する農民によるコーヒー自主栽培と，それに伴う生産拡大の要因について検討する。さらにコーヒー栽培の拡大に伴う社会変容として，地域内部における輸送システムの発達と，その他の農産物生産の変容について取り上げる。このような議論を通じて本章は，ミナハサの農民は，コプラ生産に本格的に取り組む半世紀近く前から，コーヒー栽培に積極的に参加し自ら工夫した方法で生産を増大させたこと，コーヒー栽培を通じて地域社会が市場志向化しつつあったことを論じる。これによって本章は，先行研究によって作られてきた，植民地期インドネシア（あるいは東南アジアの多くの地域）が，植民地政庁や欧米企業によって商品作物生産を強制され，社会変容を余儀なくされたとするイメージに対して，異を唱えることを試みる。

　本章が対象とするのは，当時の行政区分でマナド理事州（Residentie Menado）と呼ばれたミナハサ地方の中でも，特に北西に位置するマナド県（Afdeeling Menado）である（図8-1）。この地に焦点を当てるのは，さまざまな政庁の施策が最初に行われるのが，州都マナド市（Hoofdplaats Menado，現在の Kota Menado）を擁するマナド県であり，それに対する住民の対応も早くから見られるからである。マナド県は実際のコーヒー生産量において州内で占める割合は決して多くないものの（図8-3），当時のミナハサは蘭印では西スマトラに次ぐ主要なコーヒー生産地域であり，マナド県の生産量は当時の蘭印及び東南アジアの生産地の中で決して小さくない。1860年代まではコーヒー栽培など農業に関して政庁が集める情報の多くはこの地域から来ており，主要産地であるトンダノ県やアムラン県の情報は少ない[2]。従って，1850～60年代の植民地政庁の政策に対し住民がどのように対応し社会が変容しつつあったかを分析する

181

第Ⅲ部　アジアにおける農業開発

には，マナド県は最もふさわしい対象と言えよう。本章はこのようなマナド県を対象に，自主栽培の拡大が特に頻繁に記録される1850年代半ばから60年代末におけるコーヒー栽培の展開と地域社会の変容を検討する。

2　ミナハサの環境と歴史

　19世紀に得られた口承伝承によると，ミナハサ人の共通の先祖は，紀元前2千年紀に東アジアから移住し，やがて中央の山間部に位置するトンダノ湖 (Danau Tondano) のほとりに定住したとされる。その子孫はやがて8つの氏族集団（スク suku）に分かれ，それぞれの言語を持つようになった[3]。住民がトンダノ湖周辺に集住していたことは，17世紀のオランダ語資料からも確かめられる。図8-1からも分かるように，ミナハサ地方は全体に山がちで，平地はトンダノ湖やマナド市の周辺に限られている。トンダノ湖周辺は豊富な水資源と冷涼な気候，肥沃な土壌に恵まれ，その後に至るまで人口が集中し農業生産の中心であった。この地域における稲作（天水田または乾田で行われ，灌漑はオランダ政庁の強制がない限りほとんど行われなかった）の発展によって人口が増加し，おそらくそれに伴う耕地の不足が周辺地域への移住を促したと思われる。こうしてオランダ人が到来した17世紀までに，ミナハサ人はトンダノ湖周辺盆地の外にある丘陵地や盆地，さらに海岸部にまで広がり，小規模な集落を形成した。これらの集落を広範囲に支配する国家は存在せず，氏族／言語集団（スク）がさらにいくつかに分裂してできた小規模な政体（ワラック walak）が，比較的狭い範囲で数百人から数千人ほどの人々を支配して各地に割拠し，抗争を繰り返していた (Schouten 1998：11-22；Henley 2005：29-33)。

　ミナハサにおけるこのような人口移動と複雑な政治環境は，19世紀のマナド県にも決して均質でない社会空間を作り出した。ミナハサの8つのスクは言語的にさらに下位区分されて，現在まで約40の言葉が話されている (Henley 2005：39)。1900年に作成されたミナハサの言語地図によると，マナド県の大部分はミナハサ人のスクの1つであるトンブル人 (Suku Tombulu) の居住地域になっているが，マナド市とその周辺には，同じくミナハサ系のバンティック人 (Suku Bantik) と，ミナハサ諸語とは系統を異にするマナド語の話者が居住していた[4]。

182

第 8 章　インドネシア・北スラウェシにおけるコーヒー栽培

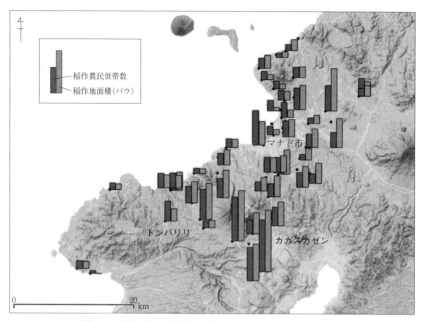

図 8-2　稲作農民世帯数と稲作地面積（マナド県，1869年）
出典：Arsip Manado 193, Kultuur Verslag 1869.
注：稲作地には水田と乾田（陸稲耕作地）を含む。稲作世帯・面積の最大値はともにカカスカセン村
　　（Kakaskasen，図 8-6 参照）における247世帯・287バウ（1バウ〔bau〕は0.71ヘクタール）。

　言語・社会環境に着目すると，マナド県は大きく南西部と北東部に区分できる。先述の1900年の言語地図では，南西部は全てトンブル語の話者であり，行政区分ではカカスカセン郡（Distrikt Kakaskasen）とトンバリリ郡（Distrikt Tombariri）に分けられている。これら 2 郡は，マナド県の中でも人口が多く農業が発展した地域であった。図 8-2 は，1869年におけるマナド県の村落ごとの稲作農民世帯数と稲作地（水田及び乾田）面積を示している。この図には，コメを栽培しない農民や農業以外の仕事に従事する者の数は含まれないが，当時の多くの世帯がコメを含む複数の作物を栽培し，また農業以外の産業がそれほど発達していないことから，ここに示された世帯数は村の人口をかなり反映していると考えていいだろう。これを見ると，人口が最も多く稲作地面積が大きいのは内陸のカカスカセン郡であり，それに次ぐのもトンバリリ郡の内陸部である。これらの地域は気候が冷涼で主要な河川から水が豊富に得られること

183

第Ⅲ部　アジアにおける農業開発

から，トンダノ湖周辺から移住して来た人々にとって最も馴染みやすい環境で
あったであろう。

　これに対し，マナド県北東部——マナド市とその周辺——には，非常に混淆
した空間が広がっていた。まずマナド市には，マレー人，華人，マナド沖のサ
ンギル諸島（Pelahuan Sangir）から渡って来たサンギル人，西隣のゴロンタロ
（Gorontalo）地方から移住したゴロンタロ人，南西スラウェシを故地とするブ
ギス（Bugis）人，マレー・フィリピン海域に広く居住するバジャウ（Bajau）人，
その他インドネシア諸島各地からの移民，さらにアラブ人などが雑居し，さら
に16世紀からは布教や貿易のために訪れるポルトガル人とスペイン人も定住す
るようになった（Schouten 1998：17, 39-41）。これらの人々が混淆して成立し
た言語が，19世紀以降の資料に現れるマナド語と考えられている。先述の1900
年作成の言語地図でも，マナド市の周辺ではマナド語，バンティック語など複
数の言語の使用空間が，行政区分とは一致せずに混在している。バンティック
人はミナハサ人を構成するスクの１つであるが，彼らの言語は沖合のサンギル
人のそれに近いとされる（Schouten 1998：13）。この地域でも，人々は主として
言語／氏族的なつながりに従って，比較的小規模なワラックを構成した。ミナ
ハサの他の地域の人々が内陸部の山岳地帯に中心性を見出すのと異なり，これ
らマナド周辺の住民は外向的，貿易志向的であり，実際にフィリピン諸島やイ
ンドネシア諸島の各地，さらに中国とも活発に貿易を行っていた（Schouten
1998：46-56）。これらの地域では，特に海岸部において稲作人口が少なく，稲
作地面積も広くない。北東地域の海岸部は，農業よりも商業や貿易が卓越した
空間であったといえよう。

　個々の政体の支配範囲が狭いとはいえ，ミナハサ社会は顕著な階層性を持っ
ていた。ラジャ（raja）とも呼ばれたワラック支配者や，さらにその下位に位
置する中間首長は，勢力下にある人々に税や労働奉仕を課した。それ以外の
人々も地位のより高い者と低い者に分化し，最下層には奴隷が存在した（その
労働義務は少なく，穏当に扱われているとヨーロッパ人は観察している）。身分の違い
は，儀礼における行動や当人同士の態度における違いとして可視化された。し
かしこうした階層性や地位は非常に流動的であり，富の獲得や戦争における活
躍は，容易に社会的地位を向上させる手段として認識されていた（Schouten
1998：11-38, Henley 2005：19-28）。このような社会の流動性は，植民地勢力を

184

第 8 章　インドネシア・北スラウェシにおけるコーヒー栽培

含む外部者からもたらされる商業的機会を，人々が積極的に捉えようとすることにつながったであろう。

　17世紀にマナドの町にやって来たオランダ東インド会社は，1657年に商館を設立し，さらに1679年には，周辺の19のワラックの支配者から，この地の支配権を譲渡された（Schouten 1998：41；Henley 2005：41）。この際に現地住民と大規模な戦闘に陥った形跡は見られず，平和裏に支配権が移譲されたと考えられている。オランダ人の記録が自らの行為を正当化する傾向があることは考慮しなければならないが，デイビッド・ヘンリーが論じたように，東南アジア各地には，互いに抗争する有力者たちが，外部者を「異人王（stranger king）」として受け入れる伝統があった。抗争し合う当事者たちと直接的利害を持たず，かつ一定の武力を有する外部者を受け入れることは，地域有力者にとって彼らの抗争を調停し平和と秩序を構築し得るメリットがあった（Henley 2004）。おそらく現地の有力者は，オランダ東インド会社を異人王として招き入れたのであろう。

　しかしオランダ東インド会社の影響力は，決してミナハサ地方社会に深く浸透することはなかった。会社はマナドを，マルク諸島（Kepelauan Maluku，またはモルッカ〔香料〕諸島 Molucca [Spice] Islands）へ向かう船の中継港として利用し，かつその後背地をマルクその他の地に輸出するコメの供給地として活用することを意図した。しかしブギス人や華人を中心とする他の商人との競争もあって，会社の獲得するコメは増えなかった。その後経営が悪化したこともあって，会社は最後まで内陸部から多くの産物を得ることはなかった（Schouten 1998：41-43, Henley 2005：41-42, 67）。

　18世紀末にはオランダ東インド会社の財政は破綻に瀕し，オランダ本国（ネーデルラント共和国）ではオラニエ家など有力家系による寡頭政治が動揺してフランスの影響が強まった。フランスと激しく対立したイギリスは，アジア各地で旧オランダ領を接収し，1797年にはミナハサを支配下に置いた。しかしその後イギリスは，ナポレオン戦争の戦後処理として，フランスの再拡大を防ぐためにオランダの独立と再興を認める政策を取り，新たに独立を果たしたネーデルラント連合王国に対し，1816年から徐々に旧オランダ領を返還した。1817年にはミナハサにもオランダ支配が回復してマナド州が設立され，マナド市に州政庁が設置された（Schouten 1998：50-51；Henley 2005：42）。

第Ⅲ部　アジアにおける農業開発

　コーヒー栽培は，このような転換期にミナハサにもたらされた。オランダ植民地政庁の役人L. ウェッセルス（L. Wessels）が作成した調査報告によると，ミナハサには1796年に，ジャワに派遣された現地人の兵士によって，コーヒーの苗木が初めてもたらされた。1817年にミナハサがイギリスから返還されると，オランダ植民地政庁はコーヒー栽培が大きく拡大していることに気づいた。そこで政庁は1822年に，ジャワ以外では非常に稀にしか実施されていない強制栽培制度をマナドに導入し，コーヒーをその指定作物とした。ミナハサ地方のすべての世帯はコーヒーを栽培し，得られた収穫を固定価格でオランダ政庁に対してのみ販売することが義務づけられた（Wissels 1891：50-52）。この制度は，最終的に1899年まで維持された。

　ミナハサでは，他にカカオが19世紀の早い時期から栽培され，主にフィリピン市場に輸出されていた。しかし1840年代には疫病の影響もあって生産は衰退し始め（Henley 2005：82-83），カカオ栽培が大きく発展し地域社会に強い影響を与えることはなかった。従って，1850年代から顕著に拡大するコーヒー栽培は，ミナハサ社会に大きなインパクトを持った最初の商品作物生産と言える。

3　先行研究と本章の視点

　これまでに何人かの研究者が，ミナハサのコーヒー栽培とその社会的インパクトについて言及している。もっとも，コーヒーが強制栽培制度において生産されたことと，その後にコプラ生産が現地小農を主体としてめざましく発展したことがおそらく理由となって，先行研究のコーヒー栽培に対する評価は総じて否定的である。

　ミナハサ地方の通史として，最も古典的で長く影響のあった著作は，同地で50年にわたって宣教師として活動した N. フラーフラント（N. Graafland）の著した『ミナハサ地方——過去と現在（言語学・民族学への貢献）』（*De Minahasa : Haar verleden en haar tegenwoordige toestand (eene bijdrage tot de taal- en volkenkunde)*）（全2巻）である。この中でコーヒー栽培は，農民に強制され大きな負担をもたらしたとされる（Graafland 1867-69：I, 186）。

　その後1990年代になって，歴史人類学者のM. C. E. スホウトゥンは，ミナハサ社会が植民地期の近代化政策によって流動化し，その中で多くの住民が社

第 8 章 インドネシア・北スラウェシにおけるコーヒー栽培

会的・経済的地位を向上させたことを論じた（Schouten 1998）。ところが，この非常にダイナミックな社会史の中でコーヒー栽培は，ミナハサ社会に大きな負担をもたらすものであったと総括されている。それは重労働であるにもかかわらず僅かな収益しか農民にもたらさず，また現地首長層による中間搾取もあって，コーヒー生産は地域社会を疲弊させたとスホウトゥンは結論づけた。本章が詳しく検討する1860年代の「自主栽培」についても，スホウトゥンは当時の植民地官僚の言説に言及して，それは失敗であったと論じた。1860年代からはまた，植民地官僚の間で自由主義的な立場から強制栽培制度に反対する意見が上がるようになり，制度の擁護派との間で論争が繰り広げられた後，最終的に1899年に強制栽培制度は廃止された。もっとも，生産衰退のより直接的な理由は，1890年代半ばから世界市場でコーヒー価格が下落し，農民や政庁の収入が減ったことであったとされる。コーヒー栽培をやめた後，農民たちはコプラを生産するためにココヤシ栽培に転換していった。スホウトゥンの議論の中心は，このコプラ生産において農民が大きく経済力をつけて社会的地位を上昇させたことにある。そのせいもあってか，その少し前の時期に行われたコーヒー生産は，対照的に否定的に描かれている。こうしてスホウトゥンは，「コーヒー栽培はミナハサの農業発展を妨げた」と結論づけた（Schouten 1998：57-65）。

　ところが，コーヒー生産の状況についてスホウトゥン自身が提示している資料は，必ずしも彼女の論を裏付けるものとなっていない。スホウトゥンは自らの著作の中で，バタヴィア政庁が刊行した『植民地報告』（Koloniaal Verslag）に基づいて，1853年から1892年までのミナハサ地方全体のコーヒー「生産量」を示している（Schouten 1998：60）。一方，図8-3はミナハサ政庁が作成した資料に基づいて，1860年から1896年までにミナハサ各県から政庁にもたらされたコーヒーの量を筆者がまとめたものである。各県の供給量を合計した数値は，スホウトゥンが自著で示したものとほぼ同一であり，これが『植民地報告』の原資料であったと考えられる。この図から分かるように，コーヒー生産は1860年代から1880年代半ばまで全体として緩やかな回復傾向にあり，また1865，69，78年には1年ずつとはいえ数値が顕著に増加していることからも，自主栽培が失敗であったとする兆候は明確でない。これらの増加年（またはその前年）には政庁によって大規模な調査が行われており，それによって生産と販売がより正

187

第Ⅲ部　アジアにおける農業開発

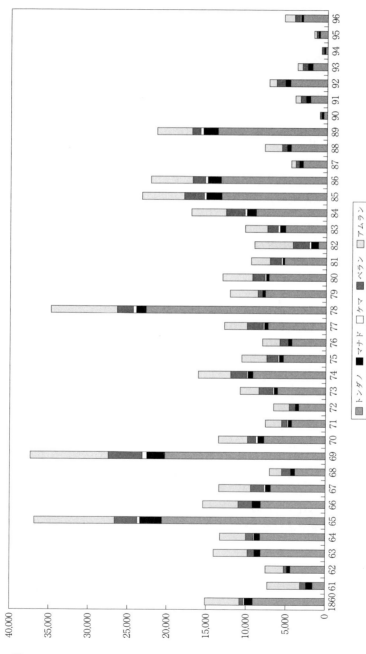

図 8-3　マナド州の各県から政庁にもたらされたコーヒー，1860～96年（ピコル）

出典：Arsip Manado 137-2. Opgave van het koffie productie in Minahasa vanaf 1860 tot met 1896.
注：1 ピコル (picol) は約61.76 kg.

確に捕捉された。このことから，他の年においてもこれに近い量が生産され，民間の商人に秘かに売られていた可能性が高いとも考えられよう。また，興味深いことに原資料は，これらの数値が「生産量」ではなく政府が生産者から購入した量であることを明示している[5]。つまり，さまざまな資料に散見される民間商人による購入はこの数値には含まれておらず，実際の生産量はこれよりも多かったと考えるべきである。スホウトゥンはさらに，コーヒー栽培に連動して道路や橋が建設され，輸送網が整備されたことも指摘しているが (Schouten 1998 : 60-65)，新たな輸送網は収穫物や商品の流通を活性化させたことが考えられ，経済的に負のインパクトばかりが大きかったとは考えにくい。これらのことを考慮すると，短期的生産増を繰り返しつつ緩やかに増加と減少を繰り返す1860〜70年代のコーヒー栽培が，農民を圧迫しながら行われ，社会を疲弊させながら続いていたと考えるのは，やや困難である。

さらに最近では，先述のデイビッド・ヘンリーが，1600〜1930年における中部・北部スラウェシの人口・経済・環境の歴史について大著をまとめた。この中でヘンリーは，コーヒー栽培の進展については詳述していないが，1899年からコプラの生産が増加するとともにコメの輸入が拡大したとの興味深い指摘を行っている (Henley 2005 : 84)。このことは，商品作物生産が増加するにつれて自給作物生産が衰退し，その分を輸入で補うことによって商品作物生産を維持・拡大するメカニズムが19世紀の最末期に確立していたことを示している。しかし先述のように，ミナハサで最初に一定の成果を上げた商品作物はコーヒーであり，コーヒー栽培が拡大した時期に自給作物がどのように確保されたのかは，同地の社会変容を理解する上で確認する必要があろう。

植民地期のマナド州におけるコーヒー生産を分析する資料としては，1850年代半ばからほぼ毎年多様な作物の生産状況について示した「農業報告書」(Kultuur Verslag) に加えて，しばしばマナド州理事が政庁職員や農学者に指示または委託して実施させた，コーヒー生産に関する調査の報告書が存在する。このような報告書は同時代の生産状況について詳しく記しているが，先述のように政府関係者にはコーヒーの強制栽培制度または自主栽培制度にそれぞれ擁護者と反対者がおり，報告書にもそれぞれの立場を正当化する目的があったことには注意が必要である。

このような先行研究の問題点及び資料の状況を踏まえ，本章では，コーヒー

第Ⅲ部　アジアにおける農業開発

栽培がどのような農民の行動や社会変容を引き起こしつつ展開したのかを明らかにする。このような分析を行うための資料として，本章では1850〜60年代の農業報告書，1850〜90年代に行われたコーヒー栽培調査の報告書，さらに1870年代と1900年に作成された地図を利用する。農業報告書は必ずしも毎年全く同じフォーマットで作成されているわけではないが，多くの年において，村落ごとに作物や生産者の情報を掲載した貴重な資料である。いくつかの先行研究がこの資料を利用しているが，村落ごとの情報を分析した研究はまだない。本章ではこうした村落ごとのデータを地理情報法システム（GIS）を用いて分析し，1850〜60年代にコーヒーの自主栽培やその他の作物の生産が展開した状況を検討する。

4　強制栽培制度とその問題点

　先述のように，ミナハサ地方でコーヒー栽培が拡大しつつあるのが確認されたのは，イギリス支配が終了した1817年のことであった。この時からコーヒー栽培に関心を持ったオランダ植民地政庁は，ミナハサ地方における生産量をその後毎年記録した。それによると，1818年に200ピコル（1ピコルは約61.76 kg）であったものが，1820年には250ピコルとなり，1821年には300ピコル，1822年にはさらに600ピコルと増えていった。これを見て，植民地政庁は1822年に，農民に対し1世帯あたり500本のコーヒー苗木植え付けを義務づけるとともに，民間商人による取引を禁止し，すべての収穫を，1ピコルあたり10ギルダーという固定価格で政府に対してのみ販売することを義務づけた（Wessels 1891：51）。これが，ミナハサにおける強制栽培制度の始まりである。

　この記述から，農民は1822年まで，政庁の強制を受けることなく，自発的に栽培を拡大していたことが分かる。また，民間商人が農民の収穫物を購入して輸出していた（または輸出業者に転売した）ことも確かめられる。その頃までに農民は，コーヒーをコメとトウモロコシに次ぐ重要な作物と見なすようになっていた（Wessels 1891：51）。

　農民の生産意欲ならびに商人の購入意欲を刺激する最大の要因は，おそらく価格であっただろう。マナド港におけるコーヒー輸出についてはバタヴィアの中央統計局の資料に1849年から記載があるが，1867年までのその量及び金額は

190

第 8 章　インドネシア・北スラウェシにおけるコーヒー栽培

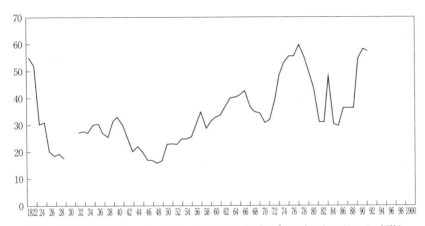

図 8-4　蘭印におけるコーヒー価格，1822~1900年（1ピコルあたりのギルダー価格）
出典：Korthals Altes 1991.
注：1822~73年はジャワ・マドゥラにおける輸出総量と輸出総額から計算；1874~1900年は蘭印全体における輸出総量と輸出総額から計算。

図 8-3 で示した政庁のコーヒー購入量と比較して非常に少なく（マナド港で正確に計量されなかった可能性がある），価格の算出には困難がある（Centraal Bureau voor Statistiek 1854-68）。しかしジャワ・マドゥラ島及び蘭印全体における輸出総量と輸出総額は1822年から安定的に分かるため，これらの情報を用いておおよその価格傾向を知ることができる。それを示したのが図 8-4 で，1822年から1873年まではジャワ・マドゥラにおける輸出価格を，1874年から1900年までは蘭印全体における輸出価格を，輸出総量と輸出総額から計算して表している。この図によると，1822年は1ピコルあたり約55ギルダーという1860年代までの最高価格を示した年であり，翌年まではまだ50ギルダー台を維持するものの，それ以降は1830年にかけて17ギルダー余りにまで急落している。つまり，1822年とはコーヒー価格が急降下し始める年であり，強制栽培制度を開始するには最悪のタイミングであったと言えよう。その後1830年頃までに価格が3分の1以下まで急落する中で，この制度はスタートしたのである。

　強制栽培制度が開始された初期の同時代資料は見当たらず，後の時代に作られた報告書も，1840年代までに関する記述は非常に少ない。1850年代に政庁によってミナハサに派遣された農学者 H. W. デ・フリーセ（H. W. De Vriese）によると，1830年時点で，商人が提示する1ピコルあたり13~14ギルダーという

191

第Ⅲ部　アジアにおける農業開発

買取価格が低すぎるため，農民がコーヒーを栽培したがらないとされた。[6]ここから分かることは，民間商人がコーヒーの買付けに関与していることと，買取価格が1822年に定められた1ピコルあたり10ギルダーからだいぶ上昇していることである。植民地政庁は自らコーヒーを買い取ることにしたとはいえすべての生産地で購入する能力を持たず，民間商人に依存したのであろう。また，図8-4によれば，1830年はコーヒーの輸出価格が1ピコルあたり20ギルダー前後と低い時期であったが，農民の不満に応じるために買取価格は13〜14ギルダーまで上げられていたことと，それでも農民にとって十分ではなかったことが確かめられる。

　同じ報告書はまた，1830年の時点で農民たちは，政庁に対して債務を負うことを恐れて，前貸し金を受け取らなかったとも述べている。[7]この「前貸し金」とはおそらく，農民が新たに農園を開拓する際に必要な費用を政庁が前貸ししていたことを意味しよう。農民は収入の少なさからコーヒー栽培自体に関心を持たなかったと考えられるが，ここにわざわざ「債務を負うことを恐れて」と明記されていることからは，彼らが債務を背負ってまで新規事業に投資するという発想を持たなかったことに，調査者が不満を覚えたことが読み取れる。つまり，19世紀末からさかんにココヤシ栽培に投資するミナハサの農民たちも，1830年頃まではそのような投資意欲あるいは投資の慣行を持たなかったことが確かめられるのである。このことは，コーヒー栽培が浸透するまで，ミナハサの農民が商品作物生産にほとんど経験がなかったことを窺わせる。さらに，先述のウェッセルスは同じく1830年頃の情報として，商人がより多様な種類の布を持って来ることができれば，農民たちにもっと（コーヒー栽培を）強制することができるだろうと記している（Wessels 1891：55）。このことは，1830年頃まで農民は現金だけでなく（または現金よりも好んで）布と収穫物を交換していたことを意味しており，貨幣の利用が十分に浸透していなかったことが窺える。1850年までにコーヒー栽培はさらに衰退したとされるが（Wessels 1891：59），おそらくこのような商品作物生産への不慣れと貨幣経済の未発達，そしてそれから生じる現金収入の魅力の不足がその要因であったと言えよう。

　1850年代後半になると，政庁で農業報告書が作成されるようになった他，先述のデ・フリーセによる調査なども行われ，同時代の情報がより手に入るようになる。これによると，1857年にも政庁はやはり1世帯が500本の苗木を植え

第 8 章　インドネシア・北スラウェシにおけるコーヒー栽培

ることと，収穫物を政庁だけに販売することを義務づけていた。もっともこの
時期の買取価格は 1 ピコルあたり8.4ギルダーに低下している。さらに政庁は，
コーヒー栽培を奨励した地方首長に，1 ピコルあたり100ダイトの奨励金を支
払った。その 2 分の 1 は県長に支払われ，残りの 3 分の 1 が郡長に，3 分の 2
が村長に渡された。買取価格の値下げは，図 8 - 4 で示した国際価格の低下に
対応したものであろう。値下げは当然農民の生産意欲を減退させるものであり，
その対策として政庁はさまざまなレベルの地方首長に奨励金を支払ったと考え
られる。奨励金を得た首長たちは，その影響下の農民たちにコーヒー栽培を拡
大するよう何らかの圧力をかけたことであろう。このような政策が，先行研究
が示したように，農民を圧迫し社会を疲弊させるものであったことは想像に難
くない。

　実際，1850～60年代にかけては，農民がコーヒー栽培に対し強い不満を持っ
ていたことがしばしば記録されている。1850年代にデ・フリーセが生産地に行
くと，農民はコーヒー栽培に非常に強い抵抗を示したため，彼は苗木を300本
未満しか植えていない世帯にのみ，さらに（おそらく300本まで）植え付けるよ
う指示するのがやっとであったと記している。農民は，1850年代にはもはや
政庁の命令通りに栽培を行っていなかったことが分かる。1864年にはマナド州
で203,643本の苗木が「政庁管理農園（geregereed tuin）」（直訳は「統制された農
園」）に植えられているのが確認されたが，そうした農園の多くが不毛な土地
に開設されていることが農民たちの不満であった。「政庁管理農園」とは，政
庁資料において「自主栽培農園」と区分されるカテゴリーであり，政庁の命令
で開設され，栽培方法も政庁の指示に従うことが求められる農園を指す。1864
年の農業報告書によると，政庁管理農園は通常，集落から離れたところに作ら
れており，農民は悪路を長い時間歩いて通わねばならないため，農園を維持し
管理するのは非常に困難であった。また農民の作業を監視する現地人役人の数
も不足していた。これらのことから，政庁管理農園が，集落から遠く離れた
肥沃でない土地に分布していたことが確かめられる。政庁はコーヒー栽培にお
いて，複数の世帯が共同作業する大規模な農園経営を重視していた。そのた
めの広い土地を確保するために，しばしば土壌の質を無視して集落から離れた
場所が選ばれたものと思われる。なぜ政庁がそうした経営を選好したかは明ら
かでないが，19世紀にはヨーロッパで全般に，単一作物の大規模栽培が効率的

193

第Ⅲ部　アジアにおける農業開発

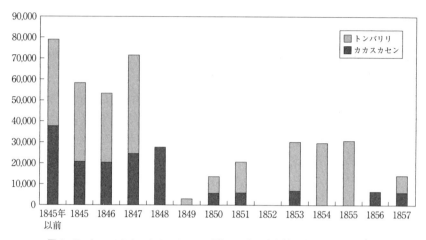

図8-5　トンバリリ，カカスカセン両郡における政庁管理農園に植えられた
　　　　コーヒー苗木の本数，1845～57年
出典：Arsip Manado 198, Kultuur Verslag 1857.

と考えられ，好まれる傾向があった（Scott 1998：11-22）。ミナハサでもおそらく，同様の発想がされたのであろう。そのような農園の監視に政庁は現地人役人を用いていたが，人数も不足しており，人里離れた場所での農作業の監視はいっそう困難であったであろう。

　このような状況におかれていた政庁管理農園では，1840～50年代にほぼ一貫して生産が減少した。図8-5は，トンバリリ郡とカカスカセン郡の政庁管理農園に植えられたコーヒー苗木の数を示したものである。この2郡は特に土壌がコーヒー栽培に適しているとされ，マナド県のコーヒー生産の大半を占める最重要生産地であり，この図はマナド県の生産傾向をほぼ示していると理解できる。この図から分かるように，1846年まで両郡における作付け苗木本数は下降傾向にあり，1847年に若干の回復を示すものの，1849年には大きく落ち込み，その後も顕著な復活を示すことはない。政庁管理農園におけるコーヒー栽培は，少なくともこの図に示した1845～57年の期間にはあまり成功しなかったと言えよう。この点からも，また先述のコーヒー栽培に対する農民の強い不満からも，ミナハサにおけるコーヒー栽培は農民や地域社会に強い負の影響を与えたと捉える先行研究の見解は，このように政庁管理農園に着目する限り，誤りでないと言える。しかし次節からは農民の自主栽培に焦点を当てて，異なる

角度からミナハサのコーヒー栽培を検討する。

5 コーヒーの自主栽培

「自主栽培」とは，植民地政庁の資料において vrije kultuur（直訳は「自由栽培」），vrije volks kultuur（同「自由住民栽培」），またはミナハサ語も取り入れて pasini kultuur（同「世襲地栽培」）などと呼ばれる栽培方法を指すものとする。政庁管理農園では「政庁の指令が地方首長を通して生産者に伝えられた」のに対して，自主栽培農園では，「生産者が自分たちの好むどんな方法でも栽培する」ことが認められていた。[15]このような栽培は，1850年代から増加した（Wessels 1891：64-65）。おそらく，政庁内リベラル派が，コーヒー生産量の低迷は政庁による統制が強すぎるためと考え，住民の自主性を活用することを主張した結果であろう。

自主栽培の特徴は，農民の住む集落の周辺またはその内部にコーヒー農園が作られたことである。ウェッセルスの報告によれば，農民は，人糞を容易に肥料に利用できることや，収穫や輸送が容易になることから，住居の近くにコーヒー農園を開くことを好んだ。1850年代には既に森を切り開くことも，コーヒー農園に適切な土地を見つけることも困難であったと報告されている（Wessels 1891：65）。「適切な土地を見つけること」が困難であるのは，政庁が大規模な農園の開設を目指していたために，その規模の土地を見つけることが難しく，また見つかっても肥沃な土地であることはあまりなかったためと考えられる。ミナハサは山がちであるだけでなく，先述のように耕作可能な土地が不足して人口が拡散しつつあったことから，農業に適する未耕地はすでに少なかったのであろう。逆に，森を開墾したり遠隔地に土地を探したりせずに自主栽培が可能であったということは，農民が村落内部の土地や，すでに農地として利用されている土地を，コーヒー栽培に転用したということである。

このことは，1850年代のデ・フリーセの報告からも確かめられる。これによると，農民たちはコーヒーを「世襲地（erven）」または「生け垣（pagar）」に植えたとされる。農民は，このようにして行う自主栽培であれば，コーヒー生産に何も不満を言わないとも記されている。[16]Erven（単数形は erf）は「世襲された土地」を表すオランダ語で，ミナハサ語 pasini の訳と思われる。ミナハ

第Ⅲ部　アジアにおける農業開発

サは，蘭印でも例外的に土地が世襲されたことが，植民地期の報告書で明らか
にされている。これらによると，ミナハサの住民は農地及び宅地（住居の周囲
の庭畑を含む）を個人所有し，世襲していた（Wilken 1873；Worotikan 1910）。
Pagar は「塀，囲い」を意味するマレー語（沿岸部を中心にインドネシア諸島一帯
で通用していた）で，ここでは文脈上生け垣を指すと考えられる。ミナハサ地
方で集落の周囲に生け垣を施す例は見当たらず，この資料で示されている
pagar とは，宅地を囲む生け垣を指すものと考えられよう。そしてそれはおそ
らく，必ずしも宅地の周囲だけに植えられたとは限らず，その中の庭畑に広範
囲に植えられたものを政庁の調査官が外から見て，外周部の苗木を生け垣と判
断したものと考えられる。というのも，農業報告書では，コーヒー園は「政庁
管理農園」（geregereed tuinen），「カンポン農園」（kampong tuinen），「森林農
園」（bos tuinen）の３つに分類されている。カンポンは，「集落」を表すマレー
語であり，「カンポン農園」にはカンポン周辺にある世襲農地と，とカンポン
内部の庭畑（これをデ・フリーセは「生け垣」と認識した）が含まれると考えられ
る。「生け垣」というカテゴリーがないのは，農業報告書がコーヒー園の区分
において重視したのが，それがカンポン周辺及び内部にあるか森林にあるかと
いう点であったからであろう。先述のウェッセルスの報告では森林を開墾して
（大規模な）政庁管理農園を開設するのは困難と記されていたが，農業報告書に
は森を切り開いて自主栽培農園が作られたことが述べられている。おそらく，
農民が好む小規模のコーヒー農園が，カンポンからほど遠からぬ場所に開かれ
たのであろう。このような結果，1864年には，マナド県でコーヒー生産が大き
く増加したことが記録されている。[17]

　こうして農民がコーヒー栽培に不満を述べなくなったことは，重労働を伴う
政庁管理農園の開設やその維持から解放されたためと理解できるが，さらに農
民が熱心にコーヒーを栽培し生産を増加させたことには，別の要因が必要であ
る。この点は，国際価格の推移から説明できよう。図8-4を見ると，1840年
代末から1870年代初頭にかけて，輸出価格がほぼ一定して上昇している。さら
にこの時期のミナハサ産コーヒーには，いっそう追い風が吹いた。1853年には，
「マナドコーヒー」（Manado Koffij）が，ヨーロッパ市場で最高の価格をつけた
ことが記録されている。[18]1864年の農業報告書によると，マナドコーヒーとは
ミナハサ産コーヒーのことであり，その高い品質から，この年にもヨーロッパ

196

市場で最高値をつけるであろうと予測されている[19]。ミナハサ産コーヒーが
ヨーロッパで高値で取引されたことは1860年代にしばしば述べられており，特
にトンバリリ郡タナワンコ（Tanawangko）村が，最高級のコーヒーを産するこ
とで知られた[20]。このように，1860年代半ばまでに，ミナハサ産のコーヒーは
ヨーロッパ市場でブランド化し，最高評価を受けるようになっていた。残念な
がら，ミナハサ産コーヒーのヨーロッパ市場での価格は資料に見あたらないが，
マナド港における輸出総量と輸出総額から計算すると[21]，1868年と1869年にお
ける価格はそれぞれ44ギルダーと46.37ギルダーであり，図8-4で示した蘭印
全土からの輸出の平均価格よりもだいぶ高値で取引されていたことが確かめら
れる。こうして価格上昇が要因となってミナハサでコーヒー栽培のブームがも
たらされたことは，1865年の出来事としてウェッセルスの報告に明記されてい
る（Wessels 1891：67）。1858年までの買取価格は1ピコル8.4ギルダーであっ
たが，1866年までに12ギルダーとなり，同年にはさらに12.5ギルダーへ値上げ
された[22]。政庁がこのように買取価格を上げ続けたのは，農民の栽培意欲を刺
激するためであったが，そうしないと政庁がコーヒーを入手できないという事
情もあったようである。農民は国際価格の上昇をどうやら察知していたようで，
1869年の農業報告書は，1ピコル13ギルダーという買取価格は低すぎて問題で
あると指摘している[23]。これは農民が市場価格に敏感であったことを示すとと
もに，「問題である」のはおそらく民間商人が農村に浸透してより高い価格を
提示して買い付けを行い，政庁の統制を脅かしていたことを指すと考えられよ
う。

　先に述べたように，コーヒーは，ミナハサにおける商品作物生産において一
定の成果を挙げた最初のものである。コーヒー栽培はこうして，生産の対価と
しての貨幣を，農村地域に浸透させたに違いない。政庁が規定の価格ですべて
買い取ることにしているにもかかわらず，農民は政庁でなく民間商人に販売し
ようとしているということは，農民は貨幣が浸透し始めると間もなくその有用
性を認識し，少しでも現金収入を増やすことに敏感になっていたと考えられよ
う。この点については，次節でまた立ち返りたい。

　このようにしてコーヒー栽培が拡大していく過程を GIS を用いて分析する
前に，まずマナド県の行政単位と地理的空間について確認しておきたい。「農
業報告書」及びその他の行政文書では，地方社会の最小行政単位は村落

第III部　アジアにおける農業開発

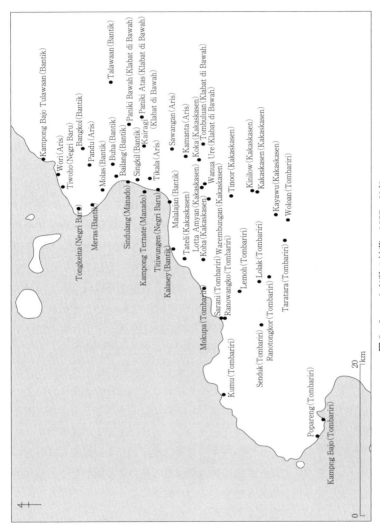

図 8-6　マナド県の村落，1857〜69年

注：（　）はその村が属する［郡］の名を示す（本文参照）。
出典：Arsip Manado 193, Kultuur Verslag 1869.

第 8 章　インドネシア・北スラウェシにおけるコーヒー栽培

(negorij) とされ，そのすぐ上位の区分が郡（distrikt）として示されているが，
この理解には注意が必要である。図 8-6 は，農業報告書に名前が掲載される
村落を，同時代及び現在の地図上で位置を確認して示したものである。村名
に続く括弧には，資料においてそれが属するとされる郡名を記した。この図を
見ると分かるように，県南西部に位置する村落は，東側一帯ではカカスカセン
郡に，西側一帯ではトンバリリ郡に属しており，これらの郡が地理的範疇であ
ることは明白である。ところがそれ以外の北東部の村々は，資料ではヌグリ・
バル，バンティック，マナド，アリス，クラバット・ディ・バワ「郡」のいず
れかに属するものの，それらは空間的には全く混在しており，地理的行政単位
を成していないことが分かる。この点はどのように理解すべきであろうか。

　1878年にハーグの地理局で作成された地図（測量調査は1851～52年）によると，
上記の 5「郡（distrikten）」は，ばらばらに千切れた形状もしくは極めて複雑な
形状で描かれている。さらに注記として，「州都（Hoofdplaats，引用者注：マナ
ド市のこと）の中でマナド県に属する郡：アリス，クラバット・ディ・バワ，
バンティック，マナド，ヌグリ・バル」とも書かれている。つまり，州都の
内外で同一の名前を持つ単位（郡）が空間的にばらばらに混在しているという
ことであり，これらの「郡」が一定の広がりを持つ地理的単位でないことは明
確である。他方，マナド州の「郡」の中には，クラバット・ディ・アタス（直
訳は「上にあるクラバット」）とクラバット・ディ・バワ（直訳は「下にあるクラ
バット」）のようにペアを成すものがいくつか存在する。このことは，もともと
1つであった単位が分裂して，ある時期に高地と低地にそれぞれ存在するよう
になったことを想起させる。これらのことから考えられるのは次のような展開
であろう。ワラックが抗争を繰り返したことはオランダ語資料にしばしば記さ
れているが，比較的平坦で主要港にも近いマナド県北東部には多くのワラック
が進出したと思われ，抗争はいっそう頻発したであろう。それに伴ってこの地
域では，ワラックがいくつかの村々のまとまりに分裂しながら地域一帯に広
がったと考えられる。1850～60年代の人々はまだ，自分たちの村がそのような
分裂したワラック（または複数村のまとまり）に帰属すると考えており，何らか
の地理的行政単位に属するという意識を持っていなかったと思われる。しかし
政庁は村落の上位に置かれる行政単位は地理的単位である（べきである）と考
え，そのようにデータを整理した結果が，農業報告書や地図に反映されたと考

第Ⅲ部　アジアにおける農業開発

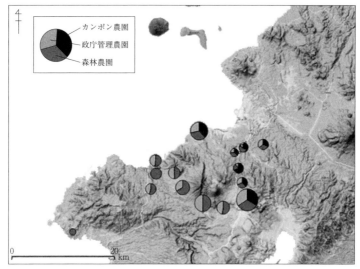

(a) 1857年

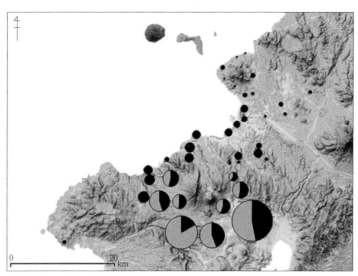

(c) 1864年

図8-7　村落ごとの農園種別

出典：Arsip Manado 198, Kultuur Verslag 1857；Arsip Manado 39-4, Kultuur Verslag 1864；
注：最大値は1651年のカカスカセン村における147,711本。

第 8 章　インドネシア・北スラウェシにおけるコーヒー栽培

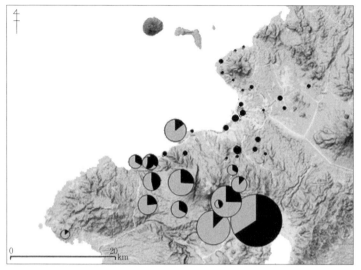

(b) 1861年

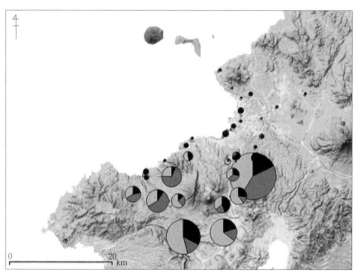

(d) 1869年

コーヒー苗木の本数（マナド県，1857～69年）
Arsip Manado 39-4, Kultuur Verslag 1864；Arsip Manado 193, Kultuur Verslag 1869.

第Ⅲ部　アジアにおける農業開発

えられる[26]。従って本章では，上述の5つの「郡」（実際には同一ワラックから派生した村落連合）が混在した地域を，「マナド市周辺地域」と呼ぶことにする。カカスカセンとトンバリリは郡とよび，地理的空間と捉える。

　農業報告書には，コーヒー苗木の作付け本数が，村落ごとに，農園の種類に分けて示されている。図8-7a〜dは，1857，1861，1864，1869年におけるそれらの情報を示したものである。農園の種類は「カンポン農園」，「森林農園」，「政庁管理農園」であるが，1861年と1864年には「森林農園」のカテゴリーが存在しない。他の年に「森林農園」として数えられたものが，これらの年に「カンポン農園」と「政庁管理農園」のどちらに含まれたかは明らかでない。いずれにしても，先の考察に従えば，「カンポン農園」と「森林農園」が自主栽培農園にあたり，「政庁管理農園」は政庁によって管理されるコーヒー農園である。図8-7a〜dは3種類（年によっては2種類）の農園に植えられた苗木の合計数を円グラフの大きさで示しており，4つの図において円の大きさとコーヒー苗木の本数の比率は一致している。従って，異なる年度における円グラフの大きさの変化は，苗木本数の増減を示している（以下，複数のGIS分析図を同時に示す場合は，同様の処理を行っている）。また，1857年の資料には，カカスカセンとトンバリリ両郡のデータだけが含まれ，他の郡の情報は存在しない。

　この図に従ってコーヒー栽培の状況を分析すると，まず1857年までに，カカスカセン郡ではカンポン農園と森林農園を中心にコーヒー栽培が展開し，政庁管理農園は3分の1以下であったことが確かめられる。一方，トンバリリ郡では森林農園が卓越し，政庁管理農園は通常半分以下であり，カンポン農園は存在しない。カカスカセン郡は，州都マナドと人口集中地域であるトンダノ湖周辺盆地を結ぶ幹線交通路上にあり，海外からの刺激や人口集中地域における商業的機会が比較的浸透しやすい地域であったと考えられる。また先述のように，水源に恵まれコメの生産が多い地域でもあった。このように人口と稲作適地に恵まれ，商業的刺激も得やすいカカスカセン郡で，早い時期からカンポン農園が拡大しているのは興味深い。つまり農民はカンポン周辺及び内部の耕地を早くからコーヒー農園に転換させたということである。このことは，彼らが商業的刺激及び収入拡大の機会に敏感に反応し，それ以外の作物生産を減らしてコーヒーの比重を高めていたことを示している。一方のトンバリリ郡も比較的大きな河川を擁し水源には恵まれているが，重要な港を持たないことと，商業

202

第 8 章　インドネシア・北スラウェシにおけるコーヒー栽培

都市と直接つながっていないことから，外部からの商業的刺激はカカスカセン郡よりは入りにくかったと考えられる。この郡で早い時期から政庁管理農園が開設されたのは，農民が商業的刺激よりも政庁や地方首長の命令によって作物を決定することが多かったためであろう。興味深いことに，この郡では自主栽培も展開されているがそのすべてが森林農園で行われている。つまり，農民は森林を切り開いてコーヒー農園を開設しているけれども，カンポン周辺及び内部の既存の耕地をコーヒー栽培に転換することはなかったのである。農民は，新規農園を開くことによって商業的に対応しつつも，既存の耕地は従来の栽培（コメとトウモロコシが多かったことを後で確認する）を維持するという戦略を取ったと言える。トンバリリ郡とカカスカセン郡は同様に農業の適地であり，交通も比較的容易で，かつ人口も多いことから，おそらく商業的機会の浸透度合いの差が，このような対応の違いを生んだと考えられよう。

　次いで1861年と1864年の地図（図8‐7b及び8‐7c）に着目すると，先述のカカスカセン・トンバリリ両郡に加えて，マナド市周辺地域の特に海岸部でコーヒー生産が拡大していることが確かめられる。1つずつの村における生産量はあまり多くないが，栽培していない村が少数と言えるほどに生産地域が拡大している。さらに興味深いことに，これらの生産地ではコーヒーはすべて自主栽培によって生産されており，政庁管理農園は存在しない。これはおそらく，政庁がこの地域の土壌がコーヒーに適していないと判断しているためであろう。つまり，この地域の農民は，土壌がコーヒー栽培に向いていないにもかかわらず，政庁から指示を受けることなく，自主的に栽培を開始したのである。商業中心地であるマナドとの結びつきが強いと考えられるこの地域で，おそらくコーヒー価格の上昇を知った農民が，増収の機会を求めてコーヒー栽培を開始したものと考えられよう。1869年に，この地域のコーヒーはすべてカンポン農園で栽培されている。つまり，農民はカンポン内部及び周辺の既存の耕地をコーヒーに転換したのである。これはおそらく収穫物の換金性が魅力と感じられたためであり，この地域が市場志向的であったことを示していよう。このようにして1861年から64年にかけて，マナド市周辺の海岸部で，コーヒーの自主栽培が小規模に，しかし広範囲にわたって進展した。

　1861年から64年にかけては，マナド県のコーヒー主産地であるカカスカセン郡とトンバリリ郡でも，自主栽培の拡大が進んでいる。図8‐7aと図8‐7d

203

第Ⅲ部　アジアにおける農業開発

から分かるように，両郡において政庁管理農園の減少は明らかである。一方で，3種の農園すべてから得られる栽培量（苗木の本数）はそれほど変化していない。つまり，主要生産地では1861〜64年にかけて政庁管理農園から自主栽培農園への転換が進んだ。

　さらに1869年に着目すると，マナド市周辺地域の小規模生産地におけるコーヒー栽培が縮小したことが確かめられる。代わりにこれらの地域では，この時期にココヤシの生産が増えたことを次節で論じる。主要生産地のカカスカセンとトンバリリ両郡では，全体の栽培量は1861年よりも僅かに減少しているが，政庁管理農園における作付けの減少はそれよりはるかに顕著である。政庁管理栽培制度が，1860年代を通じていっそう不人気になっていることが分かる。1869年において政庁管理農園におけるコーヒー苗木の数はマナド県全体で163,034本となり，森林農園（118,355本）とカンポン農園（102,749本）を合計した自主栽培農園における苗木数221,104本を大きく下回った。

6　コーヒー栽培のもたらしたインパクト

（1）　輸送の発展と貨幣経済の深化

　自主栽培が発展した1850〜60年代には，同時にコーヒーの輸送が専門化し発達した。オランダ植民地政庁はコーヒーの強制栽培を開始して間もない頃から，農民を動員して道路や橋を整備し，収穫物の輸送を容易にしようと試みていた。その成果が農民たちに利益として実感されるのは，収穫したコーヒー豆を貯蔵する倉庫が内陸部に整備された1850年代と考えられる。

　1864年の農業報告書は，1857年に倉庫の建設によってコーヒー生産が増大していることを指摘している。同報告書はその理由を，倉庫ができたことによって，農民は収穫物を海岸部の倉庫まで運ぶ必要がなくなったためと述べている[28]。このことは，倉庫が建設されるまで，個々の農民には収穫されたコーヒーを海岸部まで運ぶことが義務づけられていたことを意味している。収穫し乾燥させたコーヒーは，雨に濡れるなどして湿気を帯びると商品価値が下がるため，政庁は乾燥させたコーヒーをすぐに海岸部の倉庫にまで運ぶよう農民に義務づけたのであろう。このことは，農民にとっては栽培の労働に加えてさらに負担を課されるものであり，彼らに強い不満を抱かせていた。ところが1850

第 8 章　インドネシア・北スラウェシにおけるコーヒー栽培

年代までに，農民の中でコーヒー輸送に特化する者が現れたことが資料から読み取れる。ウェッセルスによれば，政庁は1852〜58年の期間，生産地から海岸部の倉庫までコーヒーを運んだ農民に対し，1ピコルにつき7.5ダイトを支払った（Wessels 1891：62-63）。1858年及び1861年の農業報告書によれば，雨で道がぬかるんだ時には困難を伴うものの，一般に輸送は大きな利益が出るものだったため，農民は喜んで輸送にあたったとされる。このように専門の輸送業者が現れたことは，内陸部にコーヒー倉庫が整備されたことと関連づけられる。農民は収穫し乾燥させたコーヒーを，雨を避けられる倉庫に一定期間貯蔵できるようになったために，乾燥が済むと同時に自ら海岸部まで運ぶ必要がなくなった。輸送業者は倉庫に一定量のコーヒー豆が集められた時点で輸送を始めることが出来るようになって業務が効率化され，政庁の支払う報酬が利益を生むようになったのであろう。内陸の倉庫は，1858年にミナハサで8カ所，1864年に11カ所に建設されていたことが確かめられる。倉庫には政庁から監督官（Controleuer）が派遣され，収穫物と金銭の受け渡しを管理した。1852年頃から輸送に特化した農民が現れていたことからすると，倉庫建設の開始は1850年代の早い時期であった可能性が高い。

　コーヒーの輸送には一部で船も用いられたが，主に2輪の牛車（ossenkart）が利用され，1台で1度に6〜8ピコルのコーヒーを運んだ。1858年にはマナド州で449台の牛車がコーヒー輸送用に登録され，1861年にその数は500台余りに，1864年には556台に増えた。1856年にはマナド州理事が，輸送をさらに円滑化するために，スコットランド製の牛車を導入した。この牛車には車輪と車軸受けに鉄が使用され，それまで利用されていた（おそらく現地製の）牛車よりもはるかに堅牢で，輸送効率を上げると考えられた。1858年にその数は57台と記録されている。これによってどれほど輸送効率が向上したかは明らかでないが，コーヒー輸送における牛車の重要性を政庁の最高幹部がよく認識し，熱心に輸送効率を高めようとしていたことは間違いない。

　コーヒー輸送に牛車が多用されることによって，それを牽引する牛も当然多数必要となった。ウェッセルスの報告によると，ミナハサでは1850年代前半に家畜の飼育が増加し，1851〜56年の間にその頭数（明示されていないが，文脈上おそらく去勢された雄牛〔os〕の数であろう）は3倍に増えたとされている（Wessels 1891：63）。5年間で飼育頭数が3倍にまで増えるということは，雄牛

205

第Ⅲ部　アジアにおける農業開発

に強い需要があったためにおそらく価格が高騰したためと考えるべきであろう。また，牛車や牛の所有者には地方首長が多く，輸送業者は彼らに使用料を支払ってそれらを借用したとされる。このことからは，牛の飼育を始めるには一定の資本が必要で，首長などの有力者が多く参入したことが窺える。コーヒー輸送の面においても人々は市況の変化に敏感になり，農民や首長層が需要に対応して新たな生業を始める（または複数の生業の中で比重を変える）ことを積極的に行ったのである。

　このように人々が収入の拡大に熱心になった背景として，コーヒー輸送の副産物として，海岸部の港町からコーヒー生産地へ商品が運ばれるようになったことが指摘できる。ウェッセルスの報告によると，1850年代前半頃から，内陸の倉庫から海岸の港の倉庫までコーヒーを運んだ輸送業者は，港町で商品（goederen）を購入し，それを帰り荷として生産地の村まで運んだとされる（Wessels 1891：64）。自ら牛車と牛を調達した輸送業者が，それらを使って帰り荷を満たし，さらに収入を増やそうとしたことは，貨幣経済に慣れてきた彼らにとっては，当然の発想であっただろう。輸送業者は港の倉庫で輸送料を受け取ったので，商品を買うための資金も持っていた。残念ながら，コーヒー輸送業者がどのような商品を購入したかについての情報はない。しかし1866年の農業報告書は，内陸部からコメを運んできた人々が，マナドの市場でそれを魚，油（おそらく食用），ココナツと交換して持ち帰っていることを記録しており，特にココナツは山間部の住民の間で需要があると述べている。おそらくコーヒー輸送業者も，同様に内陸部で入手困難な海岸部の産品を持ち帰った可能性が高いと考えられよう。

　言うまでもなく，貨幣が社会に浸透するためには，現金収入に加えて，現金を使用して消費する機会の存在が不可欠である。先述のように，1830年頃までは，農民は商人が村に布をもたらすことを好んでいたことが記録されていた。これはおそらく現金を受け取ってもそれを消費する機会がないことが原因であり，コーヒー生産低迷の一因となっていた。布に何らかの商品貨幣としての働きがあったとしても，交換や流通といった機能では貨幣に劣るものであったに違いない。政庁や中間首長による強制力も，生産を増やす効果はあまり大きくなかった。ところが1850年頃からのコーヒー栽培は，現金収入に加え，収穫物の輸送を通じ外部から流入する商品を得る機会を人々に与えたことに特徴があ

206

第 8 章　インドネシア・北スラウェシにおけるコーヒー栽培

る。これによって農民にとってコーヒーを栽培する魅力が高まり，生産が刺激されたと考えられる。こうしてコーヒー生産は，貨幣経済を深化させるというインパクトを地域社会にもたらしたと考えられる。先に述べた農民がコーヒーの買取価格に敏感であったことや，有力者たちが需要に応じて荷車牽引用の牛を飼育し始めたことなども，このような社会変容から理解できるであろう。

（2）　農業生産の変容

　コーヒー自主栽培の進展は，マナド県の他の作物生産にも影響をもたらした。当時のマナド県における主要商品作物はコーヒーとココヤシであり，主要自給作物はコメとトウモロコシであった。図8-8は，農業報告書に基づいて，マナド県の3地域（マナド市周辺地域，カカスカセン郡，トンバリリ郡）におけるこれらの作物の生産量（コーヒーとココヤシは作付け本数，コメは収穫量，トウモロコシは果穂の数で表す）の変化を示したものである。いずれも1864年のマナド周辺地域における各産品の生産量を1とする指数によって，生産の増減を示している。

　全体として，商品作物ではコーヒーがトンバリリ郡とカカスカセン郡で早い時期から高い水準で増加傾向にあり，ココヤシがそれより遅れて3地域で増加している。これに対し，コメとトウモロコシは，1858年以降3地域でほぼ一貫して衰退している。全体的な傾向は，商品作物生産の拡大と自給作物生産の縮小であったと要約できる。

　次にそれぞれの地域を子細に検討すると，さらに興味深い考察が得られる。まずコーヒーの主要産地であるカカスカセン郡とトンバリリ郡では，ともに1857年から64年までの間にコメとトウモロコシの生産が落ち込んでいるが，その下落はカカスカセン郡の方がはるかに著しい。これは先述のように，カカスカセン郡の農民が，コーヒー栽培への参入にあたって既存の耕地をコーヒーに転換していたことの証左である。トンバリリ郡では新たに森林を開墾してコーヒー生産を拡大したため，既存の耕地では自給作物生産を維持したと考えられる。この地域では1866年からコメの生産が落ち込むものの，それを除けばほとんど従前の自給作物生産水準を維持しつつコーヒー栽培を展開していたことが確かめられる。

　一方，カカスカセン・トンバリリ両郡とも，ココヤシ栽培への対応は遅い。

207

第Ⅲ部 アジアにおける農業開発

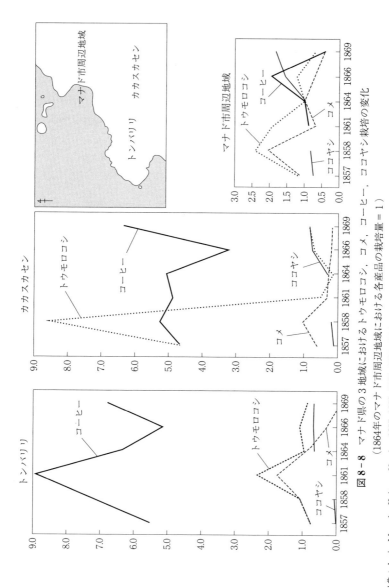

図8-8 マナド県の3地域におけるトウモロコシ,コメ,コーヒー,ココヤシ栽培の変化
(1864年のマナド市周辺地域における各産品の栽培量=1)

出典:Arsip Manado, Kultuur Verslag 1857, 1858, 1861, 1864, 1866, 1869.
注:1としだ数値は以下の通り。トウモロコシ:果穂9,429,630本,コメ:収穫量52,795ガンタン(1ガンタン〔gantang〕は40ポンド),コーヒー:苗木28,297本,ココヤシ:ヤシの木35,131本。

第 8 章　インドネシア・北スラウェシにおけるコーヒー栽培

1857年において，両郡における栽培量はどちらもマナド市周辺地域の3分の1以下でしかない。トンバリリ郡は1864年の指数が0.8まで増えるが1869年は再び頭打ちとなる。カカスカセン郡では1864年の指数はまだ0.3でしかなく，1869年に至っても0.8までしか増えない。もちろん，内陸部でココヤシ栽培がすぐに拡大しないのは土壌や気候が適さないためである。しかし1866年の農業報告書が，ココヤシ栽培が山間部でも増えつつあることに言及していることは，ゆっくりとではあるが農民が栽培に関心を持ち始めていたことを意味している[37]。

　マナド市周辺地域では，1857～58年にコメとトウモロコシの生産が大きく増えている。この時期にはカカスカセンやトンバリリでもこれらの生産が増えており，気候などの条件が良かったと考えられよう。その後は，自給作物生産は下降を続ける。この地域で自給作物生産が増えないのは，カカスカセン・トンバリリ両郡におけるコーヒー栽培の拡大があまり食糧不足を引き起こしておらず，マナド県内の他地域が自給作物を生産するかたちでの地域分業があまり進まなかったことを意味していよう。

　一方，マナド市周辺地域は，商品作物生産にとりわけ敏感に対応していた。コーヒー栽培は1866年までに大きく拡大していたが，1869年には急落した。先述のようにこの地域はコーヒー生産からの収入獲得機会に素早く対応していたが，それを放棄するのも早かったと言える。一方この地域のココヤシ栽培は，1857年から南西部の2郡よりも高い水準で増加傾向にあったが，1864年からいっそうそのペースを上げて2郡との差を拡大している。本章の冒頭で述べたように，ココヤシ栽培の拡大は，先進国におけるコプラの需要が高まったことに対応したものである。図8-9は，1857年と1869年にマナド県で栽培されたココヤシの本数を示している。この図を見ると，ココヤシ栽培が拡大しているのは比較的マナド市に近い海岸部である。これを1861～64年のコーヒー栽培の状況（図8-7b，8-7c）と比較すると，2つの産品に興味深い連関が確かめられる。つまり，1861～64年にコーヒー生産を増加させたマナド市周辺地域の海岸部の村々で，ココヤシ栽培が1869年までに大きく拡大していることが確かめられるのである。つまりこの地域は，1860年代半ばまでにコーヒーとココヤシの両方の生産を増加させた後，1860年代後半からはコーヒーからココヤシ栽培へとシフトしたと言える。

209

第Ⅲ部　アジアにおける農業開発

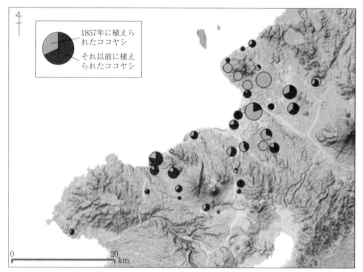

(a) 1857年

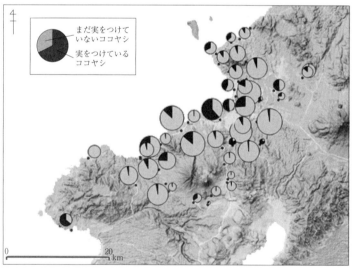

(b) 1869年

図8-9　村落ごとのココヤシ栽培本数（マナド県，1857年及び1869年）
出典：Arsip Manado 198, Kultuur Verslag 1857；Arsip Manado 193, Kultuur Verslag 1869.
注：最大値は1869年のサワンガン村（Sawangan, 図8-6参照）における6002本。

第 8 章　インドネシア・北スラウェシにおけるコーヒー栽培

　このような変化は，これらの地域が極めて市場志向的な戦略を取ったことを
示している。マナド市周辺海岸部の農民は，現金収入が得られる機会を求めて，
まずコーヒー栽培にもココヤシ栽培にも着手し，次いで土壌などの生育条件が
適したココヤシ栽培に特化するようになったのである。この地域は商業都市マ
ナドとの交通も良く，市場や価格についての情報を得る機会も比較的多かった
ことであろう。それに対し内陸部の農民は，土壌や気候が適していないことに
加えてすでにコーヒー栽培を大きく拡大していることもあって，ココヤシ栽培
への対応は遅かった。内陸部には，国際市況の情報が比較的入りにくかったこ
とも，対応の遅さに影響しているであろう。このようにしてマナド県では，
1860年代半ばから，マナド市周辺地域の海岸部を中心にココヤシ栽培が拡大し
始めた。ミナハサ州全体でのココヤシ生産の拡大が顕著になるのが1890年頃で
あることを考えると，この地域における対応は非常に早かったと言える。

　次に，自給食物生産の全体的な減少が，マナド県内で食糧の不足をもたらさ
なかったのかという問題についても検討したい。マナド県に食糧不足が発生し
た場合，その解決方法としては，マナド州内の他県からの移入と外部からの輸
入が考えられる。ところが農業報告書は，そうした取引が極めて少量であるこ
とを常に強調している。自給作物生産の減少が顕著となった1866年以降におい
ても，農業報告書は，コメが輸入されることはほとんどなく，むしろマルク諸
島などへの輸出が行われていると述べている。1868年にはマナド県でコメの
不作が記録されているが，食糧不足は他県からの移入で補われたと記されてい
る。トウモロコシは，輸出はしばしば行われるが，輸入はほとんどないとさ
れている。

　農業報告書のこのような記述が正しいことは，中央統計局が作成したマナド
港の貿易記録からも確かめられる。図8-10 a は，1859～69年にマナド港にお
けるコメの貿易量を示している。この時期にはカカスカセン・トンバリリ両郡
でコーヒー栽培が増加し，マナド市周辺地域でココヤシ栽培が拡大していたに
もかかわらず，不作が記録される1868年を除けば，ここにコメ輸入の拡大傾向
をみることはできない。1868年には輸出も急増しており，輸入が多すぎた分が
再輸出された可能性もある。マナドにおけるコメ輸入の金額ベースの情報は
1846年から存在するが（図8-10 b），これをみても輸入は微増としか言えない。
ピーク時の1つである1868年でも，コメの輸出33,047ギルダー及び輸入22,008

211

第Ⅲ部 アジアにおける農業開発

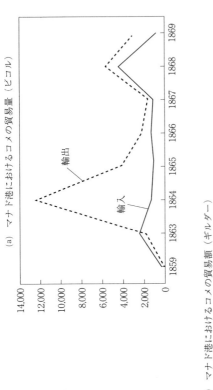

(a) マナド港におけるコメの貿易量（ピコル）

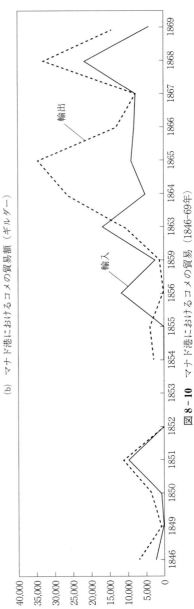

(b) マナド港におけるコメの貿易額（ギルダー）

図 8-10 マナド港におけるコメの貿易 (1846-69年)

出典：Central Bureau voor Statistiek 1851-70.

第 8 章　インドネシア・北スラウェシにおけるコーヒー栽培

ギルダーという額は，同年のマナド港における全輸出865,642ギルダー，全輸入415,263ギルダーという貿易額の中では，相当小さいと言わざるを得ない。同年の資料にトウモロコシ輸入は記録されず，輸出は僅かに215ピコルで662ギルダーである。それに対しコーヒーの輸出（7,715ピコル）は342,100ギルダーに達し，コメの10倍以上に及んでいる（Centraal Bureau voor Statistiek 1869：60-63）。

　これらのことから言えることは，商品作物生産の拡大はマナド県で食糧不足を引き起こしておらず，輸入や他県からの移入は不作の年に一時的に拡大したに過ぎないということである。おそらくマナド県では，自給作物生産を減少させてもなお，食糧を自給する余力があったのであろう。コーヒー栽培への転換が進む以前は，マナド県の稲作地域は他県や外部に輸出していた可能性もあるが，この点は本章の対象時期を越えるため今後の課題としたい。

7　ミナハサ社会の変容

　冒頭で述べたように，これまでの研究では，ミナハサにおけるコーヒー栽培は，政庁に強制され農村に大きな負担をもたらしたとする否定的な見解が主流であった。ところが，本章の議論からは，それとは異なる見解が可能となる。

　まずコーヒー栽培は，ミナハサ地方で1880年代半ばまで一定の生産量を維持しており，強制だけでこの成果が得られたとは考えにくい。マナド県では1850年代半ばから1860年代末にかけて，作付け本数が増加していることが確認できた。これは，この時期にコーヒーの価格が上昇していることが，農民の栽培意欲を刺激したことが大きな要因と考えられる。

　ミナハサでコーヒーの強制栽培制度が施行された（1822〜99年）ことは紛れもない事実であるが，その中で通常の政庁管理栽培の他に，農民による自主栽培が試みられたことはもっと注目される価値がある。農民にとって，住居から離れたところにある政庁管理農園で労働し，収穫物を安い価格で政庁に販売することは確かに重い負担であった。ところが自主栽培においては，農民が積極的に村落の内部や周辺にコーヒー園を確保し，栽培を増やしていたことが確かめられた。当時の政庁内部では自主栽培の擁護派と反対派が対立しており，政庁職員や委託を受けた外部専門家によって作成された調査報告書にも，どちら

213

第Ⅲ部　アジアにおける農業開発

かの立場が反映していることは確かである。しかしそうした臨時報告書とは別に，公式かつ定期的に政庁で作成された農業報告書においても自主栽培農園におけるコーヒー生産が増加しているという事実は，自主栽培が実際にポジティブな効果を持ったことを示唆していよう。自主栽培が失敗であったとする先行研究の見解は，自主栽培反対派の作成した報告書を重視したのかもしれない。しかし農業報告書のデータに基づけば，政庁管理栽培は縮小するものの，自主栽培は1860年代末まで拡大を続けたことが確認できる。政庁管理栽培と合わせたコーヒー栽培全体を見ても，60年代末まではほぼ拡大傾向が続いた。

　コーヒー自主栽培の拡大は，輸送が容易になったことも大きな要因となっていた。輸送システムが次第に発達したことは，従来指摘されていた道路や橋の建設だけでなく，コーヒー貯蔵倉庫が建設され牽引用の雄牛の飼育が盛んになったことからも確かめられた。政庁が一定額の輸送料を支払うと，農民の中にはそれに応じて牛や牛車を用意し，コーヒー輸送に特化する者も現れた。首長など有力者の間では，牽引用雄牛の飼育を増やすことが試みられた。このような対応が行われたのも，人々が現金収入を増やすことに積極的になったためと考えられる。

　さらに輸送にあたった農民が，海岸部の都市から商品を内陸部の生産地にまでもたらしたことによって，貨幣経済がいっそう地域社会に浸透し深化したと考えられる。人々は比較的身近な地域で貨幣を用いて消費する機会を得ることによって，さらに貨幣を得ることへの関心を高めたのである。

　このようにして人々が市場志向的になっていたことが最もよく確かめられるのが，マナド市周辺地域海岸部の農民が取った行動である。彼らはおそらくコーヒーの価格上昇を見て，1860年代前半からその栽培を増加させた。この地域でコーヒーの政庁管理栽培は行われておらず，彼らは全く自主的に，村落内部及びその周辺の耕地をコーヒーに転換した。ところが1860年代後半からは，彼らはこの栽培を大きく減らし，代わりにココヤシ栽培を拡大させた。彼らは常に，市場で最も大きな利益が得られる作物を選択しているように見える。彼らはこのような市場から得られる利益と貨幣経済の有効性を，コーヒー栽培を通じて認識するようになり，それゆえさらに大きな利益を期待してココヤシ栽培へと転換したのであろう。この地域ではコーヒー栽培を通じて得た市場経済の経験が，ココヤシ栽培へと連続していたのである。

第 8 章　インドネシア・北スラウェシにおけるコーヒー栽培

このような人々の市場志向的な行動を見ると，従来の研究がイメージしてい
た，蘭印経済は政庁や欧米民間企業の主導で世界経済に従属させられ，市場経
済が農村まで浸透したとする理解は，この時代のミナハサ地方にはあまり妥当
しないことが確かめられる。政庁主導の強制栽培制度は，市場志向化し始めた
農民によって1850年代から放棄され始め，彼らは自らの工夫と努力によって，
コーヒーの栽培や輸送を拡大した。これによって彼らは自ら貨幣経済を地域社
会に浸透させ，さらに市場志向的傾向を強めていったのである。このように農
民が利益を追求したのは，そのようにして獲得される富が，流動性の高いミナ
ハサ社会において，地位の向上につながったからであろう。

　本章は蘭印の中でもミナハサ地方，特にマナド県のコーヒー栽培に焦点を
絞ったミクロな研究であり，数値的にもそれほど大きな生産増が起きた地域を
扱ったわけではない。それでもここに示した地域住民の主体的な行動と，それ
が社会変容と経済発展を生み出していた過程は，地域経済の従属性が強調され
がちな東南アジア植民地経済研究においては注目に値すると言えるだろう。こ
の分野の研究は，欧米主導で世界商品を産出した農鉱業に今なお集中している。
そのような欧米主導の経済開発があまり浸透しなかった地域の研究が今後進展
することによって，我々の持つ東南アジア植民地社会の経済発展のイメージは，
変えられていくのではないだろうか。

注
(1)　本章で述べる「農民」とは，何らかの農作物の生産に従事する人々を広く指すも
　　のとする。その階層性や収入などについては資料が乏しく，その解明は今後の課題
　　である。
(2)　農業報告書（Kultuur Verslag）においても，特に全県で調査を実施した数年を
　　除いては，村落別のデータはマナド県においてのみ掲載され，州の農業の状況に関
　　する記述もマナド県を中心になされている。
(3)　これらのスクは，Tontemboan, Tondano, Tombulu, Tonsea, Tonsawang,
　　Bentenan, Bantik, Ponosakan である。これらは19世紀から記録され，現在でも
　　人々が自分の出自を語る際に用いられる。
(4)　J. Brandes en J. Alb. T. Schwarz, "Taalkaart van de Minahasa"（ミナハサ言語
　　地図），1 : 375,000 (n.p., 1900), Collections KITLV : D B 55, 5, Leiden University
　　Library.
(5)　図 8 - 3 に用いたデータは原資料では各県別にまとめられており，そのタイトル

は "Afdeeling Manado（または他の県名），Residentie Manado, Districts-gewijze opgaaf van het aantal jaarlijksche aan het gouvernement geleeverd van af 1862 tot en met 1896"（マナド理事州マナド県〔または他の県名〕において，1860年から1896年に毎年各郡から政庁にもたらされた〔コーヒーの〕量についての報告），またはこれに近似したものである（Arsip Manado 137-2, Opgave van het koffie productie in Minahasa vanaf 1860 tot met 1896）。

(6) De Vriese 182, Nota nopens kultuur en levering van koffie（...）, n.p.

(7) ibid.

(8) ダイト（duit）は当時使用された補助貨幣の1つで，1ダイトは8分の1スタイファー（stuiver）。1スタイファーは5セントで20分の1ギルダー。

(9) ibid.

(10) ibid.

(11) Arsip Manado 39-4, Kultuur Verslag 1864, 16.

(12) ibid : 11.

(13) Arsip Manado 48-4, Kultuur Verslag 1858, 49-50.

(14) Arsip Manado 39-4, Kultuur Verslag 1864, n.p.

(15) Arsip Manado 193, Kultuur Verslag 1869, n.p.

(16) De Vriese 182, Nota nopens kultuur en levering van koffie（...）, n.p.

(17) Arsip Manado 39-4, Kultuur Verslag 1864, 4.

(18) Arsip Manado 48-4, Kultuur Verslag 1858, 7.

(19) Arsip Manado 39-4, Kultuur Verslag 1864, 19.

(20) Arsip Manado 95-2, Kultuur Verslag 1861, 25; Arsip Manado 77, Kultuur Verslag 1866, 8v-9r.

(21) 1868年と1869年の中央統計局の資料には，マナド港からのコーヒー輸出量はそれぞれ7,775ピコルと30,425ピコルと示され，これらの数値は図8-3で示したマナド政庁の購入量に非常に近いことから，港における計量の精度が高まったことが確かめられる（Centraal Bureau voor Statistiek 1869-70）。残念ながら1870年以降は資料のフォーマットが変更され，同様の方法で価格を確かめることができない。

(22) Arsip Manado 48-4, Kultuur Verslag 1858, 8-9; Arsip Manado 77, Kultuur Verslag 1866, 9r.

(23) Arsip Manado 193, Kultuur Verslag 1869 : n.p.

(24) 原資料は地図を含まないが，そこで示されている村落名は，本章で用いた同時代の地図上でほとんどすべて確認できる。

(25) S. C. J. W. van Musschenbroek, "Kaart van de Minahassa"（'s-Gravenhage : Topographische Inrigting, 1878）, 1 : 100,000, Collections KITLV : D B 55, 3, Leiden University Library.

第 8 章　インドネシア・北スラウェシにおけるコーヒー栽培

⒂　ヘンリーもまた，植民地期ミナハサの地理を説明した地図の中で，ワラックと郡の名前が多く一致することを示唆している（Henley 2005：38）。

⒄　Arsip Manado 77, Kultuur Verslag 1866, 6r-6v.

⒅　Arsip Manado 39-4, Kultuur Verslag 1864, 14-15.

⒆　Arsip Manado 48-4, Kultuur Verslag 1858, 11-12；Arsip Manado 95-2, Kultuur Verslag 1861, 31.

⒇　Arsip Manado 48-4, Kultuur Verslag 1858, 13；Arsip Manado 39-4, Kultuur Verslag 1864：15.

(31)　Arsip Manado 95-2, Kultuur Verslag 1861, 31-32.

(32)　Arsip Manado 95-2, Kultuur Verslag 1861, 30；Arsip Manado 77, Kultuur Verslag 1866, 9r-9v.

(33)　Arsip Manado 48-4, Kultuur Verslag 1858, 12-13；Arsip Manado 95-2, Kultuur Verslag 1861, 30；Arsip Manado 39-4, Kultuur Verslag 1864, 13-14.

(34)　Arsip Manado 48-4, Kultuur Verslag 1858, 12-13.

(35)　Arsip Manado 95-2, Kultuur Verslag 1861, 27-28.

(36)　Arsip Manado 77, Kultuur Verslag 1866, 5r.

(37)　Arsip Manado 77, Kultuur Verslag 1866, 12r-12v.

(38)　Arsip Manado 77, Kultuur Verslag 1866, 5r.

(39)　Arsip Manado 193, Kultuur Verslag 1869, n.p.

(40)　Arsip Manado 193, Kultuur Verslag 1869, 11v-12r.

参考文献

Centraal Bureau voor Statistiek (1851-70), *Overzigt van den handel en de scheepvaart in de Nederlandsche bezittingen in Oost Indië, buiten Java en Madura, over de jaren …*（……年におけるジャワ・マドゥラを除く蘭領東インドにおける貿易と海運の概要）Batavia：Landsdrukkerij.

Graafland, N. (1867-69), *De Minahasa : Haar verleden en haar tegenwoordige toestand（eene bijdrage tot de taal- en volkenkunde）*（ミナハサ地方──過去と現在〔言語学・民族学への貢献〕）. 2 vols. Rotterdam：Wijt.

Henley, David (2004), "Conflict, Justice, and the Stranger-king : Indigenous Roots of Colonial Rule in Indonesia and Elsewhere." *Modern Asian Studies* 38-1：85-144.

Henley, David (2005), *Fertility, Food and Fever : Population, Economy and Environment in North and Central Sulawesi, 1600-1930.* Leiden：KITLV Press.

Korthals Altes, W. L. (1991), *Changing Economy in Indonesia : A Selection of Statistical Source Material from the Early 19th Century up to 1940,* vol. XII A：*General Trade Statistics 1822-1940.* Amsterdam：Royal Tropical Institute.

第Ⅲ部　アジアにおける農業開発

Schouten, M. J. C. (1998), *Leadership and Social Mobility in a Southeast Asian Society: Minahasa, 1677-1983*. Leiden: KITLV Press.

Scott, James C. (1998), *Seeing Like a State: How Certain Schemes to Improve the Human Condition Have Failed*. New Haven etc.: Yale University Press.

Wessels, L. (1891), "De gouvernements-koffiecultuur in de Minahassa, residentie Menado."（ミナハサ，マナド理事州における政府コーヒー栽培）*Tijdschrift voor Nederlandsch-Indië* 20-I: 50-71, 123-146.

Wilken, G. A. (1873), "Het landbezit in de Minahasa."（ミナハサの土地所有制度）*Mededeelingen vanwege het Nederlandsche Zendelinggenootschap* 17: 108-137.

Worotikan, J. A. (1910), "Landbezit in de Minahasa."（ミナハサの土地所有制度）*Adatrechtbundels* 3: 152-163.

〈一次史資料〉

インドネシア国立文書館（Arsip Nasional Republik Indonesia, Jakarta）

Arsip Manado 198, Kultuur Verslag（農業報告書）1857.

Arsip Manado 48-4, Kultuur Verslag 1858.

Arsip Manado 95-2, Kultuur Verslag 1861.

Arsip Manado 39-4, Kultuur Verslag 1864.

Arsip Manado 77, Kultuur Verslag 1866.

Arsip Manado 193, Kultuur Verslag 1869.

Arsip Manado 137-2, Opgave van het koffie productie in Minahasa vanaf 1860 tot met 1896（1860年から1896年のミナハサにおけるコーヒー生産に関する報告）

オランダ国立文書館（Nationaal Archief, Den Haag）

De Vriese 182, Nota nopens kultuur en levering van koffie in de Minahassa（ミナハサにおけるコーヒーの栽培と供給に関する覚書），1857.

ライデン大学図書館（Universiteitsibliotheek Leiden, Leiden）

Collections KITLV: D B 55, 3, S. C. J. W. van Musschenbroek, "Kaart van de Minahassa"（ミナハサ地図），1: 100,000, 's-Gravenhage: Topographische Inrigting, 1878.

Collections KITLV: D B 55, 5, J. Brandes en J. Alb. T. Schwarz, "Taalkaart van de Minahasa"（ミナハサ言語地図），1: 375,000, n.p., 1900.

第 9 章
タイ米経済の発展と土地法
——1901年土地法制定とその影響——

宮 田 敏 之

1 問題の所在——タイ米経済・土地法・ラーマ5世の外交戦略・担保登録

19世紀後半以降，米の海外需要の拡大に対応する形で，タイでは，タイ中央部，チャオプラヤー川流域のデルタを中心に米生産が拡大し，米輸出が増大した。ただし，この19世紀後半，米輸出の著しい発展を支えた，チャオプラヤー・デルタでは，いわゆる土地法が整備されなかったため，土地所有権が「曖昧」なままになっていた。その結果，稲作地をめぐる土地紛争が増大した。

もちろん，この時期，タイ政府内で土地法制定に関わる議論はされたが，その整備は遅れ，1855年のバウリング条約からおよそ50年近くも経た1901年に，初めての土地法，タイ中部アユタヤ県を中心とするクルンカオ州を対象とした「クルンカオ州地券交付布告」が制定された。当時の布告は法律と同義であり，この布告，つまりこの土地法で，はじめて稲作地の土地所有権を規定する地券（チャノート・ペーンティー：Title Deed：地籍図作成済み地券）の発行が定められた。

他方，19世紀後半以降，上記の土地法の制定が遅れたため，合法的に土地を集積する法的基盤が整備されず，王族，大商人ら有力者たちが，広範囲に，大規模な土地を法律上所有すること自体が不可能であった。つまり，当時のタイでは，いわゆる大土地所有制が全国的に拡大することはなかった。もちろん，一部地域で，事実上，大規模な土地を占有支配する者はいた。例えば，バンコク近郊のランシット運河地域では，1888年ラーマ5世に運河開削の許可を願い出た民間会社のシャム土地運河灌漑会社（Siam Land, Canals and Irrigation Company）が，1890年から運河の掘削を始めた。この会社は，王族や西洋人が株主となっており，25年間の運河掘削独占権を得た。この地域では，王族をは

第Ⅲ部　アジアにおける農業開発

じめとする有力者が多くの土地を占有し，いわば，大土地所有者のごとくなった。しかし，こうした状況は，当時のタイでは例外的な状況であった。大土地所有制が発展したインドシナ半島の他地域，例えば，コーチシナのメコンデルタなどとは大きく異なる。

　本章では，こうしたタイ米経済の発展と，土地所有権を規定した20世紀初頭の土地法整備に着目し，以下の４つの内容を検討したいと考える。第一に，タイの米輸出や米生産が19世紀後半から1930年頃までにどのような発展を見せたかを，いわゆる，19世紀後半の世界的な経済構造の変容，特に，「アジア間貿易」やアジア・太平洋地域貿易の発展に代表されるグローバルな経済のダイナミズムを視野に入れて再検討する。第二に，田地税（地租あるいは田租）と稲作地の占有や所有に関わる制度とその変化を再整理する（田坂・西澤 2003；北原 2012）。さらに，第三に，トーマス・ラーソン（Larsson 2012）が，土地法制定は，ラーマ５世を中心とするタイ政府側が，外交戦略上の必要から，意図的に遅らせたと評価している点に着目し，その議論を再検証する。ラーソンによれば，土地所有権が「制度的未整備（institutional underdevelopment）」（Larsson 2012：45）なまま20世紀初頭まで法制化されなかったのは，制度の混乱や人材の不足が原因であったばかりでなく，むしろ，国王ラーマ５世が，積極的に，外国資本（欧米人及び英国籍・仏国籍のアジア人）の土地集積を防ぎ，王権とタイの主権を守ろうとした，１つの「武器」であったという。最後に，第四の論点として，1901年土地法によって，開始された地券の発行と稲作地の担保登録の動向を整理し，土地法が農民の経済に及ぼした影響の一端を検討する。

2　タイ米経済の発展

（1）　タイ米輸出の拡大

　19世紀後半以降，タイはアジア域内のみならずヨーロッパや中南米に対して米の輸出を拡大させた。世界各地の米市場でタイ米はアジア産の米と激しく競合し，中でも大陸部東南アジアのビルマやコーチシナとの激しい輸出競争に直面していた。

　タイ米輸出は表９-１からわかるように，その規模自体ビルマやコーチシナを凌駕しているわけではなかった。1870年代のタイ米輸出は全体で16万トン程

表 9-1 ビルマ・コーチシナ・タイの米輸出量比較，1871～1930年・年平均

(単位：1,000トン)

輸出地	年	合計	アジア域内					欧 州				その他
			アジア計	海峡植民地	香港・中国	インド	アジアその他	英国	ドイツ	フランス	欧州その他	
ビルマ	1871-1880	811	185	67	1	114	3	511	5	*	12	98
コーチシナ	1871-1880	283	266	25	188	5	48	*	*	10	1	6
タイ	1871-1880	165	152	53	87	*	12	*	*	*	3	10
3ヶ国合計		1,259	603	145	276	119	63	511	5	10	16	114
ビルマ	1881-1900	1,222	474	188	1	261	24	260	222	*	247	19
コーチシナ	1881-1900	500	420	45	287	*	88	*	*	45	14	21
タイ	1881-1900	364	290	116	168	*	6	*	*	*	35	39
3ヶ国合計		2,086	1,184	349	456	261	118	260	222	45	296	79
ビルマ	1901-1910	2,169	1,156	274	12	607	263	154	334	*	304	221
コーチシナ	1901-1910	708	509	31	179	1	298	*	*	122	25	52
タイ	1902-1910	861	725	318	401	1	5	20	35	*	76	5
3ヶ国合計		3,738	2,390	623	592	609	566	174	369	122	405	278
ビルマ	1911-1920	2,176	1,383	265	9	914	195	322	115	*	252	104
コーチシナ	1911-1918	783	507	*	258	*	249	*	*	142	*	134
タイ	1911-1920	854	751	391	316	3	41	45	19	1	29	9
3ヶ国合計		3,813	2,641	656	583	917	485	367	134	143	281	247
ビルマ	1921-1930	2,676	1,808	198	134	1,172	304	82	296	*	142	348
コーチシナ	1926-1930	1,531	1,086	112	727	8	239	*	*	240	*	205
タイ	1921-1930	1,295	1,157	489	495	8	165	14	23	*	27	74
3ヶ国合計		5,502	4,051	799	1,356	1,188	708	96	319	240	169	627

出典：宮田（2001：181）をもとに筆者作成。
注：＊は数値なしを示す。

度であったが，ビルマは80万トン，コーチシナは28万トンの米輸出をしていた。1920年代を見ても，タイが130万トン，ビルマが270万トン，コーチシナが約150万トンであった。タイの米輸出は1870年代から1920年代にかけて，およそ8倍に増加しているものの，ビルマやコーチシナの米輸出量には及ばなかった。しかし，海峡植民地と香港・中国向けの米輸出を見ると，タイは，1870年代にはコーチシナの20万トンに対して，14万トンにしか過ぎず，1880年代もコーチシナの33万トンに対して，タイの米輸出は29トンであったが，1900年代から1920年代を見ると，タイが，ビルマはもとより，コーチシナの米輸出を大幅に

第Ⅲ部　アジアにおける農業開発

上回っている。1920年代には，タイの海峡植民地向け米輸出は49万トン，香港・中国向けが50万トンであり，合計100万トンに達した。コーチシナの80万トン，ビルマの32万トンを上回っていた。

　つまり，タイは海峡植民地や香港を通じた東南アジア及び東アジアへの主要な米の供給者であった。香港を経由しては中国南部，フィリピンや日本などに再輸出され，シンガポールを中心とする海峡植民地を通じて蘭領東インドや英領マラヤ地域に大量の米が再輸出された。1890年代前半の在シンガポール日本領事は海峡植民地の米の再輸出概況を次のように報告した（外務省 1895年）。1893年と1894年における海峡植民地からの米の再輸出量は平均32万トン，蘭領東インド向けの再輸出が14万トンで45.7%，英領マラヤ向けの再輸出は約12万トンで36.4%であった。蘭領東インドの主な再輸出先はジャワ，スマトラ，蘭領ボルネオなど，英領マラヤ向けの再輸出はペラ，セランゴール，ジョホールなどであった。さらに，オーストラリア，セレベス島，ボンベイ，日本などアジア・オセアニア地域内の実に多くの地域や島々に再輸出された。

（2）　タイ米輸出と「アジア間貿易」

　アジア域内においては米・小麦の不作，飢饉，戦争・内乱の勃発などによって，しばしば米の需給バランスが崩れた。短期間の内に国や地域を越えた米取引が拡大し，アジアの米流通ネットワーク自体が強化された（Latham and Neal 1983：261）。例えば，レイサムとニールは，そうした流通ネットワークについてシャムが極端な不作に見舞われた1865年前後の事情を次のように解説する。タイの米不作が中国の米不足を引きおこし，ビルマやインドから中国への大量の米輸出を生み，米取引の様相を一変させた。しかし，その後，需要側の中国が豊作になると，ビルマからの輸出は止まった。ちょうど，タイも不作から脱し，輸出能力を回復させたが，中国が豊作であったため，欧州にその米を向けざるを得ない状況に追い込まれたという。つまり，輸出側と輸入側の豊凶が深く絡みあいながら，大量の米が国や地域を越えて取引されたわけである。アジアの米市場は，19世紀後半から第二次世界大戦前にかけて，こうした「複雑な国際米貿易ネットワーク」（Latham and Neal 1983：263）の中で激しい変動をみせながら拡大したといえる。

　しかし，タイ米の輸出拡大は，アジア域内の短期的な米需給のバランスを保

つ

ためだけではなく，アジアの対欧米向け輸出が増加したことによるアジア域
内貿易，いわゆる「アジア間貿易」の構造変化によってもたらされたという側
面を持っている。例えば，ゴム・プランテーションなど資本主義的な輸出セク
ターが発達した英領マラヤなどでは，第一次世界大戦前，英国を中心に対欧州
輸出が増大したが，そうした対欧州貿易が発展すればするほどタイやビルマか
らの米やジャワの砂糖，インドや日本製の綿製品などアジア製品の輸入も拡大
するという構造が生まれた（杉原 1996：30-31）。対欧州輸出の最終需要連関効
果の圧倒的部分がアジア内部に，しかもその多くが東南アジア内部に落ちる仕
掛けになっていたのである（杉原 1996：83-84）。

　1920年代になると，英領マラヤの錫輸出はその6割以上がアメリカ向けと
なった。英領マラヤの輸出は英国を中心とする欧州だけではなく，太平洋の彼
方に位置するアメリカの経済成長によって先導されることとなった（加納
1995：44-47）。他方，錫鉱山や錫精製業に従事する労働者はその多くが中国や
インド系の移民であり，彼らの食料はシンガポールやペナンを経由してもたら
されるタイ，コーチシナ，ビルマの米や，マレー半島を南下して運ばれるタイ
の米に依存していた。この構造の下で，1920年代末の世界大恐慌の影響により
1930年以降，英領マラヤの錫輸出が大きな打撃を受けると，英領マラヤの人口
動向や米の輸入にも大きな変化がおきた。英領マラヤの錫輸出の不振を受けて，
シンガポールにおける英領マラヤの錫価格が低迷し，その不況の中で移民の流
入が減り英領マラヤの純移入人口がマイナスに転じた。さらに，純移入人口の
減少によって，主食たる米の需要が落ち込み，その影響をタイ米輸出が受けた。
19世紀末以降シンガポールからの再輸出米の4割以上を占めた英領マラヤの景
気と人口変動は，バンコクからシンガポールに向けられた米輸出の動向に大き
く影響した。英領マラヤからの対欧州向け輸出，特に1920年代以降は太平洋を
またいだアメリカ向けの輸出が拡大したことによって，アジア域内貿易の構造
的連関が強化された。欧州のみならず，太平洋を通じたアメリカとの貿易と深
く結びついた，このようなアジア内部の国際分業，言い換えれば「アジア間貿
易」の発展の中でアジア米市場が発達した（宮田 2001：183-184）。

（3）　タイ米生産の変容

　19世紀後半の米経済発展の特徴は，チャオプラヤー川流域の運河開削と新田

第Ⅲ部　アジアにおける農業開発

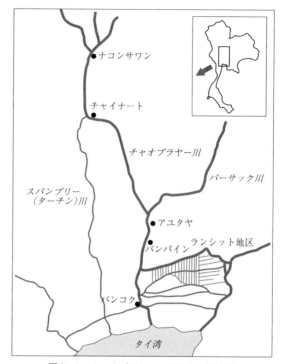

図9-1　チャオプラヤー・デルタの概略図
出典：筆者作成。

開発にある（図9-1参照）。バンコク周辺の運河開削は18世紀末のトンブリ朝タクシン王以来始まっていたが，開田を目的とした運河は1861年チャオプラヤー川西部を東西に開削されたマハーサワット運河だといわれる。その後，バンコク朝第5代のラーマ5世（チュラーロンコーン王）期にはチャオプラヤー川東岸にも開田用の運河が開削された。しかし，開削された運河流域の広大な土地は王族や官吏に占有され，しかも，その多くが投機目的であったため，荒蕪地が多く生まれた。そこで，1877年チャオプラヤー川東岸のセーンセープ運河とチャチュンサオを結ぶナコンヌアンケート運河開削にあたって，ラーマ5世は投機目的に土地を占取することを戒め，土地の耕作を奨励する布告を発した（田辺 1973：194-195）。その際，新しい耕作地の田地税（アーコーン・カーナー，後述）を3年間免除するとしたため，多くの農民が運河流域の開田に取り組ん

だ。しかし，1885年頃ナコンヌアンケート運河に関する記録によれば，「農地がその潜在能力を十分に発揮しておらず，シャムの穀倉になっていない」(Johnston 1975：52) ままであった。そのため，政府は1889年以降，シャム土地運河灌漑会社に代表される民間企業に運河開削と土地開発の利権を付与することを決定した。新田開発の民間委託と海外の米需要の高まりによって，1890年代にはチャオプラヤー川東岸のランシット運河流域を中心に，空前の土地ブームがおきた。王族をはじめとする投機家や農民が土地の権利を求めて殺到し，1892年には1ライ（1600平方メートル）あたり3から8バーツであった地価が，1899年には16バーツで取引されるようになった。こうして1900年にはランシット地区だけでも，8万ヘクタールの土地が新たに提供された。新田での農業は大規模な土地の占有者の土地を小作する者，土地を占有した農民，そして人口希少な新田地域の農業労働のために季節的に東北タイから移住してくるラオ人農業労働者によって行われた。こうした人の移住と新田の外延的拡大を受けて，タイの米輸出量は図9-2でも示されるように1880年代，およそ30万トン強程度であったものが，1900年代には80万トンを超えるに至り，輸出米の平均価格もこの間1ピクル（約60キロ）あたり2.67バーツから5.46バーツへと2倍になった。

　しかし，新デルタの開発は少なくとも次のような問題を抱えていた。第一に，運河の補修や水の管理が不十分であったため，洪水や水不足による害をしばしば受けた。第二に，政府の総合的な灌漑計画が実施されなかった。1902年には初代灌漑局長にオランダ人のファン・デル・ハイデが就任し，灌漑・排水を中心としたチャオプラヤー・デルタの地域開発計画を立てた。しかし，鉄道建設を優先する政府の決定により，政府による統一的な運河管理の道は採用されなかった。第三に，地価騰貴とともに土地紛争が絶えず，不正と抗争が頻発した。第四に，治安の悪化が放置された上，湛水害や旱魃害が頻発し，農民は耕作地を放棄したり，籾播きが終わると収穫まで移住してしまう場合が多く見られた。新田開発による経済ブームと社会不安の同時存在が新デルタ地域の大きな特徴であり，当時のタイ米経済の光と陰を端的に示していた。

　なお，チャオプラヤー川東岸のランシット地域の特徴がチャオプラヤー川流域全体にはあてはまるわけではないという点に留意しておく必要がある。1905年に東岸地域は中央部タイの米作地域の25％を占めるようにはなった。しかし，

225

第Ⅲ部　アジアにおける農業開発

ランシット地域以外の，スパンブリやアユタヤ北部などの伝統的なデルタ地域，氾濫原や扇状地など（高谷 1982：196）の変化はより保守的で緩慢なものであった。また，北部や東北タイに商品作物としての米生産が拡大していくのは，鉄道網が拡大する1920年代であった。

　第一次世界大戦中は海運事情の悪化と海外米需要の低落によって，図9-2で明らかなように米の平均輸出価格は1ピクル4バーツ台後半に低下した。しかし，1917年末には上昇に転じ，1918年には年平均9バーツを超えるに至った。これは単に第一次世界大戦終結によるのではなく，1917年のタイの米不作による輸出価格上昇と，インドの米不足に端を発するビルマ及び海峡植民地の米需給の混乱によって生じたものである。

　第一次世界大戦中からインドは英国同盟国へ米を輸出し，国内用の米備蓄量が低下していた。そのインドが1918年，米の不作にみまわれ，米備蓄が一層減少した。そのため，1918年10月にはビルマから大量の米がインドにまわされ，シンガポール，ペナンをはじめとするマレー半島地域向けのビルマ米輸出が急減し，この地域の食料事情が急速に悪化した。そうした中，英領マラヤの食料管理官ジェームズ（F. S. James）は1918年末バンコクを訪問し，タイ米の英領マラヤと海峡植民地に対する追加的輸出契約を試みた。翌1919年2月にもバンコクの英国領事ダーリング卿（Sir Herbert Dering）を通じて適正な価格で英領マラヤへの米の売却をタイの外務大臣テーワウォンに求めた（Kratoska 1990：127-228）。しかし，結局タイ政府は伝統的に米貿易に対する不介入の政策を取ってきたため，急激な米価上昇に対し特段の処置を講じなかった。タイ米に対するシンガポールやペナンからの需要が急増し，バンコクの米相場は急騰した。

　図9-2の平均輸出米価格の推移でわかるように，1918年以降米価格はさらに急上昇し，1919年には1ピクルあたり16バーツを超えた。この間，輸出向けの米買い付け競争が起こり，タイ国内向けの米相場も急速に上昇し，バンコクを中心とする都市部で食料事情が悪化した。そのため，1919年7月ついにタイ政府は19世紀後半以降はじめて政府による米輸出統制を行わざるを得ないところまで追い込まれた（Ministry of Commerce 1921：5-10）。その統制は1919年後半のタイ国内の米凶作ともあいまって1921年1月まで行われた。タイにおける米輸出統制の引き金となったのは，インドの米備蓄の減少に端を発する海峡植

第 9 章　タイ米経済の発展と土地法

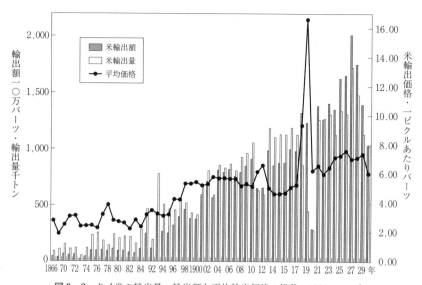

図 9-2　タイ米の輸出量・輸出額と平均輸出価格の推移，1866～1930年

出典：タイに関する英国領事報告及びForeign Trade and Navigation（タイ国通関統計）各年版に基づき筆者作成。

民地とマレー半島地域の米不足であり，その後のタイ米需要の急増と価格の急騰であった。

　1920年代タイの米輸出経済は図9-2を見る限り，第二次世界大戦前の最盛期と評価しうる時期を迎えた。海外需要の堅調さと，タイ国内への鉄道網の拡大が生産と輸出の拡大を支えた。例えば，北部のチェンマイには1922年，バンコクからタイ東北部のコラートまでの鉄道が開通したのは1900年であったが，さらにその東側に鉄道が拡張されるのは1920年代であり，ブリラムが1925年，スリンが1926年，東北タイの西の終点のウボンには1930年であった（柿崎2000：135）。鉄道網の拡大によって，鉄道沿線に精米所がさかんに設立されるようになり，地方で精米した米のバンコクへの米輸送が急速に拡大し，タイの米生産と輸出の拡大に貢献した。このような国内事情を背景に米の輸出量は増大し，1920年代の平均輸出量は100万トンを越えた。輸出額も1927年には200万バーツを超え，第二次世界大戦前としては最高の水準に達した。1920年代の平均輸出額をみても150万バーツを超え，20世紀初頭の2倍に増大したわけである(1)。

第Ⅲ部　アジアにおける農業開発

3　タイにおける土地の占有と所有——制度の変遷

　19世紀後半以降，米の海外需要の拡大に対応する形で，タイでは，チャオプラヤー川流域のデルタを中心に米生産が拡大した。しかしながら，この間，タイ政府内で議論されたものの，稲作地の土地所有権を規定する地券（チャノート・ペーンティー）の発行を定めた土地法（地券交付法）の整備は遅れ，1901年に初めての土地法が制定された。本節では，タイにおける占有から所有への変化，複雑な制度の概要とその変遷について整理する。

（1）　土地占有制度と田地税（アーコーン・カーナー）徴収

　タイにおいては，アユタヤ時代以降，稲作を行う田地を，二つに分類して，王朝はその土地の占有を認め，その土地から田地税（アーコーン・カーナー）を徴収してきた（田坂・西澤 2003：31-35，184）。田地の 2 つの分類とは，①ナー・クーコーという田と②ナー・ファンローイという田である。

　①　ナー・クーコー
　ナー・クーコーは，実際に，その年に耕作して米を収穫したかどうかに関係なく，占有面積によって田地税（アーコーン・カーナー）を農民が支払わねばならない田であった。この田には，「トラーデーン証」という田地の占有が認められる土地証書が交付された。
　その占有面積に応じて田地税が課せられた。首都近郊からチョンブリー，ラヨーンなどでこの土地証書が発行された。19世紀末には，アユタヤ，アーントーン，スパンブリー，ロップブリーにおいても発行されたという。ただし，この「トラーデーン証」は，農民が，当該稲作地の占有後 9 年以内に収穫をあげなければ，占有の権利を失い，「トラーデーン証」の効力が失われた。そのため，稲作地の利用に応じた時限付きの土地証書であった。
　このナー・クーコーに対する田地税の徴収は，「ペートナーイ・カールアン」と総称される 8 つの部局の役人がそれぞれの担当地域で行った。すなわち，バンコクの北部の徴税権と行政権を握っていたクロム・マハータイ，バンコクよりも南部で徴税権と行政権を握っていたクロム・カラーホームなど 8 つの部局

228

がそれぞれの担当地域で，ナー・クーコーに対する田地税を農民から徴収していた。これは，1890年代にラーマ5世が中央省庁再編を行うまで，タイの行政組織が，地方ごとに徴税権と行政権を握るクロム（局）を中心とした分権的構造であったことを示している。

② ナー・ファンローイ
　ナー・ファンローイは，実際の耕作面積に応じて田地税を農民が支払う田のことである。タイの稲作地域では，安定的に毎年同様の稲作地で耕作ができる地域もあれば，その年の雨量に従って，作付面積が大きく変わる不安定な稲作をしなければならない地域もあった。ナー・ファンローイは，後者の作付面積が大きく変わる稲作地のことであった。このナー・ファンローイという田には，「トラーチョーン証」が交付された。「トラーチョーン証」もアユタヤ時代から交付されたとされる。
　このナー・ファンローイに対する田地税は，田地局（クロム・ナー）の「セーナー・カールアン」という担当官が実際に検地し，課税したとされる。なお，この「トラーチョーン証」は，3年以上耕作を放棄した場合，効力を失い，「トラーチョーン証」を持っている農民の占有権が失われた。
　タイは，広大な土地に対して，人口が希少な社会であるため，稲作地においては，「チャップ・チョーン（占有）」という伝統がアユタヤ時代以降，20世紀前半に至るまで続いていた。タイにおいては，農民が，無主の荒蕪地を一定期間耕作すれば，その土地の占有権が保証される慣習が続いていた。こうしたタイ社会の伝統に基づき，「トラーデーン証」及び「トラーチョーン証」は田地税支払いを証明し，当該の稲作地を占有する証明でもあった。
　ナー・クーコー及びナー・ファンローイに対する田地税は，1852年に金納になり，1857年にはラーマ4世の開墾奨励布告により，開墾初年度の無税化が定められるなど，税の軽減化が進められた。その後，1900年に，「ラタナコーシン暦119年田地税徴収法」が制定され，田地税の徴収方法が変更された。従来の田地局の徴税権は失われ，バンコクは首都省，バンコク以外の地域は，内務省が徴税を担当することになった。さらに1906年改正布告が発布されて，田地税の税率が変更された。ナー・クーコー及びナー・ファンローイに対する田地税は，その稲作地の収穫量によって1～5等に分類され，税率がそれぞれ規定

第Ⅲ部　アジアにおける農業開発

された（田坂・西澤 2003：32）。タイ国家統計年鑑には，ナー・クーコーの方が
農民の税負担が重いとの記述がある（Ministry of Finance 1930：391）。その後，
1932年立憲革命後の人民党政府の下で，1938年「国家歳入法」が制定され，
1939年田地税は廃止され，大蔵省国税局が管轄する，地価基準による地方開発
税が導入された（田坂・西澤 2003：32）。

（2）　土地の占有から所有へ

①　田地税領収書と土地占有証——「トラーデーン証」と「トラーチョーン証」

　タイにおいては，稲作地の「チャップ・チョーン（占有）」という伝統がア
ユタヤ時代以降，認められており，農民が，無主の荒蕪地を一定期間耕作すれ
ば，その土地の占有権が保証される慣習が続いていた。こうしたタイ社会の伝
統に基づき，ナー・クーコーに対する「トラーデーン証」及びナー・ファン
ローイに対する「トラーチョーン証」が発行され，それらは田地税支払いを証
明すると同時に，当該の稲作地を占有する証明書としても用いられた。

②　運河開削地域の「トラーチョーン証」

　1877年以降，運河開削地域のための「トラーチョーン証」と呼ばれる占有証
明書も発行された。運河開削地域の開拓田に発行された一時的占有証のことで
ある。1890年より運河開削が始まったランシット運河地域でも，この「トラー
チョーン証」の一種である「チャノート・トラーチョーン」といわれる占有証
が発行された。このランシット運河地域では，1890年から運河開削を行った
シャム土地運河灌漑会社（Siam Land, Canals and Irrigation Company）が，土地の
分譲を行った。その際，「チャノート・トラーチョーン」が発行されていない
土地には，分譲に際して「分譲予約書（バイ・トローク〔Bai Trok〕）」を発行し
た。ただし，この発行に際して実地調査が不十分な場合があり，分譲後に土地
係争が生じたとされる（田坂・西澤 2003：184）。

③　「バイ・イアップヤム証（Bai Yiap Yam）」（踏み込み証）

　「バイ・イアップヤム証」（踏み込み証）という占有証が，1890年以降，郡長
によって発行された。これは，1年の一時的占有証であった。農民が荒蕪地を
開墾し，稲作を開始したとしても，ナー・クーコーに対する「トラーデーン

230

証」あるいはナー・ファンローイに対する「トラーチョーン証」の発行が間に合わない場合に，郡長が1年の一時的占有証を発行することが認められた。

このように，19世紀末まで，タイでは，「トラーデーン証」，「トラーチョーン証」のような田地税領収書兼占有証，運河開削地における「トラーチョーン証」，さらには郡長の発行する一時的な「バイ・イアップヤム証」等が農民に発行された。しかし，実際に測量が行われた上で作成された地図の裏打ちのある証書ではなかった。そのため，米経済の発展の下で価値の高まった稲作地の実質的な占有の効力やその境界をめぐって，19世紀末には混乱が拡大し，土地係争が頻発した（土地局 2001：6-14）。こうした状況に対応するため，測量に基づく地図に裏打ちされた，いわゆる「近代的」土地所有権を確定する地券の必要が，タイ政府内では認識され，土地所有権確定のための法律草案がいくつも検討された。しかし，結局，土地所有権を確定するための法律は20世紀初頭まで制定されなかった。

④ 「近代的」土地所有権と地券（チャノート・ペーンティー）の交付

1901年5月に「クルンカオ州地券交付布告」が発布され，地券の作成作業が開始された。クルンカオ州（現在のアユタヤ県を中心とする地域）で地券交付に向けての作業が開始された。この地券は測量に基づく地籍図が付された「近代的」土地所有権を保証するタイ史上初の土地証書であった。1901年9月には，「ラタナコーシン暦120年地券交付布告」が発布され，クルンカオ土地登記所が開設され，地券の作成が本格化した。1901年10月には，クルンカオ州のバンパインで，ラーマ5世臨席の下，初めて，地券が交付された。地券の作成に当たっては，地籍調査（Cadastral Survey）が実施され，その管理にあたっては，トレンス・システム（Torrens System）による土地登記制度が採用された。この地券交付業務を20世紀初頭に担当したのが，プラヤー・プラチャーチープポリバーンという役人である。彼は，1901年から農業省土地管理特別担当官として地券の交付業務を1906年まで担当した。1902年以降は，テーウェート農業大臣と対立した模様で，その対立の影響により1906年にその職を解かれることになる（田坂・西澤 2003：190-193）。他方，バンコクでは，1902年2月，農業省ではなく，内務省の管轄のもと，土地登記局が設立され，クルンテープ（バンコク）州土地登記所が設立された。このように地域によって地券の発行官庁が異

第Ⅲ部　アジアにおける農業開発

なるという業務の混乱もあり，測量や地券の作成発行が順調には進まず，ラーマ5世は，最終的に，1909年3月に「ラタナコーシン暦127年地券交付法」を発布し，1909年9月には，測量と地券交付業務は内務省土地登記局が行うと定めた。

　地券交付法は，以後，5回にわたって増補・改訂された。1916年地券交付法（第2部），1919年地券交付法（第3部），1926年地券交付法（第4部），1936年地券交付法（第5部），1936年地券交付法（第6部）である。例えば，1926年地券交付法（第4部）は，権利の移転等について郡長の役割規定を拡大させた。また，1936年地券交付法（第6部）は，占有（チャップ・チョーン）の規模の上限を100ライに限定し，大規模土地占有を制限した（北原 2012：2，11，222-223）。

（3）　19世紀後半から20世紀初頭のタイ政府の土地政策

　19世紀後半から20世紀初頭のタイの土地政策について，例えば，イングラムは「タイ政府の一貫した土地政策は，国家の土地を大土地所有者よりも耕作者に提供し，小規模土地所有者を支援する」ものであった（Ingram 1971〔1955〕：79）と指摘している。また，「タイの法律や慣習は，地主層の拡大を妨げ，小規模の独立した農民（small, independent owner-farmers）の国家としての成長を促した」（Ingram 1971〔1955〕：79）とも評価している。ジョンストンもタイでは「自国民所有の小農的土地所有」（Johnston 1975：414）がみられるとしている。さらに，北原は，タイ政府の土地政策は，タイ人を土地所有者とする「自作小農創出策」（北原 2012：190）であったとまで評価している[2]。いずれにせよ，ランシット運河地域を除いて，大規模な土地の占有が見られなかったことをもって，タイは「小規模の独立した農民」（Ingram 1971〔1955〕：79）の国家であったという理解が一般的となっている。

　しかし，ラーソンがいうように，国王ラーマ5世が，外国籍のアジア人の土地所有を制限するというタイの主権に関わる外交上の戦略から，土地所有権そのものの規定を，意図的に「制度的未整備（institutional underdevelopment）」（Larsson 2012：45）にした結果，大土地所有の拡大を助長する法制度が整備されなかったという側面も注意しておく必要がある。次節でこの点をさらに検討する。

4 1901年土地法の制定と地券発行の影響

（1） 土地法制定とラーマ5世の外交戦略

1855年バウリング条約によって，①第2条で，英国はタイ国内における領事裁判権（治外法権）が認められ，かつ，②第4条で条件付きながら，タイ国内で土地所有権が認められた。同様の条約を締結したフランスなど列強諸国の国民も同様の権利を有することになった。

ラーソン（Thomas Larsson）は，こうした外国人の土地所有拡大を防ぐために，国王ラーマ5世を中心とするタイ政府は，意図的に土地所有権の確定を「制度的未整備（institutional underdevelopment）」（Larsson 2012：45）な状態にしたのではないかと指摘する。外交戦略に基づく，このような国内制度の在り方は，タイの「弱小国家の武器（weapon of a weak state）」（Larsson 2012：30-72）であったとし，その政策に積極的な意味を持たせている。さらに，タイ側の「制度的未整備は，現実的に，戦略的優位性を持っていた。それはタイの国益に即しているだけではなく，フランスやイギリスなどの帝国の利害への適応でもあった」とラーソンは強調する（Larsson 2012：45）。

他方，こうした土地所有権制度の整備の遅れは，タイ内部に「外国籍アジア人の巨大なコミュニティーの成長」（Larsson 2012：37）があったことへの対応という意味があった。19世紀後半は，タイ国内では，実は，英国籍や仏国籍の中国系・ベトナム系の移民が増加していた。それはとりもなおさず，バウリング条約で外国人に認められた領事裁判権，すなわち，タイの裁判権に服さない人々が増加することを意味していた。こうした外国籍の人々も，バウリング条約では土地所有権を認められていたが，タイの裁判権に服さない。そういう人々がタイ国内の土地を集積することを，タイ政府は警戒していた。タイの主権を憂慮し，土地所有権の法的整備に消極的で，外国人の土地取得にも積極的ではなかったラーマ5世について，在バンコク英国領事アーネスト・サトウは，「よく知られたことだが，ラーマ5世王は外国人が土地を取得することを妨げる政策をお持ちである」という記録を残している（Larsson 2012：43）。

土地所有権の確定がタイの主権に関わると考えていたのは，ラーマ5世だけではなく，タイ政府の指導層もこの危機感を持っていた。ラーソンによれば，

第Ⅲ部　アジアにおける農業開発

彼らの間では，軍事力を強化することによって，植民地化の脅威に対抗することは不可能だということが幅広く共有されていた。実際，軍事を強化する戦略をとれば，タイはおそらく自滅への道を進むことになるだろうと理解されていた。それゆえ，外国からの経済進出に伴う危険を最小限にするためには，土地所有権の確定を「制度的未整備」な状態にしておく必要があると考えられていたのである（Larsson 2012：49）。

　確かに，ラーソンの指摘するように，ラーマ5世率いるタイ政府の外交的戦略に基づいて，土地所有権が「制度的未整備」のまま，意図的に留め置かれたと理解することもできる。しかし，実際には，1901年，はじめての地券の交付に関わる布告が発布され，その後，交付作業は徐々にではあるが，実施され，関連する法律も整備されていった。とすれば，なぜ，地券交付事業が20世紀初頭になったのかという背景について，さらなる検討が必要であろう。この点を，考察する上で，1つの重要な論点として，1901年の地券の交付作業が，地籍図の作成を伴っていたという点を指摘しておきたい。すなわち，地券作成とその交付には，地籍図作成が必要であり，地籍図作成のための技術的基盤や専門的な人材育成という点も重要であった。

　地券の作成と交付に必要とされた地籍図を作成するために重要な役割を果たしたのは地図局[3]（王立測量局：Royal Survey Department）である（Giblin 1994〔1908〕：121）。その地図局は，1875年，王室護衛隊（The royal bodyguard）の一部として設立された。元英国領事館勤務のアラバスター（M. Henry Alabaster）の助言によるとされる。1870年代には，ベバリー（H. Beverly）らがバンコク及びタイ各地で測量を行った。もちろん，当時は地券とは関係なく，三角測量などを行いながら，タイの地図を作成することを任務としていた。1880年以降，マッカーシー（Mr. James McCarthy）が，いわゆる「国境」地域に赴き，北部と西部の測量を行った。さらに，1882年，アユタヤのバンパインに測量訓練所が開設され，専門官の育成が図られた。その後，この訓練所はバンコクに移転され，1885年，バンコクに地図局が正式に設置されて，マッカーシーが初代地図局局長に就任した。その後も，引き続き，地図局の主たる任務は，外交上必要とされた，いわゆる「国境」地域の測量であり続けた（トンチャイ 2003：219, 230）。1894年，測量と地図作成を専門とするギブリン（Mr. Ronald W. Giblin）が，オーストラリアからタイに移り，地図局に勤務することとなった。このギブリ

ンによれば，1896年は，地図局にとって重要な年であったという。1896年，タイ政府内では地籍調査（Cadastral Survey）がタイで実施されていないことが問題視されており，この調査のために，地図局の地籍図作成技術が必要とされることになった。それにより，全国的な三角測量は一時的に中断されることになり，1896年以降，地図局は地籍調査の準備に本格的に取り組むこととなった。準備期間を経て，1901年のクルンカオ州における地籍図の作成と地券交付につながったという（Giblin 1994〔1908〕: 123-124）。

　ギブリンの解説によれば，地図局の業務の中心が測量から地券用地籍図作成へ転換したのは1896年である。1896年以前，地図局は，英領ビルマや仏領インドシナとの「国境」付近の地図作製作業に力を注いでいた。1893年パークナム危機によってフランスはメコン川西岸域を占領することに成功し，この地域の領土をめぐるタイとフランスとの対立が，フランスの勝利，タイの敗北という形で一応，落ち着いた。領土対立がタイには屈辱的な形で終わったにせよ，「国境」がひとまず確定した（確定させられた）状況が1890年代半ばのタイを取り巻く国際環境であった。こうした中，地図局は，「国境」をめぐる測量から，タイ国内の土地紛争解決のための地券用地籍図作成へと任務が変更された可能性がある。また，こうした国際環境要因以外に，1882年の測量訓練所開設以来，地図作成専門人材が養成されてきたことも，20世紀初頭の土地法制定と地券用地籍図作成が実現した要因だと考えられる。

（2）　地券発行と稲作地担保件数の動向——1916年・1923年・1930年

　1901年「クルンカオ州地券交付布告」にはじまる地券作成・交付は，幾度かの法律改正を伴いながら，すすめられた。しかし，ラーソンが指摘するように，地券作成・交付作業は，それほど迅速に進められはしなかった（Larsson 2012: 60-65）。例えば，1908/09年には238,761件の地券が作成・交付され，1915/16年には459,673件が作成・交付された。この間の伸びは93％となり，件数は1.9倍に増大した。これに対して，1925/26年は558,151件となった。これは1915/16年と比較してわずか21％の伸びであり，1.2倍にしか増加しなかった。「ラタナコーシン暦127年地券交付法」が発布され，地券の作成・交付の体制が強化された1909年に比べて，1920年代には，明らかに地券作成・交付のペースは落ちた。また，政府の地券作成・交付を含む土地行政予算も，1904/05年に

第Ⅲ部　アジアにおける農業開発

表 9-2　タイ米生産と地券発行数の推移，1916年・1923年・1930年

米生産量	1916年	1923年	1930年	1916年から1923年への変化（倍数）	1916年から1930年への変化（倍数）
タイ米全国生産量(1,000トン)	3,644	4,063	4,538	1.11	1.25
地籍調査予算額（バーツ）	312,506	418,034	483,787	1.34	2.25
州（モントン）別地券発行数（件）	1916年3月31日	1923年3月31日	1930年3月31日	1916年から1923年への変化（倍数）	1916年から1930年への変化（倍数）
全　国	503,750	589,165	631,323	1.17	1.25
①バンコク	78,606	89,885	97,113	1.14	1.24
②クルンカオ（アユタヤ）	172,388	196,925	209,316	1.14	1.21
③ナコンチャイシー	64,778	71,394	75,350	1.10	1.16
④プラチンブリー	64,899	69,625	72,559	1.07	1.12
⑤ラーチャブリー	58,386	88,107	98,970	1.51	1.70
⑥ナコンサワン	14,142	14,479	21,145	1.02	1.50
⑦ピッサヌローク	42,170	42,783	41,657	1.01	0.99
⑧チャンタブリー	6,475	9,331	11,247	1.44	1.74
⑨プーケット	1,906	3,549	3,966	1.86	2.08

出典：*Statistical Year Book of the Kingdom of Siam 1917, 1924/25 and 1929/30* をもとに筆者作成。
注：(1)　州はタイ語でモントン（Monthon）といい，1893年ラーマ5世期の地方行政改革で設立された地方行政単位。本表で示す1916年から1930年には全国で17州あった。そのうち地券発行の記録が示されているのは本表記載の9州であった。
　　(2)　地籍調査予算額（バーツ）は，1916/17年度，1923/24年度，1929/30年度の数値である。

は政府歳出全体の2.8％であったものが，1919/20年には2％に低下した
（Larsson 2012：60-61）。このような20世紀前半の地券作成・交付作業の遅れに
ついて，ラーソンは，20世紀前半，バウリング条約体制下で外国人の土地所有
が認められている状況で，タイ政府が，土地所有権の制度を確実なものにして，
「土地の自由な市場」を作り出すと，外国人や資本家の手に重要な稲作地を渡
すことになると認識していたと分析する。土地法による地券の作成・交付に対
するタイ政府の消極的な姿勢は，土地の商品化を奨励するというよりもそれを
抑制するためのものであったという（Larsson 2012：63）。

　次に，表9-2，表9-3，図9-3をもとに，1916年から1930年にかけての
稲作地の担保の動向にも留意して，タイ政府の地券作成・交付の特徴を再検討
しておきたい。表9-2は，地券の発行件数の変化を米の生産量や地籍調査の
予算額の推移と比較して示したものである。1916年から1923年までの変化と
1916年から1930年までの変化を比較することによって，同期間における，地券

236

第 ⑨ 章　タイ米経済の発展と土地法

表 9 - 3　稲作地担保登録件数・稲作地担保面積・稲作地担保価格の推移，1916年・1923年・1930年

(1)　稲作地担保登録件数の推移：1916年・1923年・1930年（単位・件数）

地域・州（モントン）別	件　　数			変　化（倍数）	
	1916年3月31日	1923年3月31日	1930年3月31日	1916年⇒1923年	1916年⇒1930年
全国	2,842	3,049	6,832	1.07	2.40
①バンコク	974	941	1,859	0.97	1.91
②クルンカオ(アユタヤ)	482	899	2,310	1.87	4.79
③ナコンチャイシー	368	321	681	0.87	1.85
④プラチンブリー	409	511	943	1.25	2.31
⑤ラーチャブリー	356	298	731	0.84	2.05
⑥ナコンサワン	211	23	143	0.11	0.68
⑦ピッサヌローク	14	14	103	1.00	7.36
⑧チャンタブリー	28	38	58	1.36	2.07
⑨プーケット	—	4	4	—	—

出典：*Statistical Year Book of the Kingdom of Siam 1917, 1924/25 and 1929/30* をもとに筆者作成。

(2)　稲作地担保面積の推移：1916年・1923年・1930年（単位・ライ）

地域（州）	面　　積（ライ）			変　化（倍数）	
	1916年3月31日	1923年3月31日	1930年3月31日	1916年⇒1923年	1916年⇒1930年
全国	103,859	137,476	285,052	1.32	2.74
①バンコク	41,394	44,372	76,379	1.07	1.85
②クルンカオ(アユタヤ)	14,350	42,782	103,656	2.98	7.22
③ナコンチャイシー	13,925	15,424	31,924	1.11	2.29
④プラチンブリー	20,046	27,599	49,328	1.38	2.46
⑤ラーチャブリー	6,594	5,852	13,067	0.89	1.98
⑥ナコンサワン	6,850	605	4,629	0.09	0.68
⑦ピッサヌローク	304	204	4,981	0.67	16.38
⑧チャンタブリー	396	585	1,062	1.48	2.68
⑨プーケット	—	53	26	—	—

出典：*Statistical Year Book of the Kingdom of Siam 1917, 1924/25 and 1929/30* をもとに筆者作成。

(3)　稲作地担保価格の推移：1916年・1923年・1930年（単位・バーツ）

地域（州）	担保価格（バーツ）			変　化	
	1916年3月31日	1923年3月31日	1930年3月31日	1916年⇒1923年	1916年⇒1930年
全国	1,705,906	2,740,991	8,035,233	1.61	4.71
①バンコク	846,386	995,889	2,348,501	1.18	2.77
②クルンカオ(アユタヤ)	222,711	861,764	2,957,011	3.87	13.28
③ナコンチャイシー	174,385	254,542	952,817	1.46	5.46
④プラチンブリー	192,865	379,371	994,632	1.97	5.16
⑤ラーチャブリー	186,407	220,170	557,006	1.69	2.99
⑥ナコンサワン	64,117	13,708	97,524	0.21	1.52
⑦ピッサヌローク	14,040	4,372	100,057	0.31	7.13
⑧チャンタブリー	4,995	9,175	25,495	1.84	5.10
⑨プーケット	—	2,000	2,190	—	—

出典：*Statistical Year Book of the Kingdom of Siam 1917, 1924/25 and 1929/30* をもとに筆者作成。

第Ⅲ部　アジアにおける農業開発

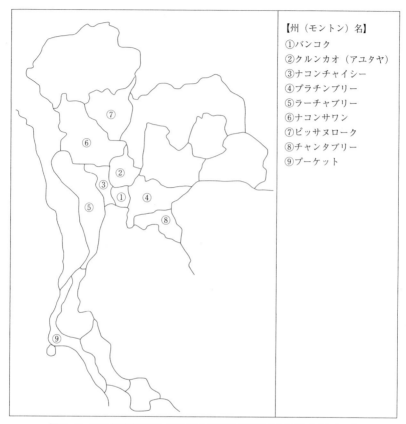

図9-3　20世紀前半において地券発行記録が確認できる州（モントン）

出典：筆者作成。
注：*Statistical Year Book of the Kingdom of Siam 1917, 1924/25 and 1929/30* に，地券と「担保」のデータが記載されていたのは9州。

発行の相対的な作業ペースを検証できる。例えば，表9-2で参照したタイ国家統計年鑑に地券発行データが記録されている9つの州の合計地券発行件数は，1916年3月31日時点の50万件から，1923年3月には59万件，1930年3月には63万件に増加している。1916年から1923年までに1.17倍に増大し，1916年から1930年までに，1.25倍の増加を示している。

さらに，表9-2によれば，この間の米生産量は，1916年から1923年に1.11倍，1916年から1930年には1.25倍に増大していることがわかる。興味深いのは，

238

第 ⑨ 章　タイ米経済の発展と土地法

地券発行と米生産量との比較である。地券発行数は，1916年から1923年の間に
米生産量の1.11倍を上回る1.17倍の伸びを示し，1916年から1930年の間において
ては，米生産量の1.25倍と同じ1.25倍の伸びを示していたという点である。す
なわち，ラーソンが指摘するように，地券発行のペースが遅かったとしても，
その遅さは，タイ国全体の米生産量の増加ペースを若干上回るか，あるいは同
じ程度であったということである。地券発行数の増加ペースは，稲作発展の
ペースと比較すれば，極端に遅かったとは言えず，むしろ稲作の緩慢な発展と
軌を一にしていたともいえるだろう。

　他方，地籍調査予算の伸びと比較すれば，1916年から1923年の地券発行の伸
びは1.17倍，地籍調査予算額が1.34倍，1916年から1930年の地券発行の伸びが
1.25倍なのに対して，地籍調査予算額が2.25倍と大きな伸びを示していた。こ
の比較からは，地籍調査予算額が1916年から1930年の15年間に2倍を超える大
きな増加を見せているにもかかわらず，その増額が地券の発行の増加に直接結
びついていないことを示唆している。地籍調査予算額と地券発行の伸びの差は
大きく，予算の増額が地券発行の増加という実務上の成果を直接的にもたらさ
なかった，いわば行政の非効率性を示しているともいえるだろう。

　表9-2は州（モントン）別の地券発行数も示している。また，図9-3には
州の位置を示している。ここで注意すべきは，1930年において，州は，タイ全
国で17あったが，表9-2で参照したタイ国家統計年鑑に地券発行が記載され
ているのは，①バンコク，②クルンカオ（アユタヤ），③ナコンチャイシー，④
プラチンブリー，⑤ラーチャブリー，⑥ナコンサワン，⑦ピッサヌローク，⑧
チャンタブリー，⑨プーケットの9州しかなかったということである。すなわ
ち，これら9州のみで地券が発行されただけで，全国的な地券作成・交付作業
は本格的に実施されていなかった。もちろん，記載のない州でも地券作成の準
備はされていた可能性があるが，少なくとも，タイ国家統計年鑑にその旨の記
載はない。いずれにせよ，1901年に始まった地券作成・交付作業が1930年にお
いても，北タイと東北タイの大部分でほとんど実施されていなかった点，つま
り，地券発行業務に見る大きな地域差に留意しておく必要がある。さらに，表
9-2によれば，地券発行が実施された9州のうち，最も多くの地券が発行さ
れたのはクルンカオ（アユタヤ）であり，1930年でみると全体の33％を占めて
いたことがわかる。また，中部タイの6州，①バンコク，②クルンカオ（アユ

239

第Ⅲ部　アジアにおける農業開発

タヤ），③ナコンチャイシー，④プラチンブリー，⑤ラーチャブリー，⑧チャンタブリーで，全発行数の約90％を占めており，地券発行が首都バンコクを含む中部タイに著しく偏っていたことが明らかである。なお，1916年から1930年まで伸びでみるとプーケットが2.08倍で大変大きいが，地券発行数は９州のうち最小で，全体の0.6％でしかなかった。

　表９‐３は，1916年，1923年，1930年の９つの州における①稲作地の担保登録件数，②稲作地の担保面積，③稲作地の担保価格を整理したものである。土地を担保にするには，地券発行によって土地所有権が明確にされていることが必要であり，その上で，土地の価格と担保価値が確定され，土地の商品化が進む。稲作地の担保に関するデータは，地券発行の影響を推し量る上で重要である。まず，表９‐３の最大の特徴は，例えば1930年でみると，クルンカオ（アユタヤ）が①稲作地の担保登録件数で最高件数の2310件（登録件数全体の34％）を示し，②稲作地の担保面積でも10万ライ（担保面積全体の36％）を超えて最大であり，③稲作地の担保価格でみても，295万バーツ（担保価格全体の37％）を上回る，最高額であった。また，1916年から1930年までの伸びも，クルンカオ（アユタヤ）が最大であり，①稲作地の担保登録件数で4.79倍，②稲作地の担保面積で7.22倍，③稲作地の担保価格でも13.28倍の増加を示した。このように，地券発行件数最大（1930年地券発行件数の33％）のクルンカオ（アユタヤ）は，稲作地の担保登録，担保面積，担保総額でも最大であり，地券発行と稲作地の担保化の進展に強い相関があることが明らかとなった。

　なお，表９‐２，表９‐３のデータをもとに，表９‐４では，1916年，1923年と1930年の州別の地券発行件数に対する稲作地担保登録件数の割合（％）を算出している。特に注目すべきは1930年のデータである。９州の地券発行件数合計に対する稲作地担保登録件数合計の割合は，1916年の0.56％，1923年の0.52％から1930年には1.08％に伸びていた。1930年データで，この割合が高かった上位の３州は，1.91％のバンコク，1.30％のプラチンブリー，1.10％のクルンカオ（アユタヤ）であった。すなわち，この割合でみると，地券発行件数及び稲作地担保登録件数の双方が最多のクルンカオ（アユタヤ）が最も高いわけでなく，むしろ，20世紀前半には，稲作地も少なからずあったバンコク及びその近郊が1.91％で最高であった。首都バンコクを抱えるバンコク州は，経済活動がタイ国内で最も活発な地域であるがゆえに，商業化の進展とともに担

240

第 9 章　タイ米経済の発展と土地法

表 9 - 4　地券発行件数と稲作地担保登録件数の比較，1916年・1923年・1930年

稲作地担保登録件数／地券発行件数（割合・%）	1916年 3 月31日	1923年 3 月31日	1930年 3 月31日
全　国	0.56	0.52	1.08
①バンコク	1.24	1.05	1.91
②クルンカオ（アユタヤ）	0.28	0.46	1.10
③ナコンチャイシー	0.57	0.45	0.90
④プラチンブリー	0.63	0.73	1.30
⑤ラーチャブリー	0.61	0.34	0.74
⑥ナコンサワン	1.49	0.16	0.68
⑦ピッサヌローク	0.03	0.03	0.25
⑧チャンタブリー	0.43	0.41	0.52
⑨プーケット	―	0.11	0.10

出典：*Statistical Year Book of the Kingdom of Siam 1917, 1924/25 and 1929/30* をもとに筆者作成。

保登録件数が他の州に比べて多く，地券発行件数に占める担保登録件数の割合が相対的に高かった可能性がある。また，クルンカオ（アユタヤ）を上回る1.30％を示したプラチンブリーという州は，バンコク東部の州で，稲作をはじめとする農業の発達と同時に，河川交易や海上貿易などの商業が比較的発達した地域である。現在のチャチュンサオ県，チョンブリー県，ラヨーン県などが含まれる。そのため，1930年時点でも他地域と比較して相対的に農業と商業の発展が進む中で，稲作地を担保に登録する傾向が強かったといえよう。このように地券交付数に対する担保登録数の割合を地域別に見ると，担保登録の普及度の経年変化と地域差が明らかとなった。いわば，土地の市場化，あるいは，土地を媒介とした金融取引の拡大とその地域差が浮き彫りになった。しかしながら，地券発行と担保登録に関しては，より長期の時系列データとタイ全土を対象とした地域別データの収集と分析がさらに必要であることを強調しておきたい。

5　グローバルな政治経済の変容とタイの土地法・地券

　本章は，19世紀後半から20世紀前半の，「アジア間貿易」やアジア太平洋圏貿易の発展に見られるグローバルな経済のダイナミズムの中で，タイ経済がどのように発展したのかを1901年土地法制定と地券発行に着目して考察した。こ

241

第Ⅲ部　アジアにおける農業開発

の1901年土地法は，実際の測量に基づいて地図を作成する，いわゆる地籍調査を行い，土地所有権を農民に認めた地券を発行する，タイ初めての試みであった。地券自体は，土地の所有権を公式に認める，極めて国内的な土地管理政策を支える公式の証書である。しかしながら，土地法と地券に着目することによって，19世紀後半から20世紀前半のタイの米経済の発展とその課題をグローバルな文脈の中で再検証することができた。以下，3点にわたって，本章の論点を整理しておきたい。

　第一に，地券を発行する大きな背景は，稲作地をめぐる紛争の増加である。19世紀後半のグローバルな経済のダイナミズム，言い換えれば，特に，「アジア間貿易」やアジア・太平洋地域貿易の発展に見られる世界的な経済構造の変容の下で，タイの米に対する需要が増し，タイの米の輸出と生産が刺激された。それが，稲作地の需要を増大させた。しかし，19世紀後半，タイ政府は土地所有権を確定する地券の発行を定める土地法を制定しなかった。米の収穫に対する田地税に対する領収書という形での占有証書（トラーデーン証やトラージョーン証等）のみが，土地の権利関係，所有ではなくあくまで占有を定めるものであった。また，実測した地籍図も作成されなかった。そのため，土地をめぐる紛争が拡大した。1901年土地法に基づく地籍図作成と地券発行の背景には，タイの米の海外需要の拡大というグローバルな要因があった。土地法制定や地券発行は，極めて国内政策の要素が強いが，19世紀後半から20世紀前半にかけてのグローバルな経済の変容の中で実現したという点を確認しておかねばならない。

　他方，第二に，トーマス・ラーソン（Larsson 2012）が示したように，19世紀後半のタイを取り巻くグローバルな政治環境の中で，タイ政府が土地法制定と地券発行の実現を遅らせたというラーソンの見解を検証した。ラーソンによれば，土地所有権が「制度的未整備」（Larsson 2012：45）なまま20世紀初頭まで法制化されなかったのは，複雑な土地占有制度や政府の人材不足が原因であったばかりでなく，むしろ，国王ラーマ5世が，外国資本（欧米人及び英国籍・仏国籍のアジア人）の土地集積を積極的に防ぎ，王権とタイの主権を守ろうとした，1つの「武器」であったという。1855年バウリング条約で，外国人の土地所有を認めざるを得なかったタイは，列強の植民地支配拡大競争が激化する19世紀後半，外国人の土地所有を制限し，国の主権を守ろうとした。こうし

242

第 9 章 タイ米経済の発展と土地法

たラーソンの見解は，地券発行の遅れの意味をグローバルな政治環境の中で問い直すうえで，一定の説得力を持つだろう。しかし，本文で指摘したように，20世紀初頭に，なぜ，土地法が制定されたのかという疑問は依然として残る。この点は，地図局や土地登記局の人材・技術の問題を含め，さらなる検討が必要である。

　第三に，1901年土地法によって開始された地券の発行は，急速に進むかに思われたが，20世紀前半を通じて，その増加のペースは緩慢であった。その理由として，ラーソンは，地券発行による外国人の土地取得を依然としてタイ政府は脅威に感じており，積極的に地券発行のための方策，特に予算付けを行わなかったとする（Larsson 2012：60-65）。しかしながら，タイ国家統計年鑑から確認できる1916年から1930年までの地券発行件数の推移は，およそ1.25倍であったが，それは，同期間のタイの米生産量と同じ伸びであった。政府が強力に地券発行を抑えたというよりも，タイの稲作の拡大に緩やかに対応しながら，地券発行作業を進めたという評価もあり得る。なお，同期間に稲作地の担保登録件数は2.40倍，担保面積2.74倍，担保額は4.71倍に増えており，地券発行に影響を受けた稲作地の担保化は，地券発行の増加のペースを大きく上回っていた。緩慢であったとされる地券発行ではあるが，タイにおける土地の商品化促進に一定の影響を与えたと評価できる。ただし，1930年における地券発行作業は，北タイと東北タイの大部分では実施されておらず，全17州のうち9州を範囲とする，極めて限定的なものであった。タイ全県を対象にした地券発行は1954年土地法を待たなければならなかった。本章では，グローバルな政治経済の文脈で20世紀初頭の土地法制定と地券発行を再検証し，あわせて地券発行と担保登録の動向を分析した。しかしながら，地籍図作成に関わる地図局の人材や技術の問題，さらに，地券発行と担保登録の時系列変化や地域差に関する検証は依然として不十分である。今後，これら残された課題を踏まえ，タイの地券発行とその影響に関わる総合的な実証研究が必要とされる。

注

⑴　本節の論述は，宮田（2001：171-184）の一部を訂正・加筆したものである。

⑵　なお，北原は，タイが，近代において一貫して小農創出的土地政策を採用していたとの理解に対して再検討も必要だとし，「大規模所有的土地政策の局面」もあっ

第Ⅲ部　アジアにおける農業開発

たとする。例えば，19世紀末のランシット運河網建設計画の承認や1920年代タイ南部の大規模ゴム園プランテーションの承認などである（北原　2012：230-231）。

(3) 地図局は，王室測量局ともいう。英語では Royal Survey Department といい，タイ語では，Krom Pheanthi という。

参考文献

柿崎一郎（2000）『タイ経済と鉄道——1885年〜1935年』日本経済評論社。

加納啓良（1995）「国際貿易から見た20世紀の東南アジア植民地経済——アジア太平洋市場への包摂」『歴史評論』第539号，39-55頁。

北原淳（2012）『タイ近代土地・森林政策研究』晃洋書房。

杉原薫（1996）『アジア間貿易の形成と構造』ミネルヴァ書房。

高谷好一（1982）『熱帯デルタの農業発展』創元社。

田坂敏雄・西澤希久男（2003）『バンコク土地所有史序説』日本評論社。

田辺繁治（1973）「Chao Phraya デルタの運河開発に関する一考察（Ⅰ）・Ayutthaya 朝より Ratanakosin 朝 4 世王治世まで」『東南アジア研究』第11巻 1 号，14-48頁。

トンチャイ・ウィニッチャクン（2003）『地図がつくったタイ——国民国家誕生の歴史』（石井米雄訳）明石書店。

宮田敏之（2001）「戦前期タイ米経済の発展」加納啓良編著『岩波講座東南アジア史第 6 巻　植民地経済の繁栄と凋落』岩波書店，169-194頁。

Giblin, R. W. (1994 [1908]), "Royal Survey Work," in Wright, Arnold ed., *Twentieth Century Impressions of Siam*, White Lotus, pp. 121-127.

Ingram, James C. (1971 [1955]), *Economic Change in Thailand 1850-1970*, Stanford University Press.

Johnston, David Bruce (1975), "Rural Society and the Rice Economy in Thailand, 1880-1930," Ph. D. Dissertation, Yale University.

Kratoska, Paul H. (1990), "The British Empire and the Southeast Asian Rice Crisis of 1919-1921," *Modern Asian Studies*, Vol. 24, No. 1, pp. 115-146.

Larsson, Tomas (2012), *Land and Loyalty: Security and the Development of Property Rights in Thailand*, Cornell University Press.

Latham, A. J. H. and Neal, Larry (1983), "The International Market in Rice and Wheat, 1868-1914," *Economic History Review*, Vol. 36, No. 2.

McCarthy, James (1994 [1900]), *Surveying and Exploring in Siam with Descriptions of Lao Dependencies and of Battles against the Chinese Haws*, White Louts.

พรรณี บัวเล็ก (๒๕๔๘) วิถีชีวิตและภูมิปัญญาของชาวนาไทยที่ทุ่งบางเขนในช่วงระหว่าง พ.ศ.๒๔๑๐-๒๕๑๐, โครงการวิจัยนี้ได้รับทุนอุดหนุนการวิจัยจากกรมส่งเสริมวัฒนธรรมกระทรวงวัฒนธรรม.

（タイ語：パンニー・ブアレック〔2015〕『バンコク都バーンケーン地区農民の生活と知恵——1867年-1967年』タイ国文化省奨励研究プロジェクト）

〈一次史料〉

Ministry of Finance, Department of Commerce and Statistics (1917), *Statistical Year Book of the Kingdom of Siam 1917*, Bangkok, Ministry of Finance.

Ministry of Finance, Department of General Statistics (1925), *Statistical Year Book of the Kingdom of Siam 1924/25*, Bangkok, Ministry of Finance.

Ministry of Finance, Department of General Statistics (1930), *Statistical Year Book of the Kingdom of Siam 1929/30*, Bangkok, Ministry of Finance.

外務省（1895）「英，佛領，印度併暹羅米作ノ景況」『通商彙纂』第31号。

Ministry of Commerce (1921), "The Rice Control, 1919-1921", *The Record*, No. 1.

กรมที่ดิน (๒๕๐๕) อนุสรณ์กรมที่ดินครบรอบ๖๐ปี.
（タイ語：タイ内務省土地局（1962）『土地局60周年誌』）

กรมที่ดิน (๒๕๔๔) วิวัฒนาการการออกโฉนดที่ดินและงานทะเบียนที่ดิน๑๐๐ปีกรมที่ดิน.
（タイ語：タイ内務省土地局（2001）『土地局100周年　地券発行と土地登記の歩み』）

กรมแผนที่ทหาร (๒๕๒๘) ที่ระลึกครบรอบวันสถาปนา๑๐๐ปีกรมแผนที่ทหาร.
（タイ語：陸軍地図局（1985）『陸軍地図局100周年誌』）

第 10 章

世紀転換期のインドシナ北部山地経済と内陸開港地

——「華人の世紀」との連続性に注目して——

岡 田 雅 志

1 インドシナ北部山地と広域経済

　本章では，グローバル経済との縁が薄いと思われがちな東南アジア大陸部の内陸山地世界の歴史を扱う。一般に近代文明による開発の手が及ぶまでは未開の地であるというような印象が強いが，近年の研究では，その歴史を通じて豊かな自然環境が生み出す天然資源を国際貿易商品として送り出すことを通じて外部に開かれ，近世期特に18世紀以降，中国市場との連結の度合いを強めた地域経済は殷賑を極めたとされる。本章の目的は，いわゆる近代グローバル化がクライマックスを迎える19〜20世紀転換期において，この地域がどのような変化を経験したのかを，こうした近世期との連続性を考慮して検討することである。

　本章が射程とする空間範囲であるインドシナ北部山地（以下北部山地）とは，雲貴高原と中部高原とを結ぶ山岳地域を指す。北には，紅河とダー河という2本の主要河川に挟まれた形となるホアンリエンソン山脈を中心とする山塊を擁し（ベトナム最高峰でもあるファンシーパン3143メートルを含め，標高1500〜2800メートル級の峰が並び立つ），南にはベトナムとラオスの国境をなすチュオンソン山脈が南北1200キロメートルにわたって連なる（標高1500〜2500メートル級が中心）。ヒマラヤ造山運動で形成されたチベット高原から雲貴高原の高原地帯と東南アジアで最古の陸塊に由来する標高500〜800メートルの中部高原との間にある北部山地はインド亜大陸のユーラシア大陸への衝突の余波で形成された褶曲山地であり，急峻な峰々の間には小さな盆地空間が無数のポケットのように存在する。この盆地空間には，かつてはムオン（あるいはムアン，ムン）と呼ばれる自律的政体が存在していた。ムオンの主要住民である黒タイ，白タイなどのタイ

第Ⅲ部　アジアにおける農業開発

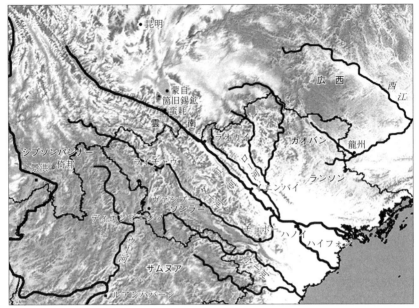

図10-1　インドシナ北部山地周辺図

系集団（現在のベトナムにおける民族分類ではターイ〔Thái〕族と総称されるが，本章では総称としてタイ人の呼称を用いる）は井堰灌漑による稲作（夏作が中心）を集約的に行い，山地斜面では，モン・クメール系やミャオ・ヤオ系の集団が焼畑により陸稲，トウモロコシ，キャッサバなどを栽培しており，高度により諸集団の棲み分けが行われてきたと言われている。

　また高度により亜熱帯雨林とモンスーン林が混交する森林地帯は，森林産物の宝庫であり，チュオンソン山脈の混淆フタバガキ林で採取される安息香や東側斜面のモンスーン林のシナモンなどは貴重な国際交易品として古来より珍重され，河川交通により南シナ海に面したベトナム北中部の港市に搬出された。北部ハノイに都をおいたベトナム歴代王朝，中南部の交易国家チャンパや広南阮氏の繁栄を支えたのもこうした森林産物である。また，この山塊には豊富な鉱産資源も眠っており，特に，近世アジア最大規模の産出量を誇ったとされるトゥロン銅山をはじめとする諸鉱の存在は，同地域の広域経済における重要性を高めることとなった。

第 10 章　世紀転換期のインドシナ北部山地経済と内陸開港地

　近代以前において，北部山地の交易構造は大きな変化をすでに経験していた。
それは「華人の世紀（Chinese century）」と呼ばれる18世紀から19世紀初めにか
けての中国経済の拡張がもたらした経済環境の変化である。18世紀の中国にお
ける人口の急速な膨張は，労働人口が不足している東南アジアへの大規模な華
人人口の流入を生み，彼らの未開地への開発移住によって，流通のみならず新
しい技術とともに中国市場向け商品の生産に携わるコミュニティーが形成され，
対中国交易の発展を支えた（Reid 1997）。中国と陸続きの北部山地についても，
豊富な鉱産資源をめがけて多くの華人が流入して，生産・流通に中核的役割を
果たし，一大経済ブームを引き起こした（武内 2003b）。同時に中国との交易の
拡大は，北部山地の森林産物の搬出ルートと方法に大きな変化をもたらすこと
になった。それまで平野部との河川交易やラーンサーンや大越・チャンパと
いった国家による物産収集を経由して国際市場に送り出されていたシナモンや
安息香などの森林産物の多くが，雲南を経由した内陸ルートにより，直接中国
市場に運ばれるようになる。生産地に華人が直接入り込むようになり，低地の
政権に干渉されにくい山地地域に形成されたタイ系住民・平野部からの流入者
も含んだハイブリッドなネットワークによって，商品の多くが陸路中国に運ば
れた。そのルート上には，ライチャウや平野部出身の反乱指導者 黄 公 質 が
拠点としたムオン・タイン（ディエンビエンフー）など内陸港市とでも呼ぶべき
物産の集散・中継センターが勃興することとなった（Okada 2010）。

　以上のような自然環境及び広域経済と深く結びついた生業形態，特に18世紀
の華人の流入により商業ブームを経験した地域経済のあり方は，世紀転換期に
どのように変容したのであろうか。この時期の北部山地を扱った研究としては，
武内，ル・ファイエ両氏のすぐれた研究（武内 2003b；Le Failler 2014）がある
が，いずれもライチャウのデオ氏というフランス植民地統治下で強大な権力を
握った特定の首長権力の立場から描かれており，首長の政治的な動きに重点が
置かれている。こうした研究状況をふまえ，本章ではまず，世紀転換期前後の
北部山地全体の交易構造の変化を近世からの連続性に注目しながら再検討を
行った上で，同地域を国際市場に結び付けるのに重要な役割を果たした商品と
商人ネットワークの動きを整理し，最後に，ダー河流域を事例として地域社会
の経済開発のあり方を検討することとする。それにより，当該地域の社会にお
いてこの時代がどのような意味を持っていたのかを浮かび上がらせたい。

第Ⅲ部　アジアにおける農業開発

　当該期のベトナム史の文脈でいえば，南部メコンデルタの世界経済とのつな
がりを論じた菊池（1993）や高田（2014）の研究が出ているが，北部地域，特
に内陸にあって小規模な自給自足経済が想定されていた山地世界については広
域経済との関係への関心は低かった。実際には，同地域の経済は，北部の政
治・経済の中核地域であるハノイを中心とする紅河デルタよりも中国雲南との
結びつきが強く，現在の国境を越えて独自の地域経済圏を形成していたことを
本章で明らかにしてゆく。また，山地世界という，歴史叙述において周縁化さ
れがちな地域世界が，世界経済と強く結びつけられた世紀転換期にどのような
変容を経験したかを検討することは，19世紀のアジアの経済成長を国民国家史
観から距離をおいて考え直す上でも興味深い事例を提供するはずである。

2　世紀転換期前後の地域間貿易構造

　本節では，北部山地が世界経済に直接的に結びつけられる契機となった天津
条約締結（1885年）後の自由貿易の開始が，北部山地を取り巻く地域間貿易構
造の中でいかなる意味を持っていたのかを考察する。
　イギリスがビルマルートによる中国内陸部へのアクセスの開発を進める中，
1862年に第一次サイゴン条約により南部三省を獲得したフランスも1866年から
1873年にかけてメコン流域の探査を進めた。メコン遡上による雲南へのアクセ
スが困難とわかるとベトナム北部（トンキン）の紅河ルートが注目される。
　1872年には冒険商人のデュピュイが雲南の回教徒の乱の鎮圧のための武器輸
出を請け負い，阮朝官憲の許可を得られないまま紅河を遡上したことが，フラ
ンス海軍の武力介入を招く。黒旗軍との衝突でガルニエが戦死するが，その後
結ばれた第二次サイゴン条約によりフランスは紅河の航行権と主要都市の駐在
権を獲得した。しかし，紅河開放の利益を享受したのはむしろイギリス及び香
港の商業勢力であった（酒井 1959：109）。通商アクセスのみでの利益獲得が不
可能であったことを悟ったフランスは，1884年，第二次フエ条約によりトンキ
ンを保護領化する。ベトナムへの宗主権を主張し，軍事介入をしていた清朝と
の間で清仏戦争が起こり，フランス側が海軍力で圧倒した結果，天津条約が結
ばれ，ここにおいて清朝はフランスの保護権を認め，フランス軍を苦しめ続け
た黒旗軍は中国へ引き揚げることとなり，フランスは本格的にトンキンの植民

250

第 10 章　世紀転換期のインドシナ北部山地経済と内陸開港地

表 10-1　ラオカイを通過する貿易額，1890～95年

年	通過貿易取引額（fran）				輸出入額（fran）				貿易総額
	香港→雲南	雲南→香港	通過貿易合計	割合	輸出	輸入	輸出入合計	割合	
1890	1559997.0	2928203.0	4488200.0	86.7	426743.0	262093.0	688836.0	13.3	5177036.0
1891	4084389.0	2646233.0	6730622.0	87.4	656809.0	310768.0	967577.0	12.6	7698199.0
1892	5708573.8	3588884.1	9297457.9	90.9	590187.0	338643.2	928830.3	9.1	10226288.1
1893	7748273.0	2754597.0	10502870.0	93.0	371252.0	415006.0	786258.0	7.0	11289128.0
1894	6688000.0	3115930.0	9803930.0	90.2	381694.0	682983.0	1064677.0	9.8	10868607.0
1895	8600000.0	3192219.0	11792219.0	90.1	456667.0	839013.0	1295680.0	9.9	13087899.0

出典：Franquet（1897：53）の表をもとに作成。

地経営に乗り出すことになる。この天津条約では中越間の内陸通商に関しても，紅河のラオカイと広西龍州とつながるランソンの国境貿易を開放することが約され，1887年の中法続議界務・商務専条において，紅河方面の蒙自と揚陸地の蛮耗及び紅河支流ロー河沿いの馬白関と龍州が通商地として定められ，海関が設置されることとなりいわば内陸開港場となった。

　このように雲南に通じる紅河航行権が完全に開放され，フランスは中国に対する交易拠点としてトンキンに確かな足場を築いたわけであるが，現実には基本的な貿易構造に変化はなかった。1890～95年のラオカイを通過する貿易量を見ると，トンキン～雲南間の貿易額はわずか1割程度で残り9割が雲南～香港間の通過貿易であることがわかる（表10-1）。通過貿易は，関税率を優遇した上でトンキン経由で中国国内の地域間の貨物輸送を行う取引で，香港からハイフォン港を経由し，河川を遡上してラオカイを通過し雲南に到達するルートをとる。貿易品は，別の枠組みで輸出されたアヘンを除くと雲南からの輸出品の約8割が錫であり，続いてプーアル茶が約3％，その他土薬，皮革などとなっており，圧倒的に錫が主要な輸出品目である（張 2017：165-166）。錫は当時，世界におけるブリキ消費の高まりにより大きな需要が生まれていた商品であった。蒙自に近い箇旧鉱山が19世紀前半以来，錫の一大産出地として知られるようになり，香港に運ばれた箇旧錫は，世界市場と中国沿岸都市の工業利用に供され，紅河貿易の基幹商品であり続けた（1930年代には錫の仕向け先は60％近くがロンドンであった〔王・彭・范 2011：38〕）。紅河航行開放後，この箇旧錫の対価として大量に雲南に輸入されたインド産の綿花・綿糸・綿織物が，現地の家内制製糸産業を一時壊滅に追いやったとされる。ただし，その背景には鉱山労働

251

第Ⅲ部　アジアにおける農業開発

者の増加や雲南全体の人口増加による雲南の消費市場の拡大があることは注意すべきである。

　こうした状況下において，初期の植民地主義者たちは，租税・関税制度を強化し，この通過貿易を含む対中交易の関税収入の増加を図るとともに，アクセスの優位があり，成長する雲南市場の後背地としてトンキンの経済開発を構想した。後者の経済開発については，雲南の綿需要に注目し，紅河流域のソンタイなどデルタの周辺丘陵地帯における綿花栽培と綿業育成を目指したが，20世紀に入っても蒙自関の綿糸輸入量においてインド産の圧倒的シェアの前にトンキン産綿糸がわずかに３％程度のシェアを保つのみであった。1907年の蒙自関の統計を見ると，ベトナム産と見られるものは綿糸・綿花のほか竜眼，ビャクダン，木材，煙草くらいであり量も多くない（Quartely Trade Returns, Mengtsz, 1907）。そのため，インドシナ政庁は，「三頭立ての馬車」と称されるアルコール・アヘン・塩の専売による財源の確保に向かうことになり，それによって植民地財政の本国からの自立を図り，民間資本の導入を図るための公共事業の促進が目指されることとなった（桜井・石澤 1988：72）。

　以上のように，紅河交易の「開放」は，当初フランスが期待したようなトンキン地方全体の経済開発には直接にはつながらず，むしろ元々内陸交通を通じて東南アジアと中国を結ぶ経済コアであった雲南の地域経済が，香港との強力な流通経路が誕生したことにより海外市場と中国市場の双方に密接に接続されたという意味でより重要な歴史的意義があった。そして，その影響は北部山地を含む雲南に隣接する諸地域に及ぶことになる。そこで次節ではこの時期の経済変化に関与した具体的な商業ネットワークの動きに注目しながら，雲南を中心とする広域経済の動向を確認してゆく。

3　商人ネットワークの拡張と変容

　雲南は古くは漢代から交通の要衝として知られ，ビルマを通じてインドと中国を結ぶ西南シルクロードとして知られるルート上にあると同時に，西に上ればチベット高原に通じ，紅河を下れば南シナ海に出ることができる。いわばユーラシア東部内陸世界の一大ゲートウェイである。13世紀にモンゴル帝国軍によって征服されて以降，中国内地との経済的結びつきが強まっていく。さら

252

に18世紀には清朝経済を支える銅の供給地として経済開発が進み，雲南と中国内地を結ぶ複数の銅供給ルートの交通インフラが整備されるとともに，急激に増加した漢人人口の受け皿ともなった。

　東南アジア大陸山地世界の諸国にとって，雲南は中国への玄関口でもあり，清代にはラオス（ルアンパバーン）といった内陸朝貢国や，土司職を帯びた雲南西部のシプソンパンナーを含め，東南アジア大陸山地世界の諸勢力の使節は雲南の中心昆明を通って北京へと向かい，ホーと呼ばれるムスリム商人のキャラバンやタイ系の商人たちが雲南と東南アジアの間を往来した。18世紀以降の商業ネットワークの量的拡大により雲南を通じた東南アジアと中国市場との結びつきはいやますことになり，雲南は綿花・綿布など東南アジア産品の収集センターとしての役割を強めていった。中越境界地域においても，雲南商人が資本を投入して現地住民に綿花を栽培させ，それを衣料需要の高まる雲南に搬出している事例がある（武内 2010：178）。

　こうした東南アジアと中国内地を結ぶ雲南の経済的役割に変化が見られるのが19世紀半ばである。1842年の香港割譲以降，広東・澳門にかわって香港が，北米やオセアニア，アジア各地を結ぶ人・モノ・カネのネットワークの機能を拡大していくようになるのと機を同じくして，前述の通り，箇旧錫鉱山の開発が大規模化し，錫鉱石の多くが香港に搬出されるようになってゆく。折しも18世紀から雲南銅の広東への移出経路として整備されてきた広西（西江）ルートは，太平天国の残党の跋扈などもあり荒廃していたため，紅河ルートに注目が集まることとなった（武内 2003b：668）。紅河ルートの具体的な輸送経路としては，蒙自より駄馬で紅河の蛮耗港まで運搬し，水運にて中越境界のラオカイを通過し，ハノイ，ハイフォンを経て香港に至るというものである。そして天津条約により，紅河を通過する雲南と香港の経済的結びつきが強化されると，その資源（錫・アヘン）が香港を介して中国市場・世界市場に送り出されるようになる。こうした雲南の広域経済における位置づけの変化は流通をになう商業ネットワークの視点からはどのように説明できるであろうか。以下，南中国と大陸東南アジアとの間の活発な経済活動を支えた商業ネットワークの内，19世紀の雲南及び北部山地の経済変化に大きな関わりを持つ3つの集団，馬幫商人，広東商人，中越山間地域を活動範囲とする武装商業集団について考察を進めたい。

第Ⅲ部　アジアにおける農業開発

（1）　馬幇商人

　馬幇商人は多くがムスリム（ホー族）で元代以降，馬幇と呼ばれる隊商を組んで中国と東南アジア大陸部間の遠隔交易を担ってきた。馬幇は小さいものは10余匹から大きなものでは数千匹の規模のものまであった（劉 1996：78）。特に雲南西部とビルマを結ぶいわゆる滇緬ルートでの交易で活躍し，ビルマから大量のルビーや綿花をもたらした。18世紀に漢人の雲南への移住が一気に進み，特に雲南西部とビルマ国境地域にあった大鉱山に数十万ともされる鉱山労働者が来住するようになると馬幇の活動も拡大する。チラナンによれば，鉱山・茶山開発に伴う大量の移民労働者の流入により綿布需要が急増し，雲南の在地綿業の発展が促された。さらに従来からの綿花生産地であった上ビルマのみでは原料需要を賄うことができず，周辺地域に綿花栽培が広がったことで，19世紀には雲南が東南アジア大陸部の全域から綿花を吸収するセンターとなる。他方，輸入における綿花の占める割合が増加し，それまで中国内地に再輸出（中継）していた森林産物等の交易が減少したため，雲南西部・南部と東南アジア大陸部をむすぶ完結した独自の広域経済圏が形成されたとする（Chiranan 1989）。こうして生まれた雲南南部と東南アジアにまたがる活発な経済圏の流通を担うムスリム馬幇商人の勢力は一層強大なものとなった。

　ムスリム馬幇を中心とする商業圏の形成は，他方で漢人移民や商人との間で対立も生み出すこととなる。鉱山開発，茶山開発の進展とともに内地から拡がり商圏を脅かす漢人商業勢力と漢人移民との対立関係を背景として1856年にはムスリムの大反乱が発生する。その指導者であった杜文秀は，滇緬ルートを取り仕切っていたムスリム馬幇の商業勢力に支えられながら，大理に20年間に及ぶスルタン政権を維持したが，清朝軍に征圧されるとムスリム馬幇のネットワークも大きな打撃を被った。

　紅河ルート開放もムスリム馬幇商人に不利に働いた。香港と雲南が密接に結びつくと，前述のように錫の対価として香港からインド産綿花が大量に流入するようになる。さらに後述の信用システムの導入もあり，雲南産アヘンが雲南における綿花購入の代価として用いられるようになる。これにより，雲南の綿花貿易の比重は西方から東方ルートへ移った（Chiranan 1989：51）。そのため，蒙自に遅れて1902年に滇緬国境の騰越関が開かれた際には，英領と結びついた昆明西ルートの取引は活発化したものの，そのシェアは滇越間貿易に遠く及ば

254

第 10 章　世紀転換期のインドシナ北部山地経済と内陸開港地

なかった（劉 1996：76）。19世紀以前の雲南の対外貿易においてそれほど大き
な比重を占めなかった紅河ルートは，錫・綿花・アヘンという世界市場と結び
ついた商品の流通回路が確立されることによって，主要ルートとしての地位を
確固たるものとしたのである。

　このような政治・経済変動の中，ムスリム馬幇商人の雲南南部における商業
覇権は弱まり，代わって漢人商人や白（ペー）人商人，納西（ナシ）人商人な
どが進出し，さまざまな商業ネットワークによる競合が激化することになっ
た。これら基幹商品が世界市場へのアクセスを容易にしたことは雲南への商
品流入を促し，雲南を中心とする商品の再移出取引を含む周辺地域との交易が
活発化する。それらを担ったのがこうした複合的な商人ネットワークであった。
加えて，電信技術の導入がその動きに拍車をかけた。1866年にはすでに雲南昆
明に民信局の支局が設置され，商業利用に供されたが，これは駅伝で文書を伝
達するものであり，緊急の場合は 1 商報で紋銀25両と時間がかかる上に高コス
トであった。それが1886年には広西―蒙自―昆明の電線が設置され，翌年，雲
南電報局が開設される。続けて，昆明―宣威―貴陽―瀘州の東路，昆明―大理
―騰越―バモー，南に蒙自から分線して思茅―シャム・ラオス国境への線も開
通（1897年までにすべて完成）すると広範に商業取引に利用された。1911年の電
報局の収入48,160余両の内，約80％以上が国内外の民間利用であった（劉
1996）。これにより，地域ごとの価格の変動や信用取引の利便性が高まること
になり，雲南と他省の間のみならず，雲南と周辺地域の内陸取引の規模は拡大
することとなった。前述の各商人ネットワークはそれぞれに商号（事業体）を
形成し，自ら馬幇を組織，あるいは独立した輸送業者としての馬幇に委託する
形で商品取引を行うようになり，馬幇がカバーするネットワークの空間範囲も
拡大した（cf. 栗原 1991）。

　こうした新たな馬幇ネットワークにより，雲南とベトナム北部山地の経済的
結びつきもさらに強まった。無数の馬幇が紅河の積出港の蛮耗と昆明の間を往
来したが，馬幇の役割は河川交通の補完輸送のみではなかった。図10‐2は蒙
自関を通過する貿易額を船舶と荷駄に分けて表したものである。これを見ると
開港当初は荷駄による貨物量が船舶のそれを上回っており，1897年に船舶貨物
量の方が多くなった後はその比率の差は拡大していくものの，荷駄の貨物量は
減るどころか漸増していることがわかる。このことはまさに紅河を通じた雲南

255

第Ⅲ部　アジアにおける農業開発

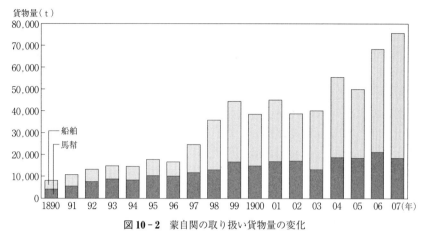

図 10-2　蒙自関の取り扱い貨物量の変化

出典：Quarterly Trade Returns (Customs Gazette), Mengtsz の数値をもとに作成（馬帮の貨物量は原史料に記載される荷駄頭数に平均積載量72キログラムを掛け合わせて算出）。

と香港間の物流の拡大が雲南とその周辺地域の交易を促進したことを意味している。同時に，馬帮貿易の拡大は沿線上の輸送専門業者や宿泊施設，馬の飼養施設，倉庫業などさまざまな業種の活動を刺激し新たな経済機会も生み出した。[3]

（2）　広東商人

内地の中国商人も漢人の移住拡大と清朝の政治的拡張に伴い雲南に進出していった。雲南は当初江西・両湖商人の商圏であったが，雲南の経済発展に伴い全国の商人が雲南に進出し，商帮（ギルド）を形成してゆく。さらに鉱山・茶山などの資源開発の前線地域は多くが非漢人の居住地域であるために，入り婿などによって現地社会に入り込んだ漢人商人が資源の内地への送り出しに参画し，省内の商人集団も台頭してゆくこととなる。その代表的なものが石屏商人であり，例えば石屏官商の陳和庭は，漢口，四川，香港にも支店を有するムスリム商号興順和と共同出資し箇旧鉱山の経営の中心的役割を担った（李 1996）（石屏商人の活動については〔西川 2015〕に詳しい）。

このように全国の商人ネットワークが雲南に進出する中，やや出遅れていたのが広東商人である。昆明の商人会館建設年代を見ても，広東商人を中心とす

256

る両広幇の両粤会館が設立されたのは1877年と各商幇の中で最も遅い（劉 1996：160）。広東商人も早くから江西商人を通じて鉄鍋などの商品を輸出していたとされるが（荻原 1956），元々海上貿易に強く，雲南からの銅輸送（京運）の主要ルートであった長江流域に商圏を持っていなかった広東商人にとって他の商人ネットワークに伍して雲南に進出するのは困難であったといえる。しかし，雲南銅の新たな搬出ルートの開発などにより西江を通じた内陸路による広東―広西―雲南の結びつきも強化され，広東商人の雲南方面への関心は確実に高まっていた。また，海上・陸上双方のルートを通じて歴史的に広東との結びつきが強いベトナム北部には広東商人の勢力が強く及んでおり，19世紀の阮朝は北部における公用物の買い付け（和買）や紅河の交易税を含む内国関税の徴税請負などで広東商人のネットワークを利用していた。これらの商人が時には雲南で銅銭鋳造用の銅の買い付けを行っているように（多賀 2016：169-174），雲南に一定のコネクションを有していたことは間違いない。19世紀半ばには箇旧錫鉱山の開発が本格化し，錫鉱石の積み出しルートとして紅河への注目が集まる中，広東商人たちにとって紅河は雲南市場を開拓する上での重要な交易ルートであった。

　雲南同様，南中国から大量の移民がベトナム北部山地に到来した18世紀末あるいは19世紀初頭段階においては，広東ネットワークの進出はカオバン以東において顕著であり，紅河流域においてそのプレゼンスは限定的であったと考えられるが（Li 2012），1872年に紅河を遡上しラオカイに至ったデュピュイは，蛮耗の広東人の協力を得た Ho Yen Fan という人物が９年間，この町の長の地位にあったと証言している（Dupuis 1879：40）。なお，デュピュイの紅河遡航自体も広東商人の後援を得ているのであるが，当時ムスリム政権が雲南を支配していることは広東商人にとって好ましい状況ではなくムスリム政権を打倒しようとする清朝官憲やそこに商機を見出したデュピュイを支援したのは自然といえる。他方，広東商人のライバルの福建商人・潮州商人はフランス人のベトナム北部進出を妨害する黒旗軍を支援する動きを見せており（『岑毓英集』巻２），デュピュイの行動はフランスの冒険商人や植民地主義者の野心という一事で説明されるべきではないだろう。紅河を越えてラオス寄りのディエンビエンフーにおいても広東人リーダーの存在が確認できるなど，広東商人は天津条約以前からラオカイを含む雲南とベトナムの境界地域に確かな足場を築いてお

257

り，阮朝の財政的物流とも結びつきながら19世紀にその活動域を拡大させていたことが窺える。

こうした状況下で，天津条約が締結され，紅河を通じた雲南と国際市場（への流通センターであった香港）との結びつきが強まったことは広東商人にとって願ってもない商機であった。開港後初期のラオカイ貿易を調査したフランス人植民地官吏は雲南—香港の通過貿易が広東商人によって独占されていることを報告している（Franquet 1897：103）。また，1900年にベトナムの華人社会の視察に訪れた外交官厳璩の『越南遊歴記』には各地の中国人商号について記録されているが，その内訳を見ると，ハノイの商号が全体で106ある内，広東系が77（内，香港幇14，香港・雲南幇4），福建系が29（多くが洋酒を扱う）であり，ラオカイとハノイの中間に位置する紅河中流イエンバイでは商号数36の内広東系31（内多くが雲貴幇の商品委託），福建系4，広西系1となっており，北部商業なかんずく紅河を利用した貿易において広東商人が圧倒的な力を持っていたことがわかる。このように広東商人は紅河の「開放」により最大の利益を享受した商業ネットワークといえよう。

（3）　武装商業集団

最後に，この時期のベトナム北部山地と南中国との経済的結びつきを考える上で重要なグループが1870年代にベトナムに進出してきた黒旗軍，黄旗軍などの武装商業集団である。彼らは，18世紀以来多くの華人が密入国をしてきた広西—カオバン地方の国境を越えてベトナム側に入った。そして劉永福が率いる黒旗軍は紅河上流のラオカイ，黄旗軍はロー河上流の河楊といういずれも中越境界の交易拠点に根拠を置き，通商税（釐金）を徴収した。商品価格の4割という通商税は法外であるが，紅河航行の安全を保証するという意味で商人たちに軍事的庇護を提供したといえる。[4] 太平天国勢力の流れをくむとされるが，広東欽州出身の黒旗軍首領劉永福をはじめ，ベトナム国境近くの地方出身住民が多く，18世紀から引き続いてきた南中国から東南アジア大陸部への移住の最後の波が最も暴力的な形で現れたと見るべきであろう。19世紀には南中国で天地会系の秘密結社が多数生まれており，こうした国境をまたいだ活動をサポートした（cf. Davis 2017：ch. 1）。

越境移住者の波は現地社会に開発労働力を提供したのと同時に，消費者でも

ある彼らの活動は確実に南中国と北部山地との間の物流を促進した。彼らは鉱山採掘などの経済開発に従事し，時に現地社会に定着し同化してゆく場合もあるが，利益が出なくなると別所に移動し，場合によってはそのまま野盗化し，現地社会の脅威に転じることもあった（岡田 2016：184）。黒旗軍や黄旗軍はこうした現地の移民流動人口も糾合しながら勢力を拡大していったと思われる。

　現地社会との関係もさまざまであり，劉永福はダー河上流にあって，ラオカイと雲南南部・ラオスを結ぶ要衝であるライチャウ（ムオン・ライ）の白タイ首領デオ氏と同盟関係を結び，デオ氏の地域内の覇権確立を手助けすることになった。他方，黒旗軍やミャオ（苗）集団との抗争に敗れハザンを追われた黄旗軍の一部は略奪を行いながら紅河以西の西北地方やラオス北部に拡散し，「サック・コー・ルアン（黄旗の賊）」などと呼ばれ，現地社会に恐怖の記憶を刻み込んだ。黒旗軍や黄旗軍に限らず，こうした武装商業勢力は北部山地の各地に割拠しており，ルオン・タムキー（梁三岐）のように清仏戦争後も半ば地方政権化するものもいた。こうした武装商業勢力の存在をトンキン経済開発の最大の障壁と見なしたラヌサン総督は，1891年に北部山地を軍管区とし，治安回復を最優先とした。さらに，アヘンの徴税請負を停止して専売を実施し，廉価アヘンを供給することにより，目先の収入を犠牲にしても武装商業勢力の収入源となっていたアヘン密売を防止しようとした（Lanessan 1895：138-139）。

　以上のように，武装商業集団は，どこまで組織的に商業活動を行っていたかは不明な部分もあるが，現地社会にとって安全を脅かす武装集団であると同時に最も身近な商業エージェントであったと言うことができよう。世紀転換期のベトナム北部山地はこのような18世紀以来成長してきたさまざまな商業ネットワークの連鎖の中に包摂されていった。次節では植民地期文書に基づき北部山地の地域社会の経済動態を考察する。

4　地域社会の対応と経済動態——ダー河流域を事例に

（1）　在地首長の役割

　18世紀以来の山地世界の商業ブームの中で経済基盤を確保した首長層の台頭が目立ったが，中でも前述のデオ氏は拠点ライチャウの地理的好条件を利用してその勢力を拡大していった。デオ氏の活動については武内（2003b）とLe

第Ⅲ部　アジアにおける農業開発

Failler（2014）によって詳述されているので，ここでは世紀転換期における動きにかぎって簡単にまとめておく。1891年，紅河右岸からダー河流域が第4軍管区に編制された際には，ライチャウ周辺をデオ氏の実質的な自治区域とし，1200ピアストルの年給に加えて，ダー河交易における権益（塩の専売権を含む）が保証された。首長のデオ・ヴァンチは，自らキャラバンを組織して，婚姻関係を結んだタイ系首長が支配する雲南西部シプソンパンナーの茶の産地倚邦^{イーバン}からプーアル茶を輸入し，ダー河を通じて，ハノイのフランス人商人に卸すなど，デルタに拠点を置く植民地政庁との協力関係を活かした交易事業を行うほか，雲南からのアヘン密輸によっても大きな利益をあげ，総督府もそれを黙認せざるを得なかった（デオ・ヴァンチは交易だけでなく，フランスの技術による銅鉱山の開発にも強い関心を示していた〔Le Failler 2014：159〕）。さらに養子とした中国人商人や親族をエージェントとして雲南や紅河デルタ，ハノイなど各地に派遣し，支配領域外でもファミリー・ビジネスを拡大させていった。このようなデオ氏の商業活動の活発化は，フランスの保護下に入ったからというよりは，前節で述べたような域内におけるムスリム馬帮商人ネットワークの退潮と雲南・香港間の新たな経済的連結により雲南東部から北部山地にかけての物流が拡大したことを背景とするものである。デオ氏もこの時期に雲南及びその周辺に多数勃興したローカルな商業勢力の1つであったといえる。

　デオ氏がフランスの保護下に入っても主導権を握ることができたもう1つの理由は，北部山地特にデオ氏の支配するダー河上流域の自然地理条件である。西北地方を流れる2本の大河の内，蒸気船で雲南まで遡上できる紅河と異なり，雲南東南部からホアンリエンソン山脈を貫流して紅河デルタの扇状地の扇頂部で紅河に合流するダー河は，合流地点から数十キロ遡上したところにあるチョボーから急流となり，小型ジャンクであれ遡上できるのはここまでで，さらに上流に進むには陸路かタイ人が操舵する丸木舟を使うしかなかった。そのため，インドシナ植民地当局とデオ氏の協議により，デオ氏に委託する形でキャラバンと丸木舟を組み合わせた郵便や糧米供給システムが構築されることとなった。同じくフランスの保護領であったラオス北部との交通（特にハノイールアンパバーンを結ぶルート）を考える上でこの地域を重視していたインドシナ政庁は，急峻な山並が続き，車道の整備も困難なこの地域において，ダー河上流の河川交通を掌中にしているデオ氏に領域内の輸送システムを依存するほかなかった

のである。[5]

（2） ダー河流域の商品取引から見る地域社会

　他方，こうした状況下にあって，当時の地域社会の経済環境はどのようで
あったのであろうか。植民地化以降も史料に乏しい同地域であるが，第4軍管
区の中心地であるソンラーに理事官が置かれた1904年以降，数年間分の理事官
報告文書が利用可能であり，[6]一部定量データも抽出することができる。そこ
でこれらの文書史料を手がかりに世紀転換期のダー河流域社会の経済動態を考
察してゆく。

　ソンラー地方はダー河中流域に位置し，西北地方の他地域同様，盆地で水稲
耕作を行うタイ系住民，山腹で焼畑を行うモン・クメール系住民（文書ではタ
イ語の山腹民に対する呼称サーとして記述される），山上付近の高地で焼畑を行う
ミャオ・ヤオ系住民（文書ではミャオの通称であるメオとして総称される）という
高度差による一定の棲み分けが成立している。同地のタイ系住民は黒タイと呼
ばれ，ライチャウなどダー河上流域に居住する白タイとは別集団と認識されて
おり，黒タイは白タイに比べ，商業化の進んでいない社会を形成していると仏
領期の各民族誌は揃って記している。また，18世紀のベトナム王朝官僚の手に
なる漢文地誌『興化風土誌』には，白タイの人々の方が丸木舟の操舵技能に優
れていたとの記述がある。直接中国と結びつくルートをもたないことがこうし
た差異を生んだのかもしれない。他方で黒タイの人々が閉鎖的な自給自足的な
社会を営んできたかというと決してそんなことはない。山腹民など周辺の民族
との間の経済交換や，そうして得た森林産物をダー河の舟運を使って下流域と
交易を行ったりと，活発な経済活動を展開してきた。18世紀には豊かな鉱産資
源が眠るこの地に中国から大量の移民が数千，数万の規模で押し寄せたとする
後のフランス人の記録もあり，現地の商業活動を一層刺激したはずである（武
内 2003a）。

　この地の20世紀初頭の交易状況を示すのが表10-2である。ここに記される
交易品目の数量は，ソンラーの中心にほど近いヴァンブー（タイ語ではターブー，
ヴァンもターも船着き場の意味）で積み上げ／積み下ろしされた商品のデータで
あり，純粋な陸路交通によってソンラーから／へ移出入された商品については
統計がない。移入品から見るとベトナム・中国製の各種生活用品が並ぶ中，取

第Ⅲ部　アジアにおける農業開発

表 **10 - 2**　1901〜07年のソン

（輸出）

年		1901	1902	1903	1905	1906	1907
スティックラック	量(k)	62909	131440	81606	223120	256806	306060
	取引額($)	10694.53	22344.80	47576.30	156198.00	190350.00	212424.00
wang thao（生薬）	量(k)	2711	8760	18144	2490	2706	5460
	取引額($)	1121.40	3649.40	4536.00	830.00	892.00	2238.60
獣皮	量(k)	19158	11720	11824	11249	21646	17460
	取引額($)	3827.00	2344.00	2364.00	3000.00	5411.50	2619.00
野生カルダモン	量(k)	2697	5248	5022	9584	2610	10200
	取引額($)	648.00	1259.52	1404.40	5215.00	1505.00	5100.00
カラムシ繊維	量(k)	5444	13444	16364	12154	11242	16260
	取引額($)	1008.80	2688.80	3272.80	2636.00	2360.00	4065.00
獣肉	量(k)	683	945	1986	1410	595	1320
	取引額($)	109.28	151.20	400.00	640.00	80.00	105.60
クナオ	量(boule ?)	16300	47620	110980	88250	102350	18720
	取引額($)	130.40	180.96	3884.30	3088.75	3500.00	299.40
ルイの木(ゴザ等の材料)	量(unit)	－	505940	111890	1134000	1830700	1985800
	取引額($)	－	607128.00	1342.70	24956.80	40260.00	29787.00
蜜蝋	量(k)	144	804	440	18	180	120
	取引額($)	120.00	667.32	366.50	18.00	180.00	120.00
干しキノコ	量(k ?)	239	348	182	166	165	211
	取引額($)	5504.36	7997.00	4013.68	4140.00	4190.00	4853.00
茶	量(k)	僅少	僅少	僅少	1400	2370	18180
	取引額($)	—	—	—	?	—	5999.40
紙タバコ	量(k)	98	570	1116	120	54	300
	取引額($)	9.80	57.00	334.80	38.00	17.00	90.00
牛	量(k ?)	66	118	361	436	402	339
	取引額($)	858.00	1534.00	4332.00	6104.00	6030.00	5085.00
水牛	量(k ?)	71	581	1350	348	358	230
	取引額($)	1207.00	9877.00	27000.00	6960.00	7160.00	4600.00
豚	量(k ?)	1075	3332	10377	3455	2533	3920
	取引額($)	5375.00	16660.00	83368.00	34550.00	25330.00	39200.00
合計取引額		30613.57	74922.28	183595.48	248735.55	287265.50	316525.00

出典：RST（27675. Dec. 1908）をもとに作成。

第 10 章　世紀転換期のインドシナ北部山地経済と内陸開港地

ラーの域外移出入品

（輸入）

年		1901	1902	1903	1905	1906	1907
塩	量(k)	268640	485181	507701	419960	665410	486000
	取引額($)	10745.60	15407.20	15231.03	12598.80	27681.00	23300.00
ベトナムタバコ	量(paquet)	16769	27793	31383	46421	26207	29436
	取引額($)	2515.35	4169.25	6276.60	9284.20	5241.40	5887.20
マッチ	量(k)	5160	12412	22572	11666	17329	22273
	取引額($)	412.80	992.96	2257.20	1966.60	1732.00	2227.30
ベトナム陶磁	量(unite)	7736	24523	37382	32830	23370	15700
	取引額($)	238.08	735.09	934.55	820.77	584.25	329.50
ゴザ	量(k ?)	5058	3614	6264	7748	10250	13617
	取引額($)	910.44	650.22	939.30	1162.20	1537.50	2042.55
陶器	量(k)	109	212	348	334	48	173
	取引額($)	109.00	212.00	174.00	167.00	14.00	52.50
ボウル	量(k)	42	114	306	316	701	341
	取引額($)	36.60	91.20	214.20	221.20	210.00	103.00
繊維類	量(k)	10	330	967	1146	832	1797
	取引額($)	30.00	990.00	3868.00	4584.00	2392.00	5211.00
ベトナム縫製服	量(k)	–	487	654	370	1103	1688
	取引額($)	–	584.00	392.00	222.00	1500.00	2532.00
中国縫製服	量(k)	654	796	1939	1665	977	927
	取引額($)	1655.00	1990.00	3878.00	3330.00	1465.50	1854.00
ランプ	量(k)	–	99	505	264	295	302
	取引額($)	–	59.40	505.00	264.00	150.00	155.00
銅鍋	量(k)	417	1045	1282	1177	1955	1266
	取引額($)	336.60	836.00	1025.60	931.60	1564.00	902.00
鉄鍋	量(k)	–	516	1098	1053	715	982
	取引額($)	–	41.28	76.86	73.71	50.00	77.50
ベトナム斧	量(k)	–	190	925	362	42	172
	取引額($)	–	57.00	231.25	90.50	10.50	43.00
毛布	量(k)	–	133	357	296	725	125
	取引額($)	–	399.00	535.50	444.00	1087.50	250.00
石油	量(k?)	136	336	425	578	754	1193
	取引額($)	312.80	772.80	1275.00	1734.00	3016.00	3579.00
砂糖	量(k)		86	157	5	2404	2520
	取引額($)	–	25.80	47.10	1.50	1022.00	1260.00
その他	量(k)	7073	21785	18276	32774	29742	24259
	取引額($)	1060.95	3267.75	2193.12	3932.88	4461.30	3964.75
合計取引額		18342.32	31280.95	40056.31	41828.96	53718.25	53770.60

263

第Ⅲ部　アジアにおける農業開発

引量・価格ともに圧倒的に多いのが塩である。塩は伝統的に山地・平野間の経済交換において森林産物などの代価として用いられてきた平野の商品である。また，明らかに西洋からの輸入品と思われるものはほぼない。次に移入品について見てみると一見して森林産物が大宗を占めることがわかる。その中でも特に取引額が多く，増加率も大きいのがスティックラックである。

　スティックラックは宿木に寄生するラックカイガラムシの分泌物を樹脂として採取したもので，英領インドにおいてその効用が認められ，鋳型の材料，木製の額縁，家具の着色，コーティング剤として世界的に需要が増大していた商品である。東南アジアにおいては元来，赤やインディゴと混ぜて紫の衣料染料として使用されていたが，輸出品としての価値が注目されるようになると，各地で栽培生産が進むようになる。ソンラーにおいても，先行して栽木が開始されていたラオスから宿木が取り寄せられ栽培が始まったようである（RST 27675：dec. 1905, Foropon 1927：24）。スティックラックは標高500〜600メートルの土地で高品質のものが採取できるが，ソンラーにおいてはそのような好適地を探すのは容易であった。また，地元住民にとって稲の収穫の終わる10月終わりから11月にかけて収穫すればよく，農閑期の副収入獲得にはちょうどよい産物であったため，ソンラーで急速に栽培が普及した（BEI 1915/11, 928）。スティックラック栽培はその後もソンラーのタイ人社会の間に定着していくが，それは欧米市場のみならず，中国市場でも需要があったからである。中国では生薬名紫膠として珍重されている。1910年代にはインド産の過剰生産によってヨーロッパ市場のスティックラックの価格が下落し，フランス人は買付けをやめたが，中国人商人は購入を続けたことが記録されている（BEI 1915/7：568）。用途の異なる複数の市場の存在は間違いなく商品生産の安定性を保証するものであったといえよう。

　続いて取引量が多いのはクナオである。クナオは，ヤムイモの一種で漢語名を禹余糧といい，中国やベトナムでは黄色染料として広く用いられたもので，19世紀以前から北部山地全域から紅河デルタや中国に輸出されていた。中国では腹痛に効く薬材としても利用されていた。雲南―香港の通過貿易の中でも一定量輸出されており，ラヌサン総督も対中国輸出作物として注目していて，19世紀末以降，栽培が拡大したようである。また，理事官報告にはタバコとカラムシ繊維はともに山地民の"メオ"や"サー"が栽培していると記されている。

264

第 10 章　世紀転換期のインドシナ北部山地経済と内陸開港地

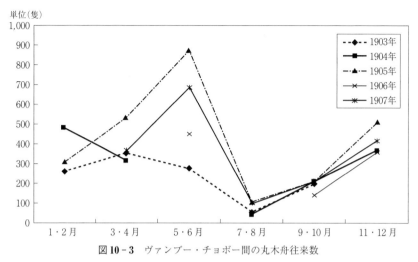

図 10-3　ヴァンブー・チョボー間の丸木舟往来数

出典：ソンラー理事官報告書（RST 27675）に記録されているヴァンブーで荷物の積み下ろしを行った舟隻数（チョボーからの上り・チョボーへの下りの合計）。

　カラムシ繊維は従来域内消費が主であったが，輸出用にタバコとカラムシ繊維の栽培をタイ人にも奨励したために生産量が増えたという（RST 27676：fin 1902）。

　また家畜と獣皮も輸出のかなりの部分を占めている。特に豚の輸出数がかなり大きくなっているが，これは1898年に滇越鉄道建設が着工し，大量の労働者の食糧需要が生まれたために豚の価格が高騰したことによる。周辺地域のみならずダー河流域においてもタイ，"メオ"問わず飼育数を増やし，多数の家畜がチョボー経由で紅河の建設工事区域に水路で運ばれた（RST 27675：1905, RST 27676：1902）。統計には現れないが，陸路で紅河側に販売されていった家畜も相当な数に上ったと思われる。他方，18世紀の商業ブームを生み出した鉱産資源については交易品目として登場しない。もちろん，陸路により搬出された可能性もあるのだが，19世紀末にソンラーを訪れたフランスの旧王族アンリ・ドルレアンは，同地の主要鉱山について，実質的に閉山状態であり，鉱山開発をしていた中国人たちは今では交易や農業に従事していると記している（d'Orléans 1894：178-181）。鉱山開発衰退の原因は単に採算性の問題だけでなく，重労働と高危険を避けるという労働者側の事情もあったようである。

265

第Ⅲ部　アジアにおける農業開発

（3）　流通主体

ソンラーの理事官報告文書には交易品とともにヴァンブーとチョボーを往来する丸木舟の数も記録されており，それをまとめたのが図10-3である。グラフから，雨季特に7，8月の舟数が極端に少なくなるという季節変動があることが明瞭に見て取れる。これは山間地域の河川，特に急流の多いダー河において水量の多い雨季の航行は極めて危険であったためである。ヴァンブーから上流はさらに急流が多くなるため実質10月から3月の6カ月間しか舟運を使うことはできなかった（GGI 40725）。雨季はそもそも農繁期でもあるため，漕ぎ手であるタイ人にとって乾季の舟運は農閑期の副業ともなっていた。ダー河の舟運は運送費・賃料が規定された運送システムとして確立していたが，それ以外に自分の家や集落の産物を自ら下流に運び販売することもあった。[7]

理事官報告には，舟運に加えてソンラーを訪れる馬帮についての記述もある。田畑や森林からの収穫物が豊富な10月頃になるとキャラバンが行きかうようになるという。この時期にダー河の舟運によってデルタから塩も運ばれてくるため，雲南とラオス・サムヌア方面を往来する馬帮にとってソンラーは最適な中継地点の1つであったといえよう。彼らは雲南から鍋などの様々な加工品をもたらし，スティックラックや種々の森林産物と交換していった。スティックラックや安息香などを持ち込むラオスの商人も多く到来したようである（RST 27675：1911）。2014年9月に実施したラオス北部の調査での聞き取りにおいても，仏領期に馬や徒歩の荷夫によるキャラバンを組織してアヘンやその他の商品を持ってベトナム側に交易に赴いたナーイホーイと呼ばれる商人の話がよく聞かれたが，[8]デオ氏だけでなく，民間のかなり広範に地域内の交易を行う季節的な商業集団が存在したと考えられる。これは同時期の雲南の農村においてローカルな季節労働としての馬帮運送業が成立したのとよく似ている（ただし雲南の場合は都市の商号の委託を受けて商品の運搬や交易に従事することが多かった）。

また，ソンラーの華人社会の特殊性についても理事官報告は言及している。インドシナ政庁は華人の出身地別コミュニティのリーダーを帮長に任命し，帮長を通じて華人コミュニティの把握を図ったが，ソンラーの理事官は，同地の帮長は同胞を十分に把握できておらず，特に中国に行くのをやめた人々に影響力がないと述べている。そして，彼らは現地のタイ人首長一族の入り婿になるなどしてコネクションを作り，それを利用して，キャラバンの安全通行権を得

266

たり，あるいは密輸や住民搾取の共犯となる例があるとしている（RST 27675：fin 1910）。この記述は18世紀以来定住し，現地社会に根を張っているオールドカマーの人々と新たに中国から商売のためにやってきた人々との温度差を表しているといえる。別の1905年の理事官報告では，ソンラーにヨーロッパ人の商業活動が全くないことに言及すると同時に，この地では一部のタイ人が商業の実権を握っており華人も掌握することが難しいと書かれているが，こうした在地権力と結びつき，かなり同化が進んだ華人移民の子孫たちが経済利権を掌握している状況を指していると考えられる。

5　退行か定常化か

　以上，本章では，19世紀末から20世紀初頭にかけてのインドシナ北部山地の経済状況を，南中国から東南アジアにかけての広域的経済構造の変化と北部山地の経済開発に大きな役割を果たした商業ネットワークの役割に注目しながら概観した上で，植民地文書に基づき地域社会のミクロな経済動態を明らかにした。
　最後にこのミクロな経済動態が広域変動の中にどのように位置づけられるかを考えてみたい。まず，押さえておくべきは天津条約以降の蒙自を内陸開港場とした雲南市場の「開放」と雲南と香港を結ぶ物流の拡大は，18世紀の漢人の大量流入による経済開発に伴い進展してきた雲南経済と中国内地経済との接合の動きの延長線上にあるということである。それは紅河を通る雲南—香港間の通過貿易で運ばれたものにアヘンを含め中国市場向けの商品が多いことにも表れている。無論，欧米市場との連結の意義も極めて大きいものであり，通過貿易の規模・額において圧倒的であった錫の主な仕向け先は欧米であり，雲南からの錫輸出が代価としてさまざまな商品（特にインド綿糸）を雲南に吸引し，雲南をコアとする経済圏が再び拡大することになる。この時期に政治的には仏領インドシナに組み込まれた北部山地であるが，経済の面ではむしろ雲南の後背地として機能したといえる。このような新たな経済活性化を支えた商業エージェントは，雲南と周辺地域を結んだ馬帮のネットワークであり，香港とのコネクションを提供した広東商人であり，18世紀以来南中国より陸路断続的に押し寄せた移民集団であった。
　こうした新しい経済環境の下，北部山地ではライチャウの首長デオ氏が雲南

第Ⅲ部　アジアにおける農業開発

との近接性を活かして経済的，政治的支配を打ち立て，茶やアヘンといった雲南の商品をダー河の河川輸送を通して国際市場へ送り出すというもう1つの通過貿易で繁栄する。他方，前節で分析したダー河流域のソンラーの地域社会で取引された森林産物や家畜といった商品は，大規模な商業ブームが起こった18世紀に比べるとむしろ退行的にも見えるかもしれない。18世紀には，成長する中国市場を背景に，北部山地の鉱産資源や森林産物が中国人移民労働力による大規模開発を誘引した。他方，世紀転換期には，鉱産資源や，安息香，シナモンのように国際市場において特別の価値のある特定の希少森林産物が貿易を牽引することはなく，そのため特定商品の大規模開発を引き起こすことはなかった。とはいえ，本章で明らかにしたように，転換期の北部山地においては，18世紀以来形成されてきた在地社会と国際市場をとりもつ多種多様な商業ネットワークが，内陸開港地やそれに伴う情報インフラの整備による広域の商業活性化と連動する形で活発な活動を展開しており，近代的交通インフラの整備が難しい自然地形を生かし，在地のタイ人自身も商業エージェントとして活動するようになっていた。彼らの活動は，欧米市場，中国市場，その他のアジア市場と北部山地の経済を確実に結びつけ，地域内の経済交換を活発化した。こうした複数の市場とのアクセスが確保されることで，スティックラックの例に見られるように，安定した商品取引が可能となり，地域内においても，広範囲の家畜取引が行われるようになるなど新たな商業パターンが生み出されていったのである。

　このように見てみると，一見山間地方社会のありふれた商業パターンに見えるものは，18世紀以来の政治経済の諸変動を経た社会によって選択されたものということができるのではないだろうか。これを複数の商業ネットワークが交差し，ローカルなタイ人商人や欧米商社を含めさまざまな商業エージェントが登場する中，特定の商品や市場に依存しない，より安定した農林複合的な生業に基づく定常化が志向された結果と想定することは可能であろう。これは自給自足経済化が進んだということでは決してなく，市場や経済環境の変動が激しいこの時代において，一種のリスク回避戦略として選び取られた側面を無視することはできない。

　本章の考察は，1つの地域社会の事例を示しただけに過ぎないが，いわゆる近代グローバル化の「周辺」において北部山地のような社会は無数に存在した

268

はずである。こうした社会のミクロな動向を広域的視点から捉えつつも，単なる世界経済における周縁化という通説的な観点ではなく，独自の広域地域経済圏の形成と現地商人層による商業ネットワークの拡張という視点から見直す作業は，「周辺社会」の経済定常性の再評価という観点からも重要である。また，これまでのグローバルヒストリーが経済の量的拡大や工業化に重点をおいてきた中において，本章の事例はアジアの経済発展の多様性を示すものといえよう。

注

(1) トンキンの海外輸出の仕向け先の大部分が中国市場であったことは間違いない。1893年の輸出額11,131,000フランの内，フランス向けは30万フラン程度（絹，種々の角類，スティックラック）で，それ以外はほぼ中国商人によって香港に輸出されたものである。主要輸出品の生糸もまずは香港に輸出され，一部が広東生糸としてフランスに輸送された。その他，中国市場向け輸出品には，米（500万フラン以上），豆類，海産物，塩，木綿（中国北部向け），植物性油，漆（一部日本向け），スティックラック，クナオ（後述），木材などがあった（Lanessan 1895：186）。

(2) 北部山地においても，ラオス側を中心にムスリム馬幇の活動は活発であったが，1880年代には来訪数が減少していたようである（「狄隆致内閣総理兼外交部長函摘要」〔1886年〕〔蕭・黄 1993：945〕）。

(3) 清末民初，雲南の著名な大馬幇は20余，中小は万をもって数えた。運賃は1897年前後，毎駄1日0.2両であったが，荷駄の供給が追いつかず1907年0.5元（約0.36両）に高騰したという（劉 1996）。

(4) 黒旗軍の撤退後も紅河には商船から税を徴収する武装集団がおり，フランス側は，1890年から，旋回砲を載せたジャンク2隻に商船隊を護衛させることとし，そうしてようやく武装集団からの徴税を免れることができるようになったという（Lanessan 1895：193）。

(5) 当時，香港に再輸出するための茶に税を課す議論が持ち上がると，デオ氏はラオス側の軍事ポストへの物資供給をボイコットし抵抗した（Le Failler 2014：204）。このようなデオ氏への全面依存を脱却するためにインドシナ植民地当局の側では，1905年，軍管区の直接支配域であるソンラー地方においては現地の黒タイを使って運送を行うよう制度の見直しを計画したことが植民地行政文書に見える（RST 2337，RST 56465）。史料については次注参照。

(6) 現在エクサンプロヴァンスの Archives nationales d'Outre-Mer（ANOM，国立海外領文書館）の Résidsence Supérieure au Tonkin-Ancien Fonds（RST，トンキン理事長官府旧史料群）に保管されている。文書番号27675。理事からトンキン理事長官府に定期的に報告されるもので，内容は政治動向，司法，税金，土木，衛

第Ⅲ部　アジアにおける農業開発

生，商業など多岐にわたる。1904年以前も軍管区の報告書があるが，定量データは非常に限られている。なおトンキン理事長官府旧史料群は ANOM とハノイの Trung Tâm Lưu Trữ Quốc Gia I（TTLTQG1，ベトナム国家第一文書館）に分散保管されている。

(7)　1902年にヴァンブーで摘発されたアヘン取扱者のリストの中には中国商人に混じってタイ人の商人も複数記録されている（GGI 1410）。

(8)　2015年8月28日にムオン・クア周辺のコムー集落で行ったトーン・クーン氏（90歳），8月30日にノーン・キアオで行ったカムパウ・ボンマニー・カム氏（75歳）への聞き取りなど。

参考文献

岡田雅志（2016）「山に生える銃──ベトナム北部山地から見る火器の世界史」秋田茂・桃木至朗編著『グローバルヒストリーと戦争』大阪大学出版会，165-190頁。

荻原弘明（1956）「ビルマ産棉花の中国輸出を中心とした近世（18世紀─19世紀前半）におけるビルマルート貿易について」『鹿児島大学文理学部文科報告』5（史学篇2）。

菊池道樹（1993）「東南アジアと中国」溝口他編『アジアから考える　2　地域システム』東京大学出版会，237-268頁。

栗原悟（1991）「清末民国期の雲南における交易圏と輸送網──馬幇のはたした役割について」『東洋史研究』50-1。

酒井良樹（1959）「第二次サイゴン條約と清佛戦争」『南方史研究』1，106-113頁。

桜井由躬雄・石澤良昭（1988）『東南アジア現代史3　ヴェトナム・カンボジア・ラオス』（第2版）山川出版社。

高田洋子（2014）『メコンデルタの大土地所有　無主の土地から多民族社会へ──フランス植民地主義の80年』京都大学学術出版会。

多賀良寛（2016）「阮朝治下ベトナムにおける国家統合と貨幣経済」大阪大学提出博士学位申請論文，1-213頁。

武内房司（2003a）「近代雲南錫業の展開とインドシナ」『東洋文化研究』5，1-33頁。

武内房司（2003b）「デオヴァンチとその周辺──シプソンチャウタイ・タイ族領主層と清仏戦争」塚田誠之編『民族の移動と文化の動態──中国周縁地域の歴史と現在』風響社，645-708頁。

武内房司（2010）「地方統治官と辺疆行政──十九世紀前半期，中国雲南・ベトナム西北辺疆社会を中心に」山本英史編『近世の海域世界と地方統治（東アジア海域叢書1）』汲古書院，171-201頁。

西川和孝（2015）『雲南中華世界の膨張──プーアル茶と鉱山開発にみる移住戦略』慶友社。

蕭德浩・黃錚主編（1993）『中越邊界歷史資料選編（上・下）』北京：社会科学文献出版社。

張永帥（2017）『空間視角下的近代雲南口岸貿易研究（1889-1937)』北京：中国社会科学出版社。

王玉芝・彭強・范德偉（2011）『滇越铁路与滇東南少数民族地区社会变遷研究』昆明：雲南人民出版社。

李才寬（1996）「興順和号的興衰」『雲南文史資料選輯』49，昆明：雲南人民出版社，212-214頁。

劉雲明（1996）『清代雲南市場研究』昆明：雲南大学出版社。

Chiranan Prasertkul (1989), *Yunnan Trade in the Nineteenth Century : Southwest China's Cross - bounderies Functional System*, Bangkok : Institute of Asian Studies, Chulalongkorn University, p. 78.

Davis, Bradley Camp (2017), *Imperial bandits : outlaws and rebels in the China-Vietnam borderlands*, Seattle, London : University of Washington Press.

d'Orléans, Henri, prince (1894), *Around Tonkin and Siam*, translated by C.B. Pitman, London : Chapman & Hall Ld.

Dupuis, J. (1879), L'ouverture du Fleuve Rouge au commerce et les événements du Tong-kin, 1872-1873 : Journal de voyage et l'expédition, Paris : Challamel Ainé.

Foropon, J. (1927), *Province des Hua-Phan (Laos)*, Hanoi : Impr. d'Extrême-Orient.

Franquet, Eugène (1897), *De l' Importance du fleuve Rouge comme voie de pénétration en Chine, suivie d'une notice sur le cercle de Lao-Kay*, Paris : H. Charles-Lavauzelle.

Lanessan, J.-L. (1895), *La colonisation Française en indo-chine*, Paris : Félix Alcan.

Le Failler, Philippe (2014), *La rivière Noire. L'intégration d'une marche frontière au Vietnam*, Paris : CNRS Editions.

Li, Tana (2012), "Between Mountains and the Sea : Trades in Early Nineteenth-Century Northern Vietnam," *Journal of Vietnamese Studies* 7 (2), pp. 67-86.

Okada Masashi (2010), "Những biến đổi trong lịch sử Mường Then thế kỷ 18 : Mường Then - đầu mối giao lưu về kinh tế ở miền núi và Hoàng Công Chất – một thủ lĩnh cuộc khởi nghĩa nông dân," trong *Việt Nam học - Kỷ yếu hội thảo quốc tế lần thứ ba —— Việt Nam : Hội nhập và phát triển (tập 6)*, Hà Nội : Nhà xuất bản Đại học Quốc gia Hà Nội, tr. 484-494.

Reid, Anthony (1997), "A New Phase of Commercial Expansion is Southeast Asia, 1760-1840," in Anthony Reid ed. *The Last Stand of Asian Autonomies : Responses to Modernity in the Diverse States of Southeast Asia and Korea, 1750-1900*, London : Macmillan Press, pp. 57-81.

第Ⅲ部　アジアにおける農業開発

〈一次史料〉

BEI：Bulletin économique de l'Indo-Chine (Hanoi：Gouvernement general de l'
　　　Indochine；Saigon：Direction de l'agriculture et du commerce).

Quarterly Trade Returns (Customs Gazette) 1890-1907（『美國哈佛大學圖書館藏未
　　　刊中國舊海關史料（1860-1949）』広西師範大学出版社，2014年影印）.

『岑毓英集』（清）岑毓英撰（黄振南・白耀天標点，広西民族出版社，2005年）。

〈未公刊文書〉

Archives nationales d'Outre-Mer (ANOM)

　－GGI：Gouvernement général de l'Indochine-Ancien Fonds, 1410, 40725

　－RST：Résidence Supérieure au Tonkin- Ancien Fonds, 2337, 27675, 27676

Trung Tâm Lưu Trữ Quốc Gia I (TTLTQG1)

　－RST：Résidence Supérieure au Tonkin- Ancien Fonds, 56465

第 11 章
ロシア極東の経済発展と農業移民
——人口移動から見たロシア帝国と東アジア——

左近幸村

1 ロシア極東へ向かう人々

　国内外を問わず，グローバルヒストリーでロシアは必ずしも注目を集めていない（Stanziani 2016）。その傾向は移民問題においても見て取れる。19世紀後半から第一次世界大戦勃発までの時代は，グローバルな人口移動が起きた時代として知られており，主に 3 つの大きな潮流があったとされている。第一にヨーロッパから南北アメリカ大陸へ向かう流れであり，第二にインド人や中国人を中心とした，世界各地の植民地に向かう年季奉公人の流れである。杉原薫は前者を国民国家システムに対応したもの，後者をそこからはみ出た人たちによって形成されたものと指摘している（杉原 1999：37）。しかし，第三の流れであるロシアのヨーロッパ部から中央アジアやシベリアへの移動については，前二者に比べると注目度が薄い。というのも，ロシアの移民は国際市場との結びつきが弱いと見られているからである（杉原 1999：19；McKeown 2011：44-50）。

　本章はこの第三の潮流の一部，ロシア極東（本章では図11 - 1 の沿海州とアムール州の範囲を指す）への人口移動と帝国の農業政策，現地社会へのその影響を分析する。ロシア極東への移民に着目するのは，杉原の指摘する第一の流れと第二の流れの特徴を兼ね備えているからである。19世紀半ば以降，ロシア極東に向かったのはロシアのヨーロッパ部からのロシア人だけでなく，ロシア極東の開発に引き寄せられた中国人や朝鮮人も含まれている。[1]ロシア人移民が中国人や朝鮮人を引き寄せたという点は以前も指摘したことがあり（左近2010），また満洲穀物の流入問題についても取り上げたことがあるが（左近2008c），注(13)でも指摘するようにそれには不備もあることから，本章では史

273

第Ⅲ部　アジアにおける農業開発

料を追加してよりミクロな分析を行う。

　ソ連崩壊後，ロシア極東と東アジア，中でも中国との関係が再び緊密になりつつあることも手伝って，帝政期のロシア極東と東アジアの関係は，ロシア史家の間でも注目を集めている。ウラジオストクの歴史家アレクサンドル・ペトロフは2000年に，19世紀後半のロシア極東の朝鮮人に関する本を出し（Петров 2000），2003年には『在ロシア中国人史　1856-1917年』を刊行した（Петров 2003）。これは本論だけで700頁以上もある大著であり，大量の一次史料を用いて当該期におけるロシアの中国人の活動について，包括的にまとめている。

　最新の研究では，ヴィクトル・ザツェピンが，アムール川流域における国境の形成を人の移動に着目しながらまとめている。特徴としては，ロシア人，中国人，朝鮮人のみならず，本章も含めしばしば歴史家が無視しがちな，先住民の活動にも言及していることである（Zatsepine 2017）。

　ただしペトロフにしろザツェピンにしろ，個々の事例の紹介において学ぶべき点は多々あるものの，全体的な歴史像は，日本の歴史家がこれまで描いてきたもの（原 1998；左近 2008b；麻田 2012など）と比べそれほど斬新とは言えない。ロシア極東と周辺地域との関わりを描くのに，近年の日本の歴史家は多くの成果を挙げている。本章は，日本ではまだ研究課題が残っている農業移民との関わりから，これまでの成果を継承し発展させようとするものである。

2　19世紀のロシア極東統治の概要

　最初に，19世紀のロシア極東への人の流れを確認しておきたい。同時にグローバルな観点からの意義付けも行うことにする。[(2)]

　まず押さえておくべきは，1861年の布告により，ロシア極東への入植者に対し，兵役免除や1戸当たり100デシャチーナ（1デシャチーナは1.092ヘクタール）以下の土地が無料で20年間貸与され，しかもその間に1デシャチーナにつき3ルーブル支払えば，土地を買いうけることができるという特典が与えられた（左近 2010：359）。当時の1ルーブルの価値であるが，1878年にシベリアを横断した榎本武揚が1円＝1.67ルーブルで計算していることが，参考になる。この布告の特徴は対象をロシア人に限らなかったことで，そのこともあって，沿海州南部には朝鮮人が比較的多く移住することになった。

第 11 章　ロシア極東の経済発展と農業移民

表 11 - 1　1880年代半ばのロシア極東の人口

	ロシア人	先住民	中国人	朝鮮人	その他	計
アムール州	46,000	800	14,500	700		62,000
沿海州	34,600	12,000	8,000	7,400	200	62,200
カムチャツカ州	2,800	16,700				19,500
ウラジオストク	6,500		5,000	400	600	12,500
サハリン島	5,700	1,300				7,000
計	95,600	30,800	27,500	8,500	800	163,200

出典：Всеподданнейший отчет Приамурского Генерал- Губернатора с Сентября 1884 г. по Июль 1886 г. С. 7. カムチャツカ州はまだ沿海州から独立していないが，のちのカムチャツカ州に相当する地域という意味。また沿海州には，ウラジオストクの人口は含まれていない。

　しかし肝心のロシア人の入植が進んだとは言い難い。1880年代半ばの時点でロシア極東は表 11 - 1 のような状況であり，アムール州のロシア人は州全体の74.2％，ウラジオストクを含む沿海州に至っては55.0％に過ぎなかった。

　移住者の中には，当初農民以外に国境警備用としてコサックも多く含まれていた。19世紀末のプリアムール総督（総督については後述）セルゲイ・ドゥホフスコイ（在：1893～98年）はコサック増強に熱心で，アムール州と沿海州で計約16万平方キロメートルの国境沿いの土地が，コサックに割り当てられた。日露戦争後には，コサックの軍事能力に対する疑問が高まり，一般の植民者に土地を開放するべきという意見が政府内で強まるが，帝政期のうちに論争は決着しなかった（原 2003：15-16）。そもそもドゥホフスコイの振興策にもかかわらず，ロシア極東の人口に占めるコサックの割合の低下は19世紀のうちから顕著で，アムール州は1859年に85％だったものが1897年には18％，沿海州では1869年に43％だったものが1897年には 6 ％まで低下していたのである（Stephan 1994：63）。

　一方，シベリア全体に目を移すと，ロシア政府は農民の移住に消極的であった。農民を土地に縛り付け，農業に従事させることを重視していたためである。しかし19世紀末，ロシアは大幅な人口増加を経験していた。ロシアのヨーロッパ部において，1896年から1904年にかけて，1000人当たりの出生率が50.1人，死亡率が30.9人，乳幼児の死亡率が1000人当たり224人だった（Миронов 2003：207）。また1909年に書かれたアムール鉄道建設に関する報告書では，1886年のロシアのヨーロッパ部における人口増加率は1.64％だったとしている（Сахан-

275

第Ⅲ部　アジアにおける農業開発

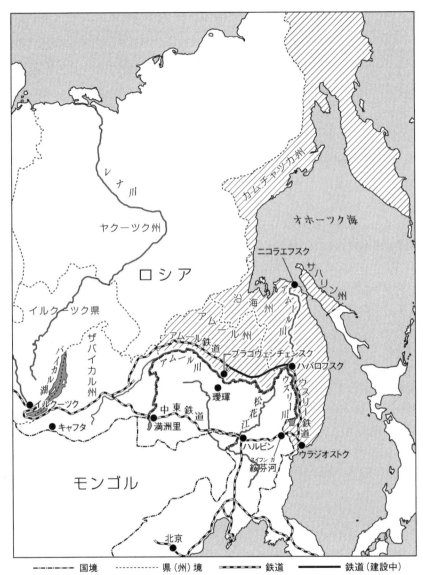

図 11-1　1914年のロシア極東とその周辺

出典：左近（2008c：112）。「モンゴル」には内モンゴルも含む。

第 11 章　ロシア極東の経済発展と農業移民

ский 1909：18)。

　こうした人口増加は，大規模な人口移動を引き起こす背景となった。ロシア
から西側に向かったのが，冒頭で述べた第一の波である。ただし第一次世界大
戦前にロシアからアメリカ大陸へ向かったのは，主にユダヤ人である。ロシア
政府にとって，ユダヤ人が国外に去ることは特に問題ではなかったが，国の基
本である農民は国内に留まってもらう必要があった。彼らが移住するとすれば
シベリアであり，農民の入植によりその土地は「ロシアの土地」になると当時
の支配者や知識人に認識されていた（Ремнев 2004：39-56)。

　もちろん，多くの人が移動するには人口圧力だけでは無理で，人を運ぶ交通
手段の整備が不可欠である。ロシアからアメリカへの移動が航路網の発達なら
ば，シベリアへの入植を促進したのはシベリア鉄道の建設だった。1891年の
シベリア鉄道着工を期に，ロシア政府は農民のシベリア移住を促進するように
なる。1895年にロシア政府は，シベリア移住がロシアの発展にとって望ましい
ものであるという公式見解を出し，それまでの消極的姿勢から転換した。だが
誰でも自由に移住できたわけではなく，政府としては確実に入植を進めるため
に，できるだけ労働力，資金力がある世帯を優先的に移住させようとした。村
から多くの世帯がまとまって移住することも少なくなかった。さらに，あらか
じめ人を派遣して入植地を下見させることも義務づけていた。シベリア鉄道が
日露戦争中に全線開通すると，戦後には移住の条件も大幅に緩和されたことも
加わり，多くの移民がロシア極東を含むシベリアに押し寄せることになった。[4]

　19世紀後半の航路網や鉄道網の発達が世界的な経済の一体化を促し，そうし
た流れの中にロシア極東統治の発展もあったが，それと関連したのが通信網の
発達である。故障が多かったとはいえ，1867年にはペテルブルグやモスクワと
ウラジオストクを結ぶ電信線が完成した。1868年から翌年にかけてロシア政府
はデンマークの大北方電信社と契約し，同社はそれに基づいてシベリアを横断
する電信を管理するとともに，1871年にはウラジオストクから長崎，上海，香
港まで延伸する（Siefert 2011：97；原 1998：86-87)。1870年にはロンドン—ボ
ンベイ間の海底電信が開通し，翌年には北京まで延びるが，電信はロシアの方
が先に東端に達していたのである。

　シベリア鉄道が開通する以前は，河川や馬車を利用して入植地まで到達しな
ければならなかったが，沿海州に関しては1883年以降，オデッサとウラジオス

277

第Ⅲ部　アジアにおける農業開発

トクを結んだ義勇艦隊による移動が主流になった。[5]義勇艦隊が就航した時期
は，沿海州への移住経路というだけでなく，ロシア極東統治のあり方全体が大
きく見直された時期だった。すなわち，それまでアムール州も沿海州も東シベ
リア総督府によって管轄されていたのが，1884年，新たにロシア極東を管轄す
るプリアムール総督府が創設されたのである（この時点では，日露戦争後に分離
するザバイカル州も含む）。塚瀬進と松里公孝が論じているように，これは1877
年に吉林将軍に就任した銘安による一連の開墾，軍備増強といった改革に対し，
ロシア側が危機を募らせた結果である。この時ロシアは，清と戦争になった場
合のことを真剣に検討し，新たな総督府を創設した（塚瀬 2008；松里 2008）。
そして1885年には沿海州の中国人に，翌年にはアムール州の中国人に，滞在許
可証の取得を義務づけた。1889年にはこの規定が朝鮮人にも拡大される。加え
て1880年代はロシア，清，朝鮮の間で国境の画定が進んだ時期でもある（左近
2010：361，363）。

　このように1880年代はロシア極東にとって１つの転換点であったが，人の流
れが制限されたわけではない。それどころか1891年５月に始まったウスリー鉄
道（シベリア鉄道のうち，ハバロフスクとウラジオストクを結ぶ部分）の建設は，ロ
シア人の労働力だけでは不可能であり，中国人を中心に多くのアジア系労働者
が流入することになった。不完全な統計ながら，1891年６月１日の時点で，ア
ジア系の労働者が2000人，全体の32.1％いたと見られている。1895年になると，
中国人が8200人，朝鮮人が2000人，日本人が700人となり，ロシア人のうち兵
士が3500人，囚人が600人，それ以外の労働者が900人で，ロシア人の総計は
5000人，つまり全体の３割程度に留まった（Петров 2003：501-503）。

　中国人や朝鮮人移民の管理をしていた国境コミッサール（弁務官）の中国語
通訳者は，1905年にプリアムール総督に対し「ロシア領内の中国人，朝鮮人労
働者は素晴らしい働き手です。中国人の中には，優れたレンガ職人，漆喰工，
金属細工人がおり，低い賃金で働きます。彼らを使った方が，ロシア人の職人
を使うより利益が大きいでしょう」（РГИА ДВ, Ф. 702, Оп. 5, Д. 627, Л. 13 об.）と
報告しているが，通訳者として中国人に対し同情的だったという可能性を考慮
しても，中国人，朝鮮人労働者の必要性をロシアの行政府も認識していたこと
は，間違いないと思われる。

　初代プリアムール総督であるアンドレイ・コルフ（在：1884〜93年）は，1886

278

第 11 章 ロシア極東の経済発展と農業移民

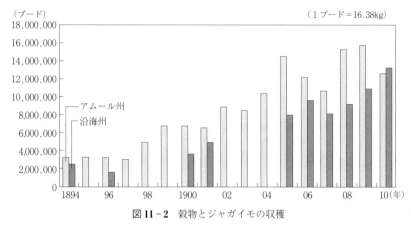

図 11 - 2 穀物とジャガイモの収穫

出典：左近（2008c：124）。

年の皇帝宛の定期報告の中で，ロシア極東の意義を「経済的なものではなく政治的なものです」と明言し，ウラジオストクなどの太平洋岸の港から巡洋艦が出撃できるようにしておくことで，ヨーロッパ列強の中におけるロシアの発言力を増大させることができるという認識を示していた。1897年にウラジオストクを訪れたイザベラ・バードも，「陸軍と海軍を取ったら，あとには何も残らない」と『朝鮮紀行』に記している。ウラジオストクを軍港としてだけでなく商港としても活用するべきだという意見は，19世紀末から高まっていたが，日露戦争前の政府首脳が基本的に重視していたのは，ロシア極東の軍事的意義だったと思われる（左近 2013：8, 10）。

では，19世紀後半の沿海州とアムール州でどの程度の収穫量があったのかを見てみよう。19世紀末から20世紀初頭にかけて，人口は沿海州の方が多かったが，収穫量はアムール州の方が多かったことはすでに2008年の拙稿（左近 2008c）で指摘した。収穫量については，図 11 - 2 が示す通りである。

そのうえで，本章ではより細かく各々の州の収穫の状況を見ていこう。

1861年から88年までのアムール州の播種量と収穫量は判明している。その統計をもとに作成した図 11 - 3，図 11 - 4 から明らかなように，19世紀後半，収穫量は基本的に右肩上がりだったが，播種量に比べると収穫量の方は凹凸が多い，すなわち不安定だったことに気が付く。凶作の年を除けば，収穫量は播種量の5倍から7倍弱だった。また，当初はライ麦が中心だったが，次第に燕麦

279

第Ⅲ部　アジアにおける農業開発

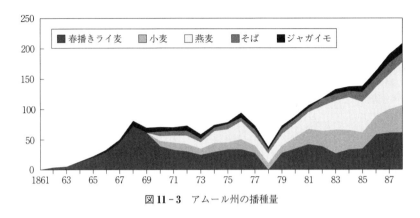

図 11-3　アムール州の播種量

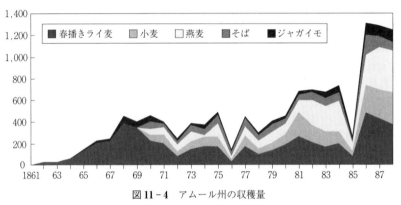

図 11-4　アムール州の収穫量

出典：図11-3，図11-4とも Соколов（1890：210-211）。単位は千プード。秋播きライ麦など，微小のものは除いた。

や小麦など他の穀物も栽培するようになってきたこともわかる。後述するように，ライ麦の占める割合はこの後大きく低下し，燕麦と小麦が栽培の中心となる。ただしこうした変化を行政府が奨励したのか，それとも農民たちの自発的な判断の結果なのかについては，史料を見つけられておらず不明である。

　沿海州については，表11-2が示すように，ライ麦が最も多く，それに小麦と燕麦が続いており，19世紀末の穀物の生産状況は，アムール州と基本的に似ていたのではないかと推測できる。また生産量は南ウスリー地区，すなわち後述するニコリスコエ村周辺が圧倒的に多かった。表11-3が示すように，収穫

第 11 章　ロシア極東の経済発展と農業移民

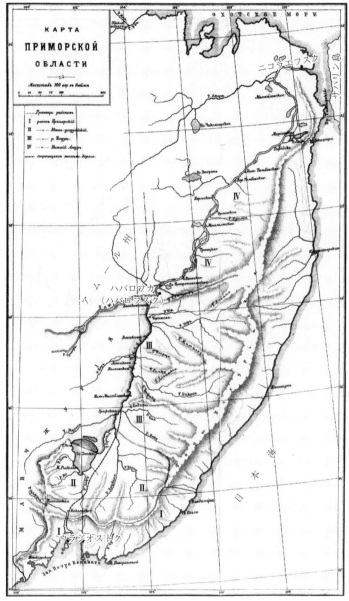

図 11-5　沿海州地図

出典：Крюков（1893：巻末付録）．Ⅰ～Ⅳの数字は，表 11-2, 11-3 の区分に対応．

第Ⅲ部　アジアにおける農業開発

表11-2　1891年の沿海州の収穫量

	ライ麦 （秋播き）	ライ麦 （春播き）	小　麦	燕　麦	大　麦	そ　ば	き　び
アムール川下流域（Ⅳ）	590	3,740	17	8,460	55	1,300	
ウスリー川流域（Ⅲ）	575	35,470	16,400	33,400	3,750	13,450	
南ウスリー地区（Ⅱ）	46,890	590,620	519,800	364,550	53,070	10,970	2,390
沿岸地区（Ⅰ）	1,410	7,500	28,000	48,200	6,700		
計	49,465	637,330	564,217	454,610	63,575	25,720	2,390

表11-3　1891年の1デシャチーナ当たりの沿海州の収穫量

	ライ麦 （秋播き）	ライ麦 （春播き）	小　麦	燕　麦	大　麦	そ　ば	き　び
アムール川下流域（Ⅳ）	54	40	51	59	37	45	
ウスリー川流域（Ⅲ）	57	49	58	53	65	40	
南ウスリー地区（Ⅱ）	80	75	64	65	56	5	9
沿岸地区（Ⅰ）	64	62	65	33	32		

出典：いずれも Крюков（1893：60-63）。単位はプード。Ⅰ～Ⅳの位置については，前頁の地図も参照。

率も同じ傾向を示している。

　当時のロシアの1デシャチーナ当たりの収穫量を見てみると，秋播きのライ麦で39プード，春播きのライ麦で43プード（ロシア全体では秋播きの方が35：1で圧倒的に多かった），小麦（春播き）で32プードであり（Брокгауз 1898：236），沿海州の収穫率はロシアの中で高かったことがわかる。

　ただし価格を見てみると，小麦1プード当たり南ウスリー地区では70～80コペイカ，ウスリー川流域では105～125コペイカ，春播きライ麦は1プード当たり南ウスリー地区で60～80コペイカ，ウスリー川流域で95～100コペイカ，アムール下流域で122コペイカというようにばらつきがあり（Крюков 1893：60-63），市場の統一感は薄かったと言える。

3　1895年の調査に見る沿海州とアムール州の比較

　次に，1895年に行われた調査をもとに，19世紀のロシア極東への入植状況について具体例をいくつか見てみたい。前述のように，1895年は政府の移住策の転換が宣言された年である。具体策としては，翌年内務省内に移民局が設置さ

れ，1905年には土地整理農業総局の下に移された（青木 2009：35-36）。アムール州でも1896年に軍務知事直属の移民事務官の職が設けられているが，沿海州はそれより早く，1893年に数人の官吏から成る移民局が設置されていた。特に沿海州の組織には広範な自立的権限が与えられていたが，移民事業に関する予算は基本的に国庫から出ていた（Шликевич 1911：99，101）。

　ペトロフによれば，ロシア極東の農村に移住した中国人は，3つのタイプに分けられる。1番目は自分の小屋を建てて隣接する土地を耕し，時には税金すら払わないもの。2番目は小作人，3番目は作男である。ただし19世紀の末には，多くの中国人，朝鮮人はロシア人の村で小作人として働くようになった（Петров 2003：425，432）。

　ペトロフは朝鮮人移民についても調べているが，それによれば，19世紀後半のロシア極東において，朝鮮人が土地を借りる際，金銭のやり取りがなされることは滅多になかった。収穫物をロシア人に払うことになるが，例えば1デシャチーナ当たり燕麦が100〜110プード取れたとすると，16〜20プードを払うのが一般的だったと見られる。朝鮮人は収穫量を増大させて余剰分を市場に供給し，ロシア極東の人口増加を支えたとされる（Петров 2000：146-148）。[6]

　筆者は以前，ニコリスコエ村（現ウスリースク市）の状況について紹介したことがある。これは1866年に主にアストラハンから入植したことによって始まった村で，1895年には315戸，2148人のロシア人が居住していた。村の住民がすべて自ら耕作しているのは全世帯のうち11.1%に過ぎず，非農業従事者が全体の4分の1，残りの世帯は一部あるいはすべての土地を中国人や朝鮮人に貸与して耕作させていた。耕作地全体でみると，ロシア人が耕していたのは3078デシャチーナ，貸与されたのは3377デシャチーナとなっていた。もともと中国人が住んでいた地域であるが，ロシア人の入植後も彼らは去らず，それどころか仕事を求めてより多くの中国人や朝鮮人がやってきた（左近 2010：362-363）。

　同様の事態は他の村でも見られた。ウラジオストクの近郊，北東部にあるシコトヴォ村は，1865年にロシア人2家族が入植したことによって始まった。この辺りにも中国人が住んでいたことは，ニコリスコエ村と同じである。こちらは1895年の時点で，ロシア人農民が耕しているのは全体の53.6%であり，中国人を雇わずに耕作している家族は5戸，7.7%に過ぎなかった（Крюков 1896：40-43）。

第Ⅲ部　アジアにおける農業開発

　ではロシア極東のすべての村で，中国人や朝鮮人が不可欠な労働力として雇われていたかというと，そういうわけでもない。上記2村と同じ時期の調査で，ハンカ湖の南西に位置するアストラハンカ村では，アジア系労働者への貸与が一切見られなかったと報告されている。この村はその名が示す通り，アストラハンから入植した13戸の家族が1866年に建設した村であり，1895年でも36戸という小さな村であった（Крюков 1896：52-55）。

　以上のように村によって状況に違いがあるものの，19世紀末の調査では，沿海州の農村全体に中国人・朝鮮人の雇用が広がっていたことが確認されている。

　ロシアがウスリー川右岸を獲得した後，1860年代において中国との関係を緊迫させる事態となったのが，1868年のマンズ戦争である。これは前年にウラジオストクの近くの島で発見された砂金を取るため，中国からやってきた人々500～600人と，それを取り締まろうとしたロシア兵とが衝突した事件であり，このときシコトヴォ村は焼き払われニコリスコエ村は襲撃を受けた（原 1998：87-89）。しかしこの事件に関する検証委員会の結論を見ても，ロシアが単独で領内の中国人を管理するのは無理で，そのためには北京政府の協力が必要であると率直に認めている（РГИА, Ф. 1315, Оп. 1, Д. 6, Л. 11.）。現実にその後も，中国からの人の流入制限は1880年代になるまで行われていない。

　以上見てきたのは沿海州の状況だが，ではアムール州の様子はどのようなものだったのだろうか。

　ブラゴヴェシチェンスクからアムール川沿いに北に40キロ強の地点に位置するマルコヴォ村を例にとってみる。この村は1850年代の後半に森を切り開いて作られたが，1895年には942人，114戸の家族から構成されていた。ただしそのうち労働者を雇用していたのは12戸に過ぎず，その多くは季節労働だった。しかも中国人とは書いていない。

　マルコヴォ村の場合，中国との関係は別の形で築かれていた。同村では家畜の飼育のため牧草を必要としており，一部はブラゴヴェシチェンスクまで運んで売っていた。こうして需要があったため，村民たちは牧草地を拡大し，最終的にはアムール川対岸の中国領にまで進出するようになった。中国側の役人と交渉し，干し草の3分の1の価格を支払うことで合意したのである。このようにブラゴヴェシチェンスクという地域の中心都市と結び付いてマルコヴォ村は経済発展を遂げていたこと，その過程で国境を跨いだ活動も行われていたこと

が，当時の調査から窺われる（Крюков 1896：84，96，97）。他のアムール州の村を見ても，雇用労働が広がっていたということは観察されていない。

しかし表11-1が示すように，数で見ると沿海州よりもアムール州の中国人の方が多い（朝鮮人を考慮するとほぼ同数である）。ペトロフによれば，彼らの4分の3は満州人であると見られ，国境沿いに自分たちの村を形成していた。これらの村は，義和団事件に伴う騒乱で焼き払われ，住民は避らざるをえなかった。中国人（漢人）の多くは，商人または労働者としてブラゴヴェシチェンスクに住んでいたと思われる（Петров 2003：91，92，139）。

このように，沿海州においてもアムール州においても周辺アジア地域との密接なつながりが見られたが，そのつながり方には大きな違いがあったと考えられる。ロシア人が占める割合は沿海州よりもアムール州の方がずっと高かったが，アムール州では沿海州ほどアジア系労働者の雇用は広がっていなかった。人の移動という点に着目した場合，より密接なつながりを持っていたのは沿海州の方であった。このようにミクロに見ると，アジアとの結びつき方にさまざまな方法が存在したことがわかる。

4　日露戦争後の方針転換

日露戦争での敗北により，ロシアがそれまでの東アジアへの進出を見直し，ロシア極東での支配権を固めることに力を注ぐようになり，それがソ連にまで引き継がれる一定の成果を挙げたことは，アナトリ・レムニョフが指摘している。ただしレムニョフの分析の中心はあくまでも政治的言説であり，本節ではそれを経済的に裏付けてみる（Ремнев 2004：439-517）[7]。

日露戦争後（1907年または08年）にピョートル・ストルイピン首相は，財務大臣のウラジーミル・ココフツォフに対し，次のような意見を述べていた。

　日露戦争後，辺境の情勢は本質的に変わりました。一方では，エネルギッシュな新進気鋭の隣人である日本人たちと直に接するようになり，一方では，覚醒した中国が行政と軍隊の再編を行っています。こうして否が応でも早晩，ロシアが最果ての辺境を持ちそこに植民することの意義を明らかにする必要が出てくるでしょう。

285

第Ⅲ部　アジアにおける農業開発

　　極東における我々の現状を鑑みると，荒野である広大な辺境を武力だけで
　守ることが到底不可能であることは，疑問の余地がありません。新しい要塞
　や堡塁に数億人を費やしても占領されてしまい，ポルト・アルトゥール（旅
　順）の二の舞になってしまいます。生活必需品を充足できないだけでなく，
　穀物と肉も自足できない地域は存続できませんし，ましてや海路を完全に把
　握している敵との闘いに貢献できるわけがありません（РГИА, Ф. 1276, Оп. 3,
　Д. 61, Л. 3 об.）。

　このようにストルイピンは武力だけではロシア極東を守れないと考え，移民
を積極的に推進するとともに，ロシア極東が経済的に自立する方向を模索した。
　その典型としてこれまで知られてきたのは，1909年の無関税港制廃止である。
さらに1862年以来露中の国境に設けられていた自由貿易地帯が，1913年1月1
日をもって廃止された（左近 2005）。このように第一次世界大戦前，ロシア極
東とアジアの間には関税障壁が築かれていく。
　本章との関連で重要なのは，1910年6月21日（日付はロシアの旧暦。新暦より
13日遅い。以下同）の法律により，ロシア極東での官業に外国人労働者を雇うこ
とが禁止されたことである。この法律は同時に，農民が外国人労働者に土地を
貸与して耕させることも禁止していた。
　より幅広い文脈から注意しておきたいのは，ロシアを取り巻く国際情勢を念
頭に置きつつ，武力よりもむしろ経済的影響を重視するのは，ロシア極東の問
題だけでなく，ロシア全体がそうした方向へ舵を切りつつあった，という点で
ある。これは，1908年12月に，義勇艦隊の所轄を海軍省から商工省へ移すこと
を決定した大臣評議会の議論に明確に表れている（左近 2016：157）。むろん，
ロシア政府の関係者の見解が完全に一致していたわけではない。日露戦争後に
プリアムール総督に就任したピョートル・ウンテルベルゲルは，日本がロシア
に戦争を仕掛ける機会を窺っていると真剣に懸念していた（РГВИА, Ф. 99, Оп.
1, Д. 82, Л. 9 об.）[8]。1907年には最初の日露協約が結ばれるなど，日露戦争終了後
から第一次世界大戦期まで日露関係は比較的良好だったとされるが，上述のよ
うにロシアの政府要人は決して日本への警戒心を解いたわけではない。この時
期お互い警戒心を抱きつつも，対英，対米，対独関係の都合もあって日露が接
近していったことは，最近の日露の共同研究でも指摘されている（黒沢 2016；

ペストゥシコ，シュラートフ 2016)。

　このような日露戦争後の極東の情勢を踏まえ，ロシア政府が進めたのがアムール鉄道建設である。日露戦争中にシベリア鉄道は全線開通したものの，清の領内である満洲を突っ切る形になっていた。これが中東鉄道である（東清鉄道とも呼ばれる[9]）。しかし日本の伸長のみならず中国の「覚醒」も認識していたロシア政府は，シベリア鉄道全線をロシア領内に走らせることに決定し，アムール川の北岸を通るアムール鉄道の建設を始めた（図11-1参照）。

　建設に着工するにあたり，建設予定地域の自然環境や農業，移民の流入状況などを全面的に調査することになった[10]。こうして1910年に始まったアムール現地総合調査の指揮官に任命されたのが，ニコライ・ゴンダッチである。彼はもともとシベリアの民族学を専門とする学者であったが，その知見を活かす形で行政の世界に飛び込み，この時はトムスク県知事を務めていた[11]。彼は翌年，ウンテルベルゲルの後を継ぐ形でプリアムール総督に就任し，ロシア革命勃発までその職を務めた。本来は陸軍の組織である総督に，文官出身者が就任するのは珍しいことだった。

　ゴンダッチが総督として力を入れたことの1つに，中国人排除がある。当時，ロシア通のジャーナリストとして知られた大庭柯公は，1914年にロシア極東を観察して回り，ゴンダッチのことを次のように評している。

　　　黒竜沿道〔訳注：プリアムールの意味〕総督ゴンダッチ氏は，闊達敏活の政治家として露国式官吏風を脱却せる人なり。「露人の露領」を標榜して驀進せんとする彼の政策は，露領の露人間にすら激烈の反抗あり，しかも彼の驀進的施政は，事ごとにようやく成功の域に入れるが如し。
　　　彼は戦前低級なる一行政官として極東露領に在職したり。則ち極東の事務を知り，極東の諸民族を知るにおいて，決して無経験者となすべきに非ず。しかして彼，今極東シナ人を排斥し，日本人を敬遠す。(中略)
　　　ゴ総督はザーに対して無限の信認を有するに似たり。彼の極端なる排シナ人政策の如きは露現内閣はむしろ反対するところ，しかもザーの前に無限の信認を担えるゴンダッチはあくまでも驀進主義を棄てず。けだしゴ総督の意はザーの意にして，ゴ総督の施政はザーの施政なればなり（大庭 1984：273）。

第Ⅲ部　アジアにおける農業開発

　ペテルブルグで発行されていた『シベリア諸問題』の1911年5月8日号では，「プリアムーリエ（ロシア極東）における中国人との新しい闘い方」という記事がL. K. というイニシャルの筆者によって書かれており，シベリアや極東の雑誌で，地域の事情に精通したゴンダッチの就任が歓迎されていることが伝えられている。またゴンダッチが雑誌のインタビューで「周知のように，陛下もこれはご存知だが，当地では黄色人があまりにも多くロシア人が非常に少ない。私の課題は，ロシア人を格段に多くして，黄色人を非常に少なくすることだ」と述べたことも紹介されている（Л. К. 1911 : 26-27）。

　ゴンダッチの黄色人という発言の中に黄禍論を見出したとしても，あながち的外れではない。ロシアにおいても黄禍論的な発言は19世紀のうちから見出すことはできる。特に中国人商人と接する機会が多い領域では，その不満のはけ口が人種差別となって現れた[12]。

　このように地元の反応は割れたことが窺えるが，最後のプリアムール総督になったゴンダッチは，それまでになく東アジアからの依存脱却を推し進める人物だったと言える。しかし帝政期に，その試みが容易に成功したわけではない。

5　日露戦争後のロシア極東の農村

　土地整理農業総局の報告書によると，1909年頃アムール州では1世帯当たり平均で7.88人，ウスリー地域（沿海州）で6.32人であったが，そのうち労働力として換算できるのはアムール州では3.24人，ウスリー地域では2.71人である。年間の収支の結果，アムール州では116ルーブル73コペイカ，沿海州では41ルーブル54コペイカの利益を農民は残すことができたとされているが（この頃のレートで1ルーブル≒1円），それらは農業より運送業や漁業，狩猟で得た利益だったとされる。これまで見てきたように，農業における雇用も行われていたが，ロシア人の賃金はアジア系の労働者よりも，アムール州で40〜56.3％，ウスリー地域で31.5〜54.5％高かった。報告書は，安い賃金で働くアジア系労働者の重要性を強調している（РГИА, Ф. 394, Оп. 1, Д. 7, Л. 112）。

　その後も，1910年の法律にもかかわらず，沿海州の農村ではアジア系労働者の雇用が不可欠なものとして続いていた。まず，1912年の沿海州の人口構成を見ておこう。

第 11 章 ロシア極東の経済発展と農業移民

　表11－4が示すように，朝鮮人は農村に，中国人は都市により多く住んでいた。また中国人は男性が圧倒的に多いのに対し，朝鮮人も全体として男性が多いものの，男女比の差は中国人ほど大きくない。加えて，ロシア臣民の中に朝鮮人という項目が作られていることが目につくが，4分の1以上の朝鮮人がロシアに帰化していた。実際，沿海州には朝鮮人の村が31村存在していた。ほとんどの村は1860年代から80年代にかけての建設であり，最も古いのは1864年である（Татищев 1912：XXIII-XXIV）。

　次に農村の耕作状況に目を転じると，1913年の調査によれば，南ウスリーや沿岸部など，沿海州の南部ではほとんどすべての土地を朝鮮人，または中国人が耕していたという結果が出ている（Петров 2003：439）。

　アムール州に目を転じると，アムール現地総合調査の統計によれば，雇用を行っている世帯の中で，平均1戸につき1.7人，アジア系に限定すれば1.4人であり，雇用期間は約3カ月である。なお，1戸当たりの平均耕作面積は21.7デシャチーナとなる。ただ何らかの形で耕作地の貸与を行っている世帯は全体の10％に満たず，表11－5が示すように，アジア系の雇用がロシア人の雇用より広がっていたとも言い難い（Материалы 1912：972，979，983，1074）。

　一方，日露戦争後の5年間におけるロシア極東の穀物生産の状況は，表11-6，11-7のようになっていた。ここから明らかなように，当初はロシア極東の穀物生産の中心だったライ麦の占める割合が大きく低下し，燕麦と小麦が生産の中心になっている。だが小麦が全体に占める割合は，アムール州では40～50％，より作物の栽培が多角的な沿海州では30％程度である。

　ゴンダッチの課題の1つは，安価な満洲穀物の流入への対策であった。当時の満洲で生産されていた穀物は主に大豆，高粱，粟，小麦であり（Шликевич 1911：52），このうちロシアに輸出されていたのは小麦である。満洲からアムール州・沿海州に流入している穀物，すなわち小麦が，ロシア極東の満洲への依存の象徴であるとアムール現地総合調査で指摘されており，そのため満洲穀物への課税が検討されるようになった。1913年2月28日に課税が決定するが，そこでゴンダッチは，課税推進派として積極的な役割を果たした（左近 2008c：123-132）。

　一方，ウラジオストクとブラゴヴェシチェンスクの取引所委員会は，これまで通りの無関税貿易の維持を望んでいた。いずれの都市でも製粉業は，満洲か

289

第Ⅲ部　アジアにおける農業開発

表11-4　沿海州の

	ロシア臣民					
	ロシア人		先 住 民		朝 鮮 人	
	男	女	男	女	男	女
都　　　市	82,260	53,071	1,170	475	1,472	665
農　　　村	150,783	126,810	7,408	6,591	7,617	6,509

出典：Обзор Приморской области за 1912 год. Приложение 1.

表11-5　1910年のアムール州における雇用状況（作男のいる世帯数）

	年間雇用		季節雇用		日雇い
	成人	青年	成人	青年	
全　　　体	1541	125	4110	1056	8559
アジア系	95		334		1239

出典：Материалы（1912：1068-1070）

表11-6　沿海州の収穫量

	小　麦	ライ麦	燕　麦	大　麦	そ　ば	ジャガイモ	き　び	大　豆
1906	2,813,705	359,253	3,026,282	302,688	653,158	1,622,467	357,447	160,133
1907	2,285,372	221,360	2,416,938	201,423	745,150	173,294	260,536	165,292
1908	2,593,226	207,561	2,479,372	221,980	955,012	2,024,000	258,102	111,060
1909	3,076,089	233,756	3,224,265	223,385	965,435	2,587,632	297,923	135,429
1910	3,765,921	324,499	4,783,419	292,374	941,890	2,487,416	286,446	158,672

表11-7　アムール州の収穫量

	小　麦	ライ麦	燕　麦	大　麦	そ　ば	ジャガイモ	き　び	大　豆
1906	4,030,323	346,328	4,926,932	52,810	30,454	625,158	120,413	1,177
1907	4,569,071	217,519	3,358,244	35,965	26,484	618,899	118,980	847
1908	5,886,505	261,641	6,306,368	46,939	43,663	979,441	181,328	1,476
1909	5,605,736	260,828	6,219,298	50,487	59,536	1,047,919	138,708	2,799
1910	4,531,850	141,969	4,430,206	25,676	44,801	994,879	59,565	80

出典：表11-6，表11-7とも Унтербергер（1912），Приложение C. 8-11.

らの無関税の穀物がないと成り立たない状況だった。さらに満洲穀物への依[13]
存は，中東鉄道を通じてザバイカル州にまで広がっていた（左近 2010：367）。
　図11-2から明らかなように，沿海州もアムール州も穀物の生産量は右肩上

290

第 11 章　ロシア極東の経済発展と農業移民

人口構成（1912年）

外　国　人							
朝　鮮　人		中　国　人		日　本　人		ヨーロッパ人	
男	女	男	女	男	女	男	女
6,793	3,502	39,622	1,461	2,170	1,647	1,275	734
20,368	12,889	14,076	201	57	64	64	25

がりであった。だがすでに見たように，ロシア極東で生産される穀物のうち小麦が占める割合は限られていた。したがって，ロシア極東における穀物全体の生産量は決して低くなかったにもかかわらず，満洲から小麦が流入していたのだと思われる。

6　ロシア帝国にとってのロシア極東の意義と東アジア

　第一次世界大戦により「長期の19世紀」は終わりを告げることになるが，ロシア極東において大戦は，西側国境での貿易が不可能になった結果，対外貿易の活発化という形を取って現れた。経済活動の活発化により，アジア系労働者はますます不可欠な存在となり，1910年の法律は「一時停止」されることになるが，そのまま復活することなく1917年の革命を迎えることになる。

　本章が見てきたように，ロシア極東経済の東アジアへの依存は顕著であった。しかし表11－1と表11－4を比較すれば明らかなように，アジア系労働者への依存が顕著だった沿海州においても，1880年代半ばには55.6％に過ぎなかったロシア人の割合が，1912年には74.5％に達している。またアムール州においては，1906年の人口増加率は2.87％という極めて高い数値を示していた（Саханский 1909：18）。最も体系的に帝政期ロシア極東の人口動態を研究したウラジーミル・カブザンによると，ロシア極東のロシア人の割合は，1914年には81.88％に達していた（Кабузан 1985：153）。このようにロシア人農民を多く入植させるというロシア政府の試みは，紆余曲折を経つつも一定の成果を収め，ロシア極東は着実に自らの支配権を固めつつあったように思える。

　日露戦争前，ロシア政府にとってのロシア極東の意義は，第一に軍事的なも

291

第Ⅲ部　アジアにおける農業開発

のであり，東アジアに睨みをきかすための前線基地だった。それが転換する
きっかけとなったのが，日露戦争の敗北である。この頃から，ロシア政府は国
際政治における経済問題の重要性に目を向けるようになり，ロシア極東では東
アジアへの依存からの脱却に力を入れはじめる。もちろんそれは，すべて順調
にいったわけではないが，ロシア人の入植という点では一定の成果を収めた。
もとより，その最終的な成否を判断する前に第一次世界大戦が起こってしまう。

　当時のロシアの文献を読むと，東アジアとの密接な経済関係を示す事例には
事欠かず，政府もそのことに強い関心を抱いていた。だが農業などで中国や朝
鮮からの労働力に依存していたとはいえ，経営の主導権をロシア人が彼らに譲
り渡したことを示す史料は今のところ見つかっていない。そうした例が全くな
かったとは言えないが，おそらく主導権を握っていたのは基本的にロシア側と
言えるのではないだろうか。

　こうして整理してみると，19世紀半ばから第一次世界大戦までのロシア極東
においては，ロシア政府が軍事的意義を重視していた日露戦争前に，周辺地域
との人的物的交流が促進され，経済的意義を重視するようになった戦後に，そ
の交流を制限することが試みられるという図式が見て取れるだろう。

注

(1)　ロシア極東にはウクライナから多くの人が移住しており，現在もその子孫が多い。
　　しかし為政者も移住した農民も，当時から現在に至るまでウクライナというアイデ
　　ンティティを重視している形跡がないことから，ここでは「ロシア人」として一括
　　する。また「中国人」というのは，特に断らない限り清帝国の臣民という意味であ
　　る。当時のロシアの官吏に中国人と先住民，中でも満洲人との区別が困難だったこ
　　とはザツェピンも指摘しているが（Zatsepine 2017：40），本章ではロシア語史料
　　に従って記載する。

(2)　ロシア帝国全体をグローバルな観点から論じた試みとしては左近（2017）。

(3)　ロシアからアメリカへのユダヤ人移民と汽船会社の関係について，筆者も考察し
　　たことがある。Sakon（2015）。

(4)　19世紀末から20世紀初頭にかけてのシベリア移民の歴史については，研究史も含
　　め青木（2009）を参照。

(5)　義勇艦隊は1878年に黒海で活動を開始し，翌年にはサハリンへ流刑囚を運んだ。
　　義勇艦隊で入植した農民の具体的様子については原（1998：114-125）。義勇艦隊の
　　歴史については左近（2016）。

⑹　ロシア人が馬，種子，農具を提供するかわりに，収穫物全体を折半するという契約もあったが，それほど多くなかった（Петров 2000：146）。

⑺　Ремнев (2004), С. 439-517. 同書に対する筆者の評価について詳しくは左近（2008a）。

⑻　日付は1909年2月9日である。

⑼　中東鉄道の歴史については麻田（2012）。

⑽　調査について詳しくは原（2005）。

⑾　ゴンダッチの生涯については Дубинина (1997).

⑿　ここでは，茶貿易の本の中で，中国北部や満洲，モンゴルの茶貿易を仕切る山西商人を「中国人の皮を被ったユダヤ人」と評した例や，中国人を「狡猾な努力に飽きることがない」「ペテンにおいては驚くほど独創性に富んでいる」と評したアドルフ・ダッタン（帝政期ウラジオストクの大資本家）の例を挙げておこう。いずれも19世紀末である（Субботин 1892：343；Даттан 1897：113）。日本イメージとの関連からであるが，世紀転換期のロシアにおける黄禍論については（ミハイロバ2016）。

⒀　筆者はかつて，ブラゴヴェシチェンスクの経済界は満洲穀物への課税に賛成であると指摘したが（左近 2008c：131），これは史料の誤読による誤りであり，訂正させていただく。同市の取引所委員会は「無加工の満洲穀物は無関税にすべきである。しかし製粉済み穀物には課税すべきである」と中央政府に1913年1月23日付の電報で述べている（РГИА, Ф. 560, Оп. 28, Д. 1084, Л. 226）。

参考文献

青木恭子（2009）「帝政末期のアジアロシア移住政策をめぐる一考察――移住を許可された世帯の分析」『ロシア史研究』84号，24-46頁。

麻田雅文（2012）『中東鉄道経営史――ロシアと「満洲」1896-1935』名古屋大学出版会。

大庭柯公（1984）『露国及び露人研究』中公文庫。

黒沢文貴（2016）「ポーツマス講和条約後の日露関係――友好と猜疑のあいだで」五百旗頭真，下斗米伸夫，A. V. トルクノフ，D. V. ストレリツォフ編『日ロ関係史――パラレル・ヒストリーの挑戦』東京大学出版会，133-152頁。

左近幸村（2005）「露中国境の自由貿易地帯――その廃止を巡って」『ロシア史研究』77号，53-60頁。

左近幸村（2008a）「書評　A. B. レムニョフ著『極東のロシア――19-20世紀初頭にかけての権力の帝国地理学』」『スラヴ研究』55号，273-279頁。

左近幸村（2008b）「東北アジアから見える世界」左近幸村編『近代東北アジアの誕生――跨境史への試み』北海道大学出版会，1-22頁。

第Ⅲ部　アジアにおける農業開発

左近幸村（2008c）「キャフタからウラジオストクへ──国境地帯における貿易構造の変化と関税政策」左近編『近代東北アジアの誕生』111-137頁。

左近幸村（2010）「ロシア極東と満洲における国境の形成──ヒトとモノの移動の観点から」川島真ほか編『岩波講座　東アジア近現代通史1　東アジア世界の近代　19世紀』岩波書店，355-372頁。

左近幸村（2013）「帝政期のロシア極東における「自由港」の意味」『東アジア近代史』16号，6-22頁。

左近幸村（2016）「軍事か経済か？──帝政期ロシアの義勇艦隊に見る軍事力と国際関係」秋田茂・桃木至朗編著『グローバルヒストリーと戦争』大阪大学出版会，137-163頁。

左近幸村（2017）「経済のグローバル化とロシア帝国」池田嘉郎ほか編『ロシア革命とソ連の世紀　第1巻　世界戦争から革命へ』岩波書店，35-58頁。

杉原薫（1999）「近代世界システムと人間の移動」『岩波講座　世界歴史　19　移動と移民』岩波書店。

塚瀬進（2008）「中国東北統治の変容──1860-80年代の吉林を中心に」左近編『近代東北アジアの誕生』269-294頁。

原暉之（1998）『ウラジオストク物語──ロシアとアジアが交わる街』三省堂。

原暉之（2003）「日露戦争後のロシア極東──地域政策と国際環境」『ロシア史研究』72号，6-22頁。

原暉之（2005）「巨視の歴史と微視の歴史──『アムール現地総合調査叢書』（1911〜1913年）を手がかりとして」『ロシア史研究』76号，50-66頁。

ペストゥシコ・Iu・S, シュラートフ・Ia・A（2016）「「例外的に友好な」露日関係（1905-16年）」五百旗頭ほか編『日ロ関係史』153-174頁。

松里公孝（2008）「プリアムール総督府の導入とロシア極東の誕生」左近編『近代東北アジアの誕生』295-332頁。

ミハイロバ・Iu・D（2016）「世紀転換期ロシアにおける日本のイメージ」五百旗頭ほか編『日ロ関係史』72-92頁。

McKeown, Adam (2011), "A World Made Many : Integration and Segregation in Global Migration, 1840-1940", in Donna R. Gabaccia and Dirk Hoerder, eds., *Connecting Seas and Connected Ocean Rims*, Brill, pp. 42-64.

Sakon, Yukimura (2015), "The Russian East Asiatic Company and the Volunteer Fleet after the Russo-Japanese War : The Case of Russian Transatlantic Liners", Frank Jacob ed., *ChiMoKoJa : Histories of China, Mongolia, Korea and Japan*. Vol. 1, pp. 1-15.

Siefert, Marsha (2011), ""Chingis-Khan with Telegraph" : Communications in the Russian and Ottoman Empires", Jörn Leonhard and Ulrike von Hirschhausen eds., *Comparing Empires : Encounters and Transfers in the Long Nineteenth Century*, Vandenhoeck & Ruprecht, 2011, pp 78-108.

Stanziani, Alessandro (2016), Russian Economic Growth in Global Perspective, *Kiritika : Explorations in Russian and Eurasian History*, vol. 17, no. 1, pp. 141-162.

Stephan, John J. (1994), *The Russian Far East : A History*. Stanford University Press.

Zatsepine, Victor (2017), *Beyond the Amur : Frontier Encounters between China and Russia, 1850-1930*, UBC Press.

Брокгауз Ф.А. и И.А. Ефрон (1898), *Россия. Энциклопедический словарь*. СПб.

Даттан, А. В. (1897), *Исторический очерк развития Приамурской торговли*. Москва.

Дубинина, Н. (1997), *Приамурский генерал- губернатор Н.Л. Гондатти*. Хабаровск.

Кабузан, В.М. (1985), *Дальневосточный край в XVII - начале XX вв. (1640-1917)*. Историко- демографический очерк. Москва.

Крюков, Н.А. (1893), *Очерк сельского хозяйства в Приморской области*. СПб.

Крюков, Н.А. (1896), *Опыт описания землепользования у крестьян- переселенцев Амурской и Приморской областей*. Москва.

Л. К. (1911) "Новые приемы борьбы с китайцами в Приамурье." *Сибирские вопросы*. Седьмой год. № 17. 8 мая 1911 г. С. 25-31.

Материалы (1912), *Материалы статистико- экономического обследования казачьего и крестьянского хозяйства Амурской области*. Т. I, 1-я. СПб.

Миронов, Б. Н. (2003), *Социальная история России. Том. 1*. СПб.

Петров, А.И. (2000), *Корейская диаспора на Дальнем Востоке России. 60 - 90-е годы XIX века*. Владивосток.

Петров, А.И. (2003), *История китайцев в России. 1856-1917 годы*. СПб.

Ремнев, А.В. (2004), *Россия Дальнего Востока. Имперская география власти XIX - начала XX веков*. Омск.

Саханский, В.А. (1909), *Очерк Амурской области в связи с грузооборотом проектируемой Средне- Амурской железной дороги*. СПб.

Соколов И.А. (1890), *Справочная книжка Амурской области на 1890 год*. Благовещенск.

Субботин, А.П. (1892), *Чай и чайная торговля в России и других государствах. Производство, потребление и распределение чая*. СПб.

Татищев, А.А. (ред.) (1912), *Материалы по обследованию крестьянских хозяйств Приморской области. Старожилы стодесятинники. Том IV*. Саратов.

Унтербергер П.Ф. (1912), *Приамурский край. 1906-1910 г.г. Очерк с 6 картами, 21 таблицей приложений и с 55 рисунками на двадцати листах*. СПб.

第Ⅲ部　アジアにおける農業開発

Шликевич, С.П. (1911), *Колонизационное значение земледелия в Приамурье.* СПб.

〈文書館史料〉

Российский государственный исторический архив (РГИА), Санкт-Петербург.

Российский государственный военно-исторический архив (РГВИА), Москва.

Российский государственный исторический архив Дальнего Востока (РГИА ДВ),
　　Владивосток.

あとがき

　本書は，科学研究費（2013〜15年度）による 3 年間の共同研究「19世紀アジア世界における開発と経済発展──グローバルヒストリーの観点から」（基盤研究（A）一般：課題番号 25245048）の成果である。

　この共同研究は，2004年 4 月から本格的に始めた，大阪大学を中心としたグローバルヒストリー研究の「第三期」（2013〜16年）の成果である。2005〜07年度の「第一期：グローバルヒストリーの構築とアジア世界──基盤研究（B）」，2008〜11年度の「第二期：グローバルヒストリー研究の新展開と近現代世界史像の再考──基盤研究（A）」に続くもので，前著である秋田茂編著『アジアからみたグローバルヒストリー──「長期の18世紀」から「東アジアの経済的再興」へ』（ミネルヴァ書房，2013年11月刊）でカバーできなかった19世紀のグローバルヒストリーを，アジアの観点から考えようと試みた。

　本書の第 1 章でも触れたように，19世紀に関しては，欧米の学界において膨大な研究が蓄積されており，J. オスターハンメルの大著は，ヨーロッパから見たグローバルヒストリー研究として特筆に値する。我々は，そうした研究を意識しつつも，どのような19世紀の歴史像を描けるのか，経済史の領域で議論を重ねた結果，本書の出版にこぎつけることができた。前著に次いで本書でも，第一次史料を組み込んだ，実証研究としてのグローバルヒストリーとして，具体的な歴史像を描くように努めた。経済理論やモデル，さらに数多くの二次文献（先行研究）を参照しながらも，基本的には，世界各地の史料館（Archives）や図書館所蔵の独自の第一次史料とデータを駆使して，19世紀アジアのダイナミズムの一端を提示した。また新たに，第一次史料の大量の統計データ（ビッグデータ）の活用（水島・秋田論文）や，GIS（地理情報システム）技術による地図表示（水島・太田論文）など，新たな試みも行っている。

　科研プロジェクトを推進するにあたり，我々が独自に築いてきた国際共同研究のネットワークをフルに活用することができた。以下のような国際会議で，さまざまな研究者と議論を重ねることができた。

- 2014年10月：日本南アジア学会第27回大会・パネル報告（大東文化大学）
- 2015年5月：第3回アジア世界史学会（AAWH）パネル報告（シンガポール・南洋理工大学）
- 2016年1月：第8回印日対話フォーラム（ネルー大学（JNU）高等研究所）
- 2016年3月：グローバルヒストリー・コンソーシアム第3回ワークショップ（大阪大学）

　とりわけ，研究副代表の水島司氏（東京大学大学院人文社会系研究科教授）の南アジア研究ネットワークにより実現した JNU での国際ワークショップには，A. ムカジー教授の尽力により著名なインドの経済史家が加わり，I. ハビーブ氏を交えた緊張感に富む議論ができた。また，3年間の最終成果は，2016年3月に大阪大学が主催した，6大学連携グローバルヒストリー・コンソーシアム第3回ワークショップで発表することができた。大阪大学未来戦略機構（現先導的学際研究機構 OTRI）とオクスフォード大学グローバルヒストリー研究センターからは資金的援助を得た。改めてお礼申し上げたい。

　本書の書名『「大分岐」を超えて』は，寄稿者の一人である，ケンブリッジ大学名誉教授の A. G. ホプキンズ教授の示唆に基づく。2016年11月に，ホプキンズ教授を大阪に招聘して本書執筆のための研究会を開催した際に，我々との集中的議論の後に，*Beyond the Great Divergence* が書名として相応しいのでは，との発言があった。世界中の学界を巻き込んで論争が展開されている「大分岐」論を超える，というのは，いささか大胆な問題提起であるが，読者諸氏からの建設的な批判を受けるのを覚悟して，あえてホプキンズ教授の好意的な助言を活かした次第である。さらに同教授から，2018年2月に Princeton University Press から出版予定の大著 *American Empire : A Global History* に基づき，19世紀史の部分を独自のエッセイとしてまとめていただいた。翻訳は，アメリカ現代史を専門とする安井倫子さんの協力を得た。また，日本郵船歴史博物館（横浜市）からは，廣島丸同型姉妹船・三池丸の写真使用（本書カバー）に際してご協力を得た。記して謝意を表します。

　本書の出版により，三期にわたり続けてきたグローバル経済史研究プロジェクトには，一応の区切りをつけることになる。もちろん残された課題は多く，今後も個別に探究していきたい。また，大阪大学では，大学の支援を受けて，

あとがき

先導的学際研究機構（OTRI）グローバルヒストリー研究部門を中心に，内外の諸研究機関や大学と国際的学術ネットワークを構築し，特に，アジア世界史学会（The Asian Association of World Historians：AAWH）に集うアジアの歴史家たちと共に，新たな世界史である「グローバルヒストリー」研究を引き続き推進している。詳細については，以下の各ウェブサイトを参照されたい。

https://www.globalhistoryonline.com
https://www.theaawh.com
https://www.osaka-u.ac.jp/ja/academics/ed_support/otri

　本書が出版される2018年3月には，三期にわたる共同研究を通じて共に議論してきた盟友である，水島司氏と，久保亨氏（信州大学人文学部教授）が，めでたく退職を迎えられる。ここまで国際的なネットワークを構築しながら，グローバルヒストリー研究を続けてこられたのも，この二人の盟友からいただいた，激励，助言そして友情があったからで，改めてお二人のご協力に感謝申し上げたい。本書を，水島，久保両氏に，ご退職記念として捧げると共に，今後の一層のご活躍を祈念したい。
　最後に，本書の出版にあたり，ミネルヴァ書房の杉田啓三社長と，編集部の岡崎麻優子さんから，ご支援とご助言をいただいた。この場を借りて，改めてお礼申し上げます。

　2017年12月　初冬

秋　田　　茂

索　引

（＊は人名）

あ　行

『アクバル年代記』　141
アジア間競争　7,10,56,73,76
アジア（地域）間貿易（アジア間貿易）　3,
　　6,9,25,26,75,220,223,241,242
アジア現地社会の担い手　12
アジア太平洋経済圏　13
アジアの三角貿易　26
アジアの世紀　21
アジアの相対的自立性　4
アジア物産　3
新しい帝国主義　48
アフリカ系アメリカ人　33
アヘン　26,251-255,259,270
アメリカ連邦　42
アンクル・サム　45
イギリス汽船会社　75
イギリス植民地当局　164
イギリス帝国　12,76
移民　10,12
移民の時代　6
移民の世紀　12
移民労働者　139
印中貿易　25
インド　7-9,18,20,75,110-113,115,120,
　　121,123-125,127-131
インドからの貢納　26
インドシナ　153
インド相　70,71
インド人　163
インド人商人（印僑）　11
インド政庁　70,72
インド政庁通商情報局　57
インドネシア　153

か　行

インド棉　63,64,69,73,74
インド棉花　66,76
インド綿糸　73,74
インフルエンザ　142
印棉運送契約　67
＊ウィルソン，ウッドロー　45
ウェスタン・インパクト　i,7
＊ウェブスター，ノア　39
＊ウォーラーステイン，I.　5
雨期　145
運賃合同計算契約　72
英国　111-113,121,122,127
衛星画像　158
エージェント　165
疫病　142
エジプト　19
エスニック問題　165
エネルギー革命　5
＊榎本武揚　274
＊エマソン　39
遠隔植民地　35
黄禍論　293
＊汪敬虞　83
大阪　55
大阪商船　101
オーストラリア　110-113,121,122,127
＊大庭柯公　287
＊オスターハンメル，J.　5
オランダ東インド会社　185

か　行

カーヴェリ河　142
カースト　126,129,150
海域アジア史　12
海運同盟　69,70,72,74,75

301

海峡植民地　115,122
海関　251
華商　11
過剰開発　142
華人　11,165,184,185,249,258,266,267
華人の世紀　11,249
貨幣給　166
カルカッタ　112,121-125
＊ガルニエ　250
＊カルフーン，ジョン・C.　40
灌漑地域　155
漢口　88
間接金融　76
乾燥地域　155
広東商人　256-258
飢饉　142
気候変動　147
キャッチアップ型工業化　9
旧開発地域　166
義勇艦隊　278,286,292
求新機器製造輪船廠　103
キューバ　33
強制栽培制度　179,180,186,187,189-191,
　　213　→大恐慌
強制された商品化　24
協力者階層　13,56
銀貨への逆戻り　42
近世　4
近代グローバル化　6,9,40
近代世界システム　6
近代的工業化　3
金納化　149
金ぴか時代　44
均分相続　151
金本位制　42
金融業者　138,155
クアラ・カンサル　163
＊クーリッジ，アルバート　47
＊グハ　141
＊クマール，ダルマ　8

クライド　93
グラスゴー　93
＊グラント，P. V.　95
＊クリーブランド　44
グローバル・サウス　9,18
軍艦　94
軍事財政国家　34
＊ケアリー，ヘンリー　37
経営代理商　123,125,127
経済開発　13
経済ナショナリズム　10,61,75,76
契約移民労働者　27
現地商人　56,59
現物給　166
『ケンブリッジ・インド経済史』　21,23
黄禍論　288
工業化　12,13,59,75
工業生産指数　82
鉱産資源　248,249
江南製造局　82
コーヒー　11
黒旗軍　250,257,258
国際公共財　3,10,12,75,76
国勢調査　140
＊ココフツォフ，ウラジーミル　285
ココヤシ　187,192,204,207-211,214
国家的土地所有　140
国旗と国歌　45
コプラ　179,180,186,187,189,209
ゴム　165
コラルーン河　150
コロンボ　109,110,112,113,122,130
＊ゴンダッチ，ニコライ　287,288,293

さ　行

＊サザーランド，T.　69,74
ザミンダーリー制　140
ザミンダール　125,126
産業革命　4,5
ジェイ条約　38

索　引

ジェファソン主義者　37
ジェントルマン資本主義　76
市場経済　4
氏族集団　182
シティ海運業　75
シナモン　11
＊渋沢栄一　64,66,67,74,75
シベリア鉄道　277,278,287
下関条約　82
ジャーディン・マセソン商会（怡和洋行）
　　84
社会的制約　150
＊ジャクソン，アンドリュー　39
借地農　24
シャム土地運河灌漑会社　219,225,230
ジャリア炭田　121,123,124,126,127,130
ジャワ　162,179,186,191
上海　81,109,110,115,130
上海船舶エンジニア協会　96
住居地　164
19世紀のグローバル化　5,6
修正学派　137
修正主義　21
従属学派　137
自由と民主主義　36
18世紀論争　138
自由貿易　37
自由貿易体制　10,12,75
自由貿易帝国主義　6,13,56
主権国家　40
商業高利貸資本　167
商業資本　3
商業地　164
商業的農業　4
＊章長基　82
小農　3,11,12,138
小農維持政策　164
小農化　151
小農型生産　139
小農的発展　10

商品連鎖　3
植民地工業化　8,9,13,55,56,59,75
植民地主義　24,27,28
シンガポール　109,110,112,113,115,116,
　　122,128-130,162
新規開発（地域）　145,166
人口動向　140
人口爆発　148
清仏戦争　94,110
森林産物　248,249,254,261,264,266
スエズ運河　86
＊杉原薫　6,25,140
錫　251,253,255
＊ステッド，ウィリアム　46
＊ストルイピン，ピョートル　285,286
スペイン戦争（1898年）　43
＊スミス，アダム　35
スミス的成長　3,4
スワイヤー商会（太古洋行）　84
スワデシ　75
生活水準の国際比較　166
生産様式論　137
生態学的危機　4
制度的未整備　220,232-234,242
セイロン　122
世界恐慌　179
世界最大の工業製品とサーヴィス生産国　46
世界市場　22,23
世界システム　13
世界商品　139
石炭　4,10,64,66,68,109,110,112-118,120-
　　122,124,125,127-129
＊セン　147
先住民　33
1917年の革命　291
1930年金融調査委員会報告　167
相互補完関係　76
相対的自立性　6,13
村請制　140
ソンラー　261-266

303

村落領主層　148

＊孫毓棠　83

た　行

ターター鉄鋼会社（TISCO）　124

タイ（シャム）　11, 153, 259-261

タイ系　249, 253

タイ人　247, 264-266

第一次世界大戦　109, 110, 273, 277, 286, 291,
　　292

大飢饉　147

大恐慌　179　　→強制栽培制度

太古ドック　84

太古輪船公司　86

大日本綿糸紡績同業聯合会　67, 75

大分岐（論）　4, 5, 8, 17-19, 55, 138

大陸内の拡大　33

大隆機器廠　104

多角的貿易決済　26

高島炭鉱　116, 117, 119, 130

＊タタ, J. N.　61, 66-68, 75

＊タタ, R. D.　64

タタ汽船　66, 68-72, 74-76

タタ商会　56, 63, 64, 66, 68, 70-73, 76

脱工業化　22-24, 56

タバコ　38

タンジャーヴール　142

担保　236, 240, 241, 243

チェッティ　153

チェティヤール　11

地価　158

地下水開発　148

地券　219, 228, 231, 233, 235, 236, 238-243

地図局　234, 235, 243

地税額　148

地税負担率　149

茶　251, 260

チャオプラヤー河　162, 219, 224

＊チャンドラ, B.　138

中間層　148

中国人　163

中国人労働者　97

中国造船工程学会　103

忠誠の誓い　46

中東鉄道　276, 287, 293

長期の19世紀　i, 5-7, 17-19

長江航路　85

＊チョードリー, B. B.　138

貯水池　142

賃金水準　166

チングルプット　141

通過貿易　251, 252

ディエンビエンフー　249, 257

低開発の発展　23

ティルチラパッリ　150

＊デオ・ヴァンチ　260

＊デオ氏　249, 259, 260

＊デュピュイ　250, 257

デルタ地域　145

天津条約　250, 258

田地税　220, 228-230, 242

デント商会（宝順洋行）　85

銅　248, 253, 257

＊トウエイン, マーク　46

東南アジア　165

同盟　40

＊トクヴィル　36

土地・農業銀行　157

土地移動　157

土地所有権　219-221, 231, 233, 234, 236, 242

土地所有構造　151

土地台帳　150

土地抵当　157

土地の希少化　10

土地の担保価値　165

土地売買　157

土地法　219, 220, 228, 233, 241-243

富の流出　22, 25

奴隷制　38

トンキン　250-252

304

索　引

トンダノ湖　182, 184, 202
トンブル人　182

な　行

内外綿会社　63, 67
内河航行権　85
内河航行専用船　93
＊ナオロジ, ダーダバイ　8, 137
長崎造船所　90
ナットゥコッタイ・チェッティヤール（NC）
　162
納屋制度　118-120
南部プランテーション　40
南北戦争　37, 149
二重構造化　7
日露戦争　112, 120, 128, 275, 277, 285, 286,
　289, 291, 292
日清戦争　72, 98, 120
日本産綿糸　61, 73
日本綿花会社　63, 67, 68
日本郵船　9, 56, 66-70, 72-76, 121
年季奉公人　273
農業開発　i, 3, 10-12, 57
農業労働者　12
農本主義的　37
農民負債　157
ノース・チャイナ・ヘラルド　92

は　行

＊バーク, エドモンド　35
＊バード, イザベラ　279
パールシー教徒　75
パールシー商人　56, 59
バウリング条約　219, 233, 236
パクス・ブリタニカ　36
＊バグチ, A. K.　18
発昌機器廠　103
ハノイ　248, 250, 253, 258, 260
馬幇　254, 255, 266
ハミルトン主義者　37

＊パルササラティ　166
ハワイ併合　43
バンティック人　182, 184
P&O 社　63, 64, 66, 67, 69-72, 74, 75
＊ビアード, チャールズ　44
＊ビヴァレッジ, アルバート　44
比較優位（論）　i, ii, 9, 23
東アジアの経済的再興　3, 13
東インド鉄道　123, 124
ビッグデータ　166
ピッライ　150
非マレー人　164
ビルマ　153, 162
廣島丸　68, 72
＊ファーナム, S. C.　95
ファーナム社（耶松船廠）　88
フィリピン　162
ブギス人　184, 185
仏印　11, 111
物価水準　166
プドゥコッタイ藩王国　162
ブラーミン　150
＊フランク, A. G.　5, 17, 19, 20, 23, 25, 26
プランテーション　10, 27, 57, 179
プランテーション型生産　139
＊ブレキンデン, J.　96
＊プレンティス, J.　95
プロト・グローバル化　6, 34
プロト工業　4
＊ベイリー, C.　5
＊ベッカー, S.　20
ベトナム　162
ペナン　162
＊ペリー, マシュー　33
ベンガル　122-126, 129
ベンガル・ナグプール鉄道　124
ベンガル石炭会社　123, 125
＊ホイットマン, ウォールト　39, 46
ボイド社（祥生船廠）　88
北米植民地　35

305

補助金　73,75
ポスト・コロニアル　34
ポピュリスト　39
＊ホプキンズ，A. G.　6
＊ホブズボーム，E. J.　5,8,18,20,55
＊ポメランツ，K.　4,138
ボルネオ　111,112
ホンゲー（鴻基）　112
本国費　i,9,56
香港　83, 109, 110, 115, 116, 130, 251, 253, 254,256,264
香港黄埔ドック　84
ボンネリ郡　145
ボンベイ　9,55-57,61,63,64,67,76,121,125
ボンベイ・日本海運同盟　63
ボンベイ航路　56,66-69,71-76

ま　行

マイソール戦争　140
馬尾船政局　82
＊馬超俊　84
＊松井透　23,138
＊マッキンリー，ウィリアム　42,44
マナド市　181,182,184,185,199,202-204,206,208,209,211,214
＊マハン，アルフレッド　44
マラヤ　162
マレー人　163
マレー人留保地　164
マレー土地留保法　164
マレー半島　162
三池炭鉱　116,117,119,130
「短い20世紀」　18
三井鉱山　112,116,117
三井物産　112,116
三菱合資　116,117
三菱製鉄所　90
南アフリカ　111,121,122
南インド　165
ミャオ・ヤオ　248,259,261

ムオン　247,249
＊ムカジー，アディティア　8,55,56,138
メキシコ戦争　38
メコン河　162,250
棉花（綿花）　38,151,251-255
棉花飢饉　61
棉花ブーム　9,56
綿糸輸出　56,61
蒙自　251-253,255
＊モリス，M. D.　23,138
モン・クメール　248,261
モンスーン　145

や　行

輸入代替型工業化　8
揚子輪船公司　86
洋務運動　8
ヨーロッパ中心　17,18,20,21,55
ヨーロッパの世紀　5

ら・わ行

＊ラーソン，トーマス　220,232-236,239,242,243
＊ラーマ5世　219,220,224,231-234,242
ラールグディ　150
ライチャウ　249,259,260
ライヤットワーリー制　140
ラオカイ　251,253,257,258
落花生　151
ラッセル商会（旗昌洋行）　85
ラニガンジ炭田　123,124,126,127,130
＊ラヌサン　259,264
ラブアン　111
蘭領東インド　11
＊劉永福　258,259
留保地　164
リング革命　61
輪船招商局　86
ルイジアナ買収　38
ルピー為替　61,63

索　引

ルピー通貨　61
レッディ　150
連合　40
連邦　41
連邦国家　33
＊ロイ，ティルタンカ　8, 9, 13, 18, 21, 23, 24,
　　27, 55, 138
＊ローズベルト，セオドア　44

ロシア革命　287
ロシア極東　12
＊ロッジ，ヘンリー・カボット　42, 44
＊ロングフェロー　39
ロンドン・シティ　76
＊脇村孝平　147
ワラック　182, 184, 185, 199, 202

《執筆者紹介》（執筆分担，執筆順）

斎藤　修（さいとう・おさむ）　緒言

　　1946年　生まれ。
　　1968年　慶應義塾大学経済学部卒業。
　　1987年　経済学博士（慶應義塾大学）。
　　現　在　一橋大学名誉教授。
　　主　著　『新版 比較史の遠近法』書籍工房早山，2015年。
　　　　　　"Growth and Inequality in the Great and Little Divergence Debate", *Economic History Review* 68 (2), 2015.
　　　　　　『比較経済発展論』岩波書店，2008年。

秋田　茂（あきた・しげる）　第1章，第2章（訳），第4章，あとがき

　　奥付編著者紹介参照。

アディティア・ムカジー（Aditya Mukherjee）　第2章

　　1950年　生まれ。
　　1976年　ネルー大学社会科学研究科 Ph. D.
　　現　在　ネルー大学社会科学研究科歴史学研究センター教授。
　　主　著　*India Since Independence*, New Delhi : Penguin Books, 2008.
　　　　　　Imperialism, Nationalism and the Making of the Indian Capitalist Class 1927-1947, New Delhi : Sage, 2002.
　　　　　　India's Struggle for Independence, New Delhi : Viking, 1988.

アントニー・ジェラルド・ホプキンズ（Anthony Gerald Hopkins）　第3章

　　1938年　生まれ。
　　1964年　ロンドン大学アジア・アフリカ研究学院（SOAS）Ph. D.
　　現　在　ケンブリッジ大学名誉教授，テキサス大学オースティン校名誉教授。
　　主　著　*American Empire : A Global History*, Princeton : Princeton University Press, 2018.
　　　　　　British Imperialism, 1688-2015 (with P. J. Cain), London : Longman, 3rd edition 2016.
　　　　　　An Economic History of West Africa, London : Longman, 1973.

安井倫子（やすい・みちこ）　第3章（訳）

　　1945年　生まれ。
　　2011年　大阪大学大学院文学研究科後期課程単位取得退学。
　　2014年　文学博士（大阪大学）。
　　現　在　大阪大学大学院文学研究科西洋史学専攻科目等履習生。
　　主　著　『語られなかったアメリカ市民権運動史——アファーマティブ・アクションという切り札』大阪大学出版会，2016年。

久保　亨（くぼ・とおる）**第5章**

　　　1953年　生まれ。
　　　1979年　一橋大学大学院社会学研究科博士課程中退。
　　　現　在　信州大学人文学部教授。
　　　主　著　『統計でみる中国近現代経済史』（共著）東京大学出版会，2016年。
　　　　　　　『戦間期中国の綿業と企業経営』汲古書院，2005年。
　　　　　　　『戦間期中国〈自立への模索〉関税通貨政策と経済発展』東京大学出版会，1999年。

杉山伸也（すぎやま・しんや）**第6章**

　　　1949年　生まれ。
　　　1981年　ロンドン大学大学院東洋アフリカ研究院博士課程修了。
　　　1981年　Ph. D. in History（ロンドン大学）。
　　　現　在　慶應義塾大学名誉教授。
　　　主　著　『日英経済関係史研究 1860〜1940』慶應義塾大学出版会，2017年。
　　　　　　　『グローバル経済史入門』岩波書店，2014年。
　　　　　　　『日本経済史 近世―現代』岩波書店，2012年。

水島　司（みずしま・つかさ）**第7章**

　　　1952年　生まれ。
　　　1979年　東京大学大学院人文系研究科東洋史学修士課程修了。
　　　1992年　博士（文学）（東京大学）。
　　　現　在　東京大学大学院人文社会系研究科教授。
　　　主　著　『現代インド2　溶融する都市・農村』（共編著）東京大学出版会，2015年。
　　　　　　　『グローバル・ヒストリー入門』山川出版社，2010年。
　　　　　　　『前近代南インドの社会構造と社会空間』東京大学出版会，2008年。

太田　淳（おおた・あつし）**第8章**

　　　1971年　生まれ。
　　　2005年　ライデン大学大学院人文学研究科。Ph. D. in History.
　　　現　在　慶應義塾大学経済学部准教授。
　　　主　著　*In the Name of the Battle against Piracy : Indeas and Practices in State Monopoly of Violence in Europe and Asia in The Period of Transition*（編著）Leiden and Boston : 2018.
　　　　　　　『近世東南アジア世界の変容――グローバル経済とジャワ島地域社会』名古屋大学出版会，2014年。
　　　　　　　"Pirates or Entrepreneurs ? Migration and Trade of Sea People in Southwest Kalimantan, C. 1770-1820." *Indonesia* 90, Cornell University Southeast Asia Program, 2010.

宮田敏之（みやた・としゆき）**第9章**

　　1963年　生まれ。
　　1998年　京都大学大学院人間環境学研究科博士後期課程研究指導認定退学。
　　現　在　東京外国語大学大学院総合国際学研究院教授。
　　主　著　『冷戦変容期の国際開発援助とアジア——1960年代を問う』（共著）ミネルヴァ書房，
　　　　　　2017年。
　　　　　　『アジア経済史研究入門』（共著）名古屋大学出版会，2015年。
　　　　　　「タイ産高級米ジャスミン・ライスと東北タイ」『東洋文化』（東京大学東洋文化研究
　　　　　　所）第88号，2008年。

岡田雅志（おかだ・まさし）**第10章**

　　1977年　生まれ。
　　2012年　大阪大学大学院文学研究科文化形態論専攻博士後期課程修了，博士（文学）（大阪大
　　　　　　学）。
　　現　在　京都大学東南アジア地域研究研究所機関研究員。
　　主　著　『越境するアイデンティティ——黒タイの移住の記憶をめぐって』風響社，2014年。
　　　　　　「タイ族ムオン構造再考——18-19世紀前半のベトナム，ムオン・ロー盆地社会の視点
　　　　　　から」『東南アジア研究』第50巻第1号，2012年。

左近幸村（さこん・ゆきむら）**第11章**

　　1979年　生まれ。
　　2009年　北海道大学大学院文学研究科歴史地域文化学専攻博士課程単位取得退学。
　　2012年　学術博士（北海道大学）。
　　現　在　新潟大学研究推進機構超域学術院准教授。
　　主　著　「草創期のロシア義勇艦隊」『ロシア史研究』97号，2016年。
　　　　　　『近代東北アジアの誕生——跨境史への試み』（編著）北海道大学出版会，2008年。

《編著者紹介》

秋田　茂（あきた・しげる）

1958年　生まれ。
1985年　広島大学大学院文学研究科博士課程後期中退。
2003年　博士（文学）（大阪大学）。
現　在　大阪大学大学院文学研究科教授。
主　著　『帝国から開発援助へ』名古屋大学出版会，2017年。
　　　　『イギリス帝国の歴史——アジアから考える』中央公論新社，2012年。
　　　　『イギリス帝国とアジア国際秩序』名古屋大学出版会，2003年。

　　　　　　　　　　　　　「大分岐」を超えて
　　　　　　　　　　　　　——アジアからみた19世紀論再考——

2018年3月30日　初版第1刷発行　　　　　　　　　　〈検印省略〉

　　　　　　　　　　　　　　　　　　　定価はカバーに
　　　　　　　　　　　　　　　　　　　表示しています

　　　　　編 著 者　　秋　田　　　茂
　　　　　発 行 者　　杉　田　啓　三
　　　　　印 刷 者　　坂　本　喜　杏

発行所　株式会社　ミネルヴァ書房
　　　　607-8494　京都市山科区日ノ岡堤谷町1
　　　　電話代表　(075)581-5191
　　　　振替口座　01020-0-8076

© 秋田　茂ほか，2018　　　冨山房インターナショナル・新生製本

ISBN 978-4-623-08225-4

Printed in Japan

秋田　茂 編著
アジアからみたグローバルヒストリー　　A 5 判・356頁
　　　　　　　　　　　　　　　　　　　本　体 4500円

P. オブライエン 著　秋田　茂／玉木俊明 訳
帝国主義と工業化 1415〜1974　　　　A 5 判・280頁
　　　　　　　　　　　　　　　　　　　本　体 3600円

ノース／トマス 著　速水　融／穐本洋哉 訳
西欧世界の勃興〔新装版〕　　　　　　A 5 判・276頁
　　　　　　　　　　　　　　　　　　　本　体 4500円

E. J. ホブズボーム 著　原　剛 訳
ホブズボーム 歴史論　　　　　　　　四六判・456頁
　　　　　　　　　　　　　　　　　　　本　体 4000円

南塚信吾／秋田　茂／高澤紀恵 責任編集
新しく学ぶ西洋の歴史　　　　　　　　A 5 判・450頁
　　　　　　　　　　　　　　　　　　　本　体 3200円

木畑洋一／秋田　茂 編著
近代イギリスの歴史　　　　　　　　　A 5 判・392頁
　　　　　　　　　　　　　　　　　　　本　体 3000円

＊MINERVA 世界史叢書＊

秋田　茂／永原陽子／羽田　正／南塚信吾／三宅明正／桃木至朗 編著　A 5 判・456頁
総論 「世界史」の世界史　　　　　　　本　体 5500円

羽田　正 責任編集
① 地域史と世界史　　　　　　　　　　A 5 判・338頁
　　　　　　　　　　　　　　　　　　　本　体 5500円

——————————— ミネルヴァ書房 ———————————

http://www.minervashobo.co.jp/